权威·前沿·原创

皮书系列为
"十二五""十三五""十四五"时期国家重点出版物出版专项规划项目

BLUE BOOK

智库成果出版与传播平台

福州大学智库研究成果

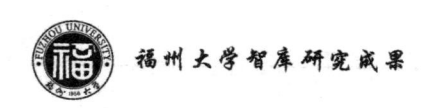

闽商蓝皮书
BLUE BOOK OF FUJIANESE ENTREPRENEURS

闽商发展报告
（2025）

ANNUAL REPORT ON FUJIANESE
ENTREPRENEURS (2025)

组织编写／福州大学
　　　　　福建省闽商文化发展基金会
　　　　　中国商业史学会

主　　编／苏文菁

社会科学文献出版社
SOCIAL SCIENCES ACADEMIC PRESS (CHINA)

图书在版编目（CIP）数据

闽商发展报告.2025／苏文菁主编.--北京：社会科学文献出版社，2025.5.--（闽商蓝皮书）.
ISBN 978-7-5228-5307-9

Ⅰ.F727.57

中国国家版本馆CIP数据核字第2025H3E466号

闽商蓝皮书
闽商发展报告（2025）

主　　编／苏文菁

出 版 人／冀祥德
责任编辑／陈凤玲　武广汉
责任印制／岳　阳

出　　版／社会科学文献出版社·经济与管理分社（010）59367226
　　　　　　地址：北京市北三环中路甲29号院华龙大厦　邮编：100029
　　　　　　网址：www.ssap.com.cn
发　　行／社会科学文献出版社（010）59367028
印　　装／天津千鹤文化传播有限公司

规　　格／开　本：787mm×1092mm　1/16
　　　　　　印　张：17.25　字　数：224千字
版　　次／2025年5月第1版　2025年5月第1次印刷
书　　号／ISBN 978-7-5228-5307-9
定　　价／158.00元

读者服务电话：4008918866

版权所有 翻印必究

《闽商发展报告（2025）》
编 委 会

主　任　王光远（福建省政协副主席、福建省工商联主席）

副主任　吴明红（福州大学校长、中国工程院院士）
　　　　陈　晞（中共福建省委统战部副部长、福建省工商联党
　　　　　　　　组书记）
　　　　姚志胜（全国政协常委、福建省闽商文化发展基金会会长）
　　　　王茹芹（中国商业史学会会长）

委　员　林龙金（福建省工商联副主席）
　　　　陈少平（福建省品牌文化研究会会长）
　　　　何林颖（中共福建省委统战部经济处处长）
　　　　吴辉体（全国政协委员、香港福建社团联会永远名誉主席）
　　　　陈国平（福建省政协常委、福建新东湖集团董事长）
　　　　周永伟（福建七匹狼集团有限公司董事局主席）
　　　　魏明孔（中国社会科学院研究员、中国经济史学会会长）
　　　　龙登高（清华大学教授、清华大学华商研究中心主任）
　　　　周建波（北京大学教授、中国商业史学会副会长）
　　　　兰日旭（中央财经大学教授、中国商业史学会副会长）
　　　　苏文菁（福州大学教授、闽商文化研究院院长）

王凡凡（新华社高级记者、新华社福建分社原副总编）

主　编 苏文菁

撰稿人（按文序排列）

邹挺超　苏文菁　詹志华　杨宏云　黄晴云
马　曦　邓钰婷　卓杏轩　徐　然　林　峰
佘雪琼　陈　义　石荣亮　薛　仪　游璐妍
黄佳欣　张婷枫　黄轩昊　林扬千　郭娅妮
郑云坚　王佳宁

学术支持单位

福建省习近平新时代中国特色社会主义思想研究中心
　　福州大学研究基地
福州大学马克思主义学院
福建省海洋文化研究中心
福州大学闽商文化研究院
《闽商文化研究》杂志社
福建省品牌文化研究会

主编简介

苏文菁 北京师范大学博士,福州大学马克思主义学院教授,福州大学闽商文化研究院院长,"福建省重点智库培育单位"福建省海洋文化研究中心首席专家。美国康奈尔大学亚洲系访问学者、讲座教授,北京大学特约研究员,全国海洋意识教育基地福州大学主任,中国商业史学会副会长,福建省海洋与渔业经济研究会理事会副会长。主要研究领域为区域文化与经济、海洋文化、文化创意产业。2016年,策划出版国家主题出版重点出版物"海上丝绸之路与中国海洋强国战略丛书";2010~2016年策划出版"闽商发展史"丛书十五卷。另外,近年来,主编"闽商蓝皮书""海洋文化蓝皮书"系列出版物,主编《闽商文化研究》杂志;出版专著《闽商文化论》《福建海洋文明发展史》《世界的海洋文明:起源、发展与融合》《海洋与人类文明的生产》《海上看中国》《文化创意产业:理论与实务》等;策划、主讲的"海洋与人类文明的生产"课程获评教育部首批精品在线开放课程,被"学习强国"首页多次推荐。

摘　要

　　2024年，随着民营经济促进法草案公开征求意见，民营经济法治化保障取得关键进展。从中央到福建，政府致力于提升服务效能、破除壁垒、深化市场准入制度改革以及推动高水平对外开放，以此优化营商环境，为闽商发展筑牢根基。

　　闽商企业愈加重视创新，省内A股上市公司纷纷向新兴产业聚集，"专精特新"企业集中上市，闽商正努力追求技术自主与国产替代。从地方经济角度来看，闽商与区域经济的互动日益频繁。其中，预制菜产业是闽商与省内区域经济互动的典型。省内企业大多集中在产业链中游的生产加工环节，已初步形成"水产—肉类—出口"等产业带，覆盖福州马尾、福清，厦门同安，漳州等核心区域。

　　省外闽商通过区域联动协作与主题招商双轮驱动，成为福建和所在地高质量发展的重要引擎。在区域联动与协作层面，京津冀、粤港澳大湾区等经济圈通过政府主导的招商活动与商会联动机制，推动高端产业项目与创新资源回流福建。在主题招商领域，外省以闽商为核心目标的招商活动日益专业化，新能源、文旅康养等细分领域成为重点。在闽商龙头企业带动下，省外闽商也在摆脱以往侧重传统产业的形象，产业高端化、智能化成为趋势。

　　2024年，世界动荡不安，全球化多极化同反全球化单极化等矛盾激化。全球闽商在努力发展自身经济的同时，积极转型，促进所在国与中国互动，支持中国企业在境外的发展。

加快科技与产业的融合发展、引领新生代闽商健康发展、深化闽商国际化发展，是当前促进闽商发展的重要着力点。利用好科技创新的驱动力量，搭建好与产业创新沟通互融的平台，可为实现高质量发展奠定坚实基础。闽商企业积极响应政策导向，加大研发投入，推进产学研用共振，在农业、电子信息、高端制造、教育环保等领域转型升级。

新生代闽商在习近平总书记"胸怀报国志、一心谋发展、守法善经营、先富促共富"四点要求指导下，呈现新发展现状与趋势。他们听党话跟党走，将企业发展融入国家战略；通过产业升级、技术创新和精益管理推动高质量发展；构建现代化治理体系，推动家族企业转型；以创新性实践积极推动共同富裕。

作为历史悠久的海洋商帮，闽商在全球化浪潮中展现出强劲发展势头。闽商国际化的路径多样，包括外贸出口、跨境电商、海丝跨境产业园、境外上市和海外并购等。福耀集团、宁德时代、安踏集团是闽商企业国际化的典型，已发展成为全球化企业。作为共建"一带一路"旗舰项目，中印尼"两国双园"于2023年1月正式落地。"两国双园"已经在制度设计、投资合作、产业链布局等方面取得实质性进展，成为推动闽商国际化发展的新动力。

高质量党建是闽商企业发展壮大的重要保证。闽商企业党建工作根植于闽地深厚的红色文化基因，也引领着闽商企业的高质量发展。闽商企业将围绕"闽商精神"进一步加强党建品牌建设，以高质量党建推动闽商企业与国家发展同频共振。

光彩事业是引导民营经济人士健康成长的一面旗帜，也是先富带动后富的成功实践。过去十年，广大闽商群体在深耕企业的同时，强化政治担当，承担社会责任，积极投身光彩事业，扎实推进共同富裕，在乡村振兴、深化东西部协作、促进区域协调发展、参与抗震救灾、改善民生等方面取得了显著成效。

摘 要

作为福建老字号企业,福建省盐业集团在面临市场化竞争加剧与消费需求变化的挑战下,在坚守传统技艺的同时实现升级转型,通过生产管理、生产工艺优化、品牌创新、市场渠道拓展等方式,实现"闽盐"品牌价值与市场竞争力的提升,推动"闽盐"品牌持续发展。

关键词: 闽商 科技与产业融合 新生代闽商 国际化 高质量发展

目 录

Ⅰ 总报告

B.1 2025年闽商发展报告 …………… 邹挺超　苏文菁 / 001
  一　聚焦法治化保障与破除壁垒，提振闽商
    发展信心 ………………………………………… / 002
  二　福建省内A股上市公司集中新兴产业，技术
    自主与国产替代加速 …………………………… / 006
  三　聚"链"成群，闽商"链"上发力机遇显现…… / 009
  四　技术驱动与品牌全球化，闽商出海展现
    较强韧性 ………………………………………… / 014
  五　晋江闽商成"八闽楷模"，教育与乡村振兴
    仍是闽商公益重点领域 ………………………… / 017

Ⅱ 分报告

B.2 2025年福建省内闽商发展报告
  ——以预制菜产业闽商为中心 ……… 邹挺超　詹志华 / 021

B.3　2025年福建省外闽商发展报告 …………………… 邹挺超 / 043

B.4　2025年境外闽商发展报告 ………………………… 杨宏云 / 058

Ⅲ　专题报告

B.5　2025年闽商科技与产业融合发展报告
　　　…………………… 黄晴云　马　曦　邓钰婷　卓杏轩 / 082

B.6　2025年新生代闽商发展报告 ………… 徐　然　林　峰 / 103

B.7　2025年闽商国际化发展报告 ……………………… 佘雪琼 / 125

B.8　2025年中印尼"两国双园"发展报告
　　　…………………… 陈　义　石荣亮　薛　仪　杨宏云 / 149

B.9　2025年闽商企业党建工作发展报告
　　　…………………… 游璐妍　黄佳欣　张婷枫　黄轩昊 / 169

B.10　闽商光彩事业十年发展报告（2014~2024）
　　　………………………………………………………… 林扬千 / 195

B.11　福建老字号闽商品牌发展报告 ……… 郭娅妮　郑云坚 / 215

附　录

2024年闽商大事记 ……………………………………… 王佳宁 / 229

皮书数据库阅读使用指南

总报告

B.1 2025年闽商发展报告

邹挺超 苏文菁*

摘　要： 2024年，闽商发展有五个趋势值得关注：就政策和宏观层面而言，民营经济促进法草案公开征求意见，法治化保障迈出关键一步，从中央到福建，从政府服务效能提升、破除壁垒、深化市场准入制度改革、推动高水平对外开放等方面优化营商环境，为闽商发展提供了强有力的保障；就企业层面而言，省内A股上市公司向新兴产业集聚，"专精特新"企业集中上市，体现了闽商越来越注重以追求技术自主与国产替代为目标的创新；就地方经济而言，闽商与县域经济的互动越来越受到重视，福建在县域重点产业链上聚"链"成群，也为闽商"链"上发力、跟紧龙头、树立优势提供了众多机遇；就闽商出海而言，技术驱动与品牌全球化已经成为重要趋势，同时跨

---

* 邹挺超，《闽商》杂志社执行总编辑；苏文菁，福州大学马克思主义学院教授，闽商文化研究院院长，主要研究领域为闽商文化、海洋文化。

境电商领域闽商发展也值得关注；就社会文化层面而言，晋江闽商群体获得"八闽楷模"称号，体现了福建省对其的高度认可，在慈善领域闽商继续有担当，持续关注教育与乡村振兴。

关键词： 闽商　民营经济　营商环境　专精特新　县域重点产业链

一　聚焦法治化保障与破除壁垒，提振闽商发展信心

如果说2023年是"民营经济政策大年"，那么2024年就是"优化营商环境大年"。

就中央层面来说，民营经济促进法草案向社会公开征求意见，法治化保障迈出关键一步，显著提升了包括闽商在内的民营经济发展的信心。

2024年10月10日，《中华人民共和国民营经济促进法（草案征求意见稿）》向社会公开征求意见。[①] 草案第三条明确民营经济是"推进中国式现代化的生力军，是高质量发展的重要基础，是推动我国全面建成社会主义现代化强国、实现中华民族伟大复兴的重要力量。促进民营经济持续、健康、高质量发展，是国家长期坚持的重大方针政策"。[②]

草案首次系统性地建构了民营经济权益保障框架，涵盖保障公平竞争、改善投融资环境、支持科技创新、注重规范引导、优化服务保障、加强权益保护等多个方面。对消除歧视、完善平等准入机制，完

[①] 《民营经济促进法草案向社会公开征求意见》，新华网，https://www.news.cn/politics/20241010/4a5581d373564cb2af536dcd3e08d159/c.html，2024年10月10日。

[②] 《民营经济促进法（草案征求意见稿）全文》，观察者网，https://www.guancha.cn/economy/2024_10_10_751264_1.shtml，2024年10月10日。

善产权保护、强化民企财产权保障，改善民营企业融资困境，加强企业家权益保护等难点、痛点问题都有明确回应。①

2024年12月21日至25日召开的十四届全国人大常委会第十三次会议，审议了《民营经济促进法（草案）》和《中华人民共和国反不正当竞争法（修订草案）》。②

除了法治化保障，优化营商环境是2024年国家层面关注的重中之重，主要聚焦政府服务效能提升、破除壁垒、深化市场准入制度改革、推动高水平对外开放等方面，营造市场化、法治化、国际化的一流营商环境，推动经济高质量发展。

在提升政府服务效能方面，国务院于2024年1月16日发布《国务院关于进一步优化政务服务提升行政效能推动"高效办成一件事"的指导意见》，提出高频事项办理的高效化目标，提升企业和群众办事满意度、获得感。③

在推进公平竞争、破除壁垒、建设全国统一市场方面，2024年6月13日，国务院公布《公平竞争审查条例》，首次以行政法规的形式对公平竞争审查的对象、标准、机制、监督保障等做了全面、系统、详细的规定，填补了公平竞争审查制度的立法空白。④

在深化市场准入制度改革方面，2024年8月1日，《中共中央办公厅 国务院办公厅关于完善市场准入制度的意见》（以下简称《意

---

① 参见《民营经济促进法（草案征求意见稿）全文》，观察者网，https：//www.guancha.cn/economy/2024_10_10_751264_1.shtml，2024年10月10日。
② 《优化营商环境：没有最"优"只有更"优"》，新浪财经，https：//finance.sina.com.cn/roll/2025-01-02/doc-inecpvsf5830273.shtml，2025年1月2日。
③ 《国务院关于进一步优化政务服务提升行政效能推动"高效办成一件事"的指导意见》，中国政府网，https：//www.gov.cn/gongbao/2024/issue_11126/202401/content_6928804.html。
④ 《公平竞争审查条例》，中国政府网，https：//www.gov.cn/gongbao/2024/issue_11426/202406/content_6959686.html。

见》）印发，明确各类经营主体可以依法平等进入市场准入负面清单之外的领域，严禁在清单之外违规设立准入许可或增设准入条件。①

在推动高水平对外开放方面，2024年9月，国家发展改革委、商务部公布《外商投资准入特别管理措施（负面清单）2024年版》，全面取消制造业领域外资准入限制。②

2024年，福建加速推进实施新时代民营经济强省战略，"优化营商环境"也是关键词。主要集中在法治化环境营造、制度创新及精准金融支持等方面。

福建在全国率先出台《福建省促进公平竞争条例》③，系统性规范市场准入、反垄断执法、政府招标采购等领域，明确要求清理妨碍统一市场和公平竞争的政策措施。④全年累计清理废除妨碍统一市场和公平竞争的政策措施249件。⑤

福建建立省领导听取企业意见调研联系点制度，⑥采用省领导挂钩服务企业的方式，既推动解决企业具体问题，更注重听取企业的意见建议，吸收采纳合理诉求。⑦在全国率先上线两批21件"高效办

---

① 《中共中央办公厅　国务院办公厅关于完善市场准入制度的意见》，中国政府网，https：//www.gov.cn/gongbao/2024/issue_11566/202409/content_6973186.html。
② 《优化营商环境：没有最"优"只有更"优"》，新浪财经，https：//finance.sina.com.cn/roll/2025-01-02/doc-inecpvsf5830273.shtml，2025年1月2日。
③ 《〈福建省促进公平竞争条例〉12月1日起施行》，福州新闻网，https：//news.fznews.com.cn/dsxw/20241019/6r3nyCGT08.shtml，2024年10月19日。
④ 《福建省促进公平竞争条例》，福建省人民政府，https：//www.fujian.gov.cn/zwgk/flfg/dfxfg/202410/t20241026_6554094.htm，2024年10月26日。
⑤ 《2025年福建省人民政府工作报告》，福建省人民政府，https：//www.fujian.gov.cn/szf/gzbg/zfgzbg/202501/t20250123_6706794.htm，2025年1月23日。
⑥ 《福建省2024年度法治政府建设情况》，福建省人民政府，https：//www.fujian.gov.cn/zwgk/tzgg/202502/t20250225_6768210.htm，2025年2月25日。
⑦ 《省发改委主要领导出席"打造一流营商环境　促进高质量发展"系列主题新闻发布会（第一场）》，福建省发展和改革委员会，https：//fgw.fujian.gov.cn/zwgk/xwdt/bwdt/202501/t20250123_6707586.htm，2025年1月23日。

成一件事"事项，全省469个政务服务事项实现"数据最多采一次"、覆盖90%的政务服务，数字政府服务能力再次获评"卓越级"，"闽政通"入选首批数字中国建设典型案例，省政府门户网站绩效评估连续3年全国第一。①

同时，2024年9月，福建还将省公共资源交易中心更名为省民营经济发展促进中心，加挂省公共资源交易中心牌子，统筹承担民营经济发展、营商环境建设、公共资源交易等职责，为推动福建省民营经济高质量发展和打造一流营商环境提供有力支撑保障。②

福建还累计投放200亿元民营中小微企业提质争效专项贷款，惠及近万家企业。③ 该项贷款主要投放给战略性新兴产业、制造业、乡村振兴等领域的中小微民营企业。④

营商环境的优化推动了福建民营经济的增长。2024年，福建营商环境总体满意率为88.27%，连续4年保持在85%以上；全省民营经济增加值占地区生产总值的比重达70.5%，比2023年提高2.2个百分点。⑤

截至2024年底，民营经济贡献了福建全省近70%的地区生产总值、70.6%的税收、70%以上的科技创新成果、80%以上的城镇劳动就业、94%的企业数量，其中对税收、地区生产总值的贡献分别比全

---

① 《福建省2024年度法治政府建设情况》，福建省人民政府，https：//www.fujian.gov.cn/zwgk/tzgg/202502/t20250225_6768210.htm，2025年2月25日。

② 《福建一副厅级机构更名》，观八闽公众号，https：//mp.weixin.qq.com/s/gKid1nCFHMO1iV7clru7fg，2024年9月28日。

③ 《福建省2024年度法治政府建设情况》，福建省人民政府，https：//www.fujian.gov.cn/zwgk/tzgg/202502/t20250225_6768210.htm，2025年2月25日。

④ 《我省设立200亿元民营中小微企业提质争效专项贷》，福建省人民政府，https：//www.fujian.gov.cn/xwdt/fjyw/202408/t20240808_6498428.htm，2024年8月8日。

⑤ 《开年以来 福建强民企"好戏连台"》，东南网，https：//fjnews.fjsen.com/wap/2025-03/09/content_31857708.htm，2025年3月9日。

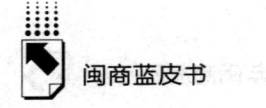

国高出两成和一成左右。① 2024年，福建全省规上民营工业增加值增长7.4%，比全省规上工业增加值增速高0.7个百分点；民间投资增速4.0%，分别比全省固投和全国民间投资高0.1个百分点和4.1个百分点。②

二 福建省内A股上市公司集中新兴产业，技术自主与国产替代加速

截至2024年12月31日，福建省内A股上市公司总数量为172家，其中福建证监局辖区105家，③厦门证监局辖区67家。④

这些上市公司主要分布在如下行业：新能源与新材料相关行业企业有37家（21.5%），代表企业有宁德时代新能源科技股份有限公司（动力电池，以下简称"宁德时代"）、厦门厦钨新能源材料股份有限公司（锂电正极材料，以下简称"厦钨新能"）、中仑新材料股份有

---

① 《向"新"求质 福建民营经济挑大梁》，福建省人民政府，https：//www.fj.gov.cn/zwgk/ztzl/tjzfznzb/ggdt/202502/t20250212_6713959.htm，2025年2月21日。
② 《向"新"求质 福建民营经济挑大梁》，福建省人民政府，https：//www.fj.gov.cn/zwgk/ztzl/tjzfznzb/ggdt/202502/t20250212_6713959.htm，2025年2月21日。
③ 福建辖区（不含厦门）上市公司名单（截至2025年2月28日），中国证券监督管理委员会福建监管局，http：//www.csrc.gov.cn/fujian/c104062/c7542783/content.shtml，访问日期：2025年3月6日。根据表格中首发上市日期可知，2024年12月31日归属福建辖区的上市公司数量和2025年2月28日一致。
④ 厦门辖区上市公司一览表（截至2025年2月28日68家），中国证券监督管理委员会厦门监管局，http：//www.csrc.gov.cn/xiamen/c101774/c7542743/content.shtml，访问日期：2025年3月6日。根据表格中新增的两家上市公司上市时间（详见下文）可知，2024年12月31日厦门辖区上市公司数量和2025年2月28日一致。因表格包含的闽灿坤B属于B股上市公司，应扣除，因此厦门辖区A股上市公司数量为67家。

限公司（功能性薄膜，以下简称"中仑新材"）等；电子信息与半导体相关企业30家（17.4%），代表企业有瑞芯微电子股份有限公司（AIoT芯片，以下简称"瑞芯微"）；机械装备与智能制造相关企业25家（14.5%），代表企业有厦门厦工机械股份有限公司（工程机械）、福建龙净环保股份有限公司（大气治理设备）等；生物医药相关企业15家（8.7%），代表企业有漳州片仔癀药业股份有限公司（中药龙头）、厦门艾德生物医药科技股份有限公司（肿瘤检测试剂）等。

从区域分布来看，注册地址在厦门的有67家、福州有36家、泉州有22家、宁德有12家、莆田有6家、漳州有5家、龙岩有9家、三明有4家、南平有3家、平潭有8家。其中厦门以半导体与电子信息、生物医药、新材料等领域企业为主，福州以电子信息、新能源等领域企业为主，泉州以纺织服装、食品饮料等领域企业为主，宁德则以宁德时代为重心，涵盖锂电、储能全产业链。

从整体来看，福建省内A股上市公司向新兴产业集中的趋势越发明显。表1为2024年福建新增A股上市公司状况。

表1　2024年福建新增A股上市公司状况

企业名称	简称	证券代码	上市日期	交易所	所属行业	募资规模	行业地位
福建省铁拓机械股份有限公司	铁拓机械	873706.BJ	2024年3月8日	北交所	专用设备制造业（沥青设备）	1.8亿元	中国工程机械工业协会筑养路机械分会"行业骨干企业指数"样本企业，泉州首家北交所上市民企①

---

① 《开门红！铁拓机械（873706）登陆北交所，泉州首家！｜观澜财经》，新浪财经，https://finance.sina.cn/2024-03-08/detail-inamqmin6845073.d.html，2024年3月8日。

闽商蓝皮书

续表

企业名称	简称	证券代码	上市日期	交易所	所属行业	募资规模	行业地位
星宸科技股份有限公司	星宸科技	301536.SZ	2024年3月28日	深交所创业板	半导体设计（AI视觉芯片）	6.81亿元	全球IPC SoC（网络摄像机系统级芯片）和全球NVR SoC（网络视频录像机系统级芯片）市场份额最大①
中仑新材料股份有限公司	中仑新材	301565.SZ	2024年6月20日	深交所创业板	新材料（BOPA薄膜）	7.13亿元	全球BOPA薄膜龙头，PHA锂电膜用尼龙层主要国产供应商②
慧翰微电子股份有限公司	慧翰股份	301600.SZ	2024年9月11日	深交所创业板	车联网（智能终端与模组）	7.0亿元	中国唯一获得欧盟、英国及中东等国家和地区eCall认证的企业，全球少数能研发并量产汽车级LTE模组及TBOX的供应商之一③

2024年另一个值得注意的趋势是，专精特新"小巨人"企业成为资本市场的重点关注对象。福建新增的4家A股上市公司，均为国家级专精特新"小巨人"企业。④

---

① 《福建专精特新"小巨人"加速跑》，网易，https：//m.163.com/news/article/JEHMB3150001A1UG.html，2024年10月15日。
② 《中仑新材投资分析报告》，东方财富网，https：//pdf.dfcfw.com/pdf/H3_AP202406021635215590_1.pdf，2024年6月。
③ 《福建专精特新"小巨人"加速跑》，网易，https：//m.163.com/news/article/JEHMB3150001A1UG.html，2024年10月15日。
④ 《福建专精特新"小巨人"加速跑》，网易，https：//m.163.com/news/article/JEHMB3150001A1UG.html，2024年10月15日。

慧翰股份致力于中国车载智能终端的国产替代，持续研发5GTBOX、V2X车路协同等底层技术，逐渐形成车用紧急呼叫、安全加密、数字钥匙等37项核心技术，其eCall汽车安全终端已搭载在上汽集团、奇瑞汽车、吉利汽车等国产自主品牌的多款车型上，并出口至欧盟、英国、日本等海外市场。中仑新材发力超薄电容膜和复合集流体基膜的研发与生产，前者是新能源产业关键材料，目前国内外能够规模化生产的企业极少，后者在动力电池、储能电池、消费电池等领域前景广阔，全球范围内尚没有企业实现规模量产。星宸科技则加速AI领域布局，其自主研发的"All in One"AI芯片SSU9386，获得2024年度AI创新产品奖，这一AI芯片可以应用于"视觉+AI"家用扫地机器人、家用陪伴机器人等场景。[1]

这些在车联网与智能终端、新材料与新能源、人工智能等细分领域或为"隐形冠军"，或为全球龙头的企业在2024年集中上市，显示了福建企业越来越多地致力于打破国外垄断、追求技术自主与国产替代。

专精特新"小巨人"企业在2024年扎堆上市，表明福建产业生态正在优化，科技创新方面闽商主体性不断增强。2024年，福建新增专精特新"小巨人"企业40家、国家级制造业单项冠军企业11家；企业参与省级科技计划项目超600项，高价值发明专利增长23.8%，国家高新技术企业超1.4万家，全社会研发投入预计超1200亿元。[2]

三 聚"链"成群，闽商"链"上发力机遇显现

2024年，福建省通过发布白皮书出台专项政策、梳理产业链清

---

[1] 《福建专精特新"小巨人"加速跑》，网易，https：//m.163.com/news/article/JEHMB3150001A1UG.html，2024年10月15日。

[2] 《2025年福建省人民政府工作报告》，福建省人民政府，https：//www.fujian.gov.cn/szf/gzbg/zfgzbg/202501/t20250123_6706794.htm，2025年1月23日。

单、培育特色集群，系统性推动县域产业链高质量发展，为全国县域经济提供了"福建样本"，也为闽商提供了众多机遇。

2024年1~11月，福建83个县域（不含金门）规上工业增加值增长6.7%，比全国平均高0.9个百分点；实现利润增长15.3%，比全国平均高20个百分点；工业投资增长14.9%，比全国平均高2.8个百分点。①

福建省有11个县域入选2024赛迪全国县域经济百强。晋江、蕉城、长乐、福安等17个县域规上工业企业营业收入超1000亿元，以全省20%的县域数量，贡献了超过四成的GDP和超过六成的工业营业收入。②

县域数字化水平稳步提升。永春县登宝路服饰、上杭县龙氟新材料、晋江泳装产业集群等10个"智改数转"项目入选国家中小企业数字化转型典型案例。③

全省有超千亿产业集群20个，其中，现代钢铁、石化一体化、泉州纺织服装、动力电池和稀土石墨烯新材料、集成电路和光电5个产业集群产值均超过3000亿元。2024年泉州现代体育产品集群入选国家级先进制造业集群，福建新增5个国家级、17个省级中小企业特色产业集群（见表2）。现有的2个国家级先进制造业集群、16个

---

① 《福建省县域重点产业链发展白皮书（2024）》，福建省工业和信息化厅，https：//gxt.fujian.gov.cn/zwgk/zfxxgk/fdzdgknr/gzdt/202501/t20250104_6602311.htm，2025年1月4日，第8页。
② 《福建省县域重点产业链发展白皮书（2024）》，福建省工业和信息化厅，https：//gxt.fujian.gov.cn/zwgk/zfxxgk/fdzdgknr/gzdt/202501/t20250104_6602311.htm，2025年1月4日，第8页。
③ 《福建省县域重点产业链发展白皮书（2024）》，福建省工业和信息化厅，https：//gxt.fujian.gov.cn/zwgk/zfxxgk/fdzdgknr/gzdt/202501/t20250104_6602311.htm，2025年1月4日，第9页。

国家级中小企业特色产业集群、35 个省级中小企业特色产业集群，覆盖了全省 44 个县域。①

表2　2024 年福建新增国家级、省级中小企业特色产业集群名单

级别	名单
国家级	福建省福清市化工复合材料产业集群
	厦门市湖里区集成电路设计产业集群
	福建省泉州市洛江区施工装备产业集群
	福建省漳州市长泰区新型电子元器件产业集群
	福建省安溪县半导体照明产业集群
省级	福安市不锈钢新材料产业集群
	漳州市芗城区特种钢铁产业集群
	石狮市纺织印染产业集群
	莆田市秀屿区化工新材料产业集群
	南安市阀门产业集群
	惠安县石雕产业集群
	长汀县稀土产业集群
	莆田市涵江区啤酒酿造产业集群
	泉州市洛江区施工装备产业集群
	上杭县氟化工新材料产业集群
	永春县香产业集群
	南靖县闽台机械产业集群
	诏安县水产品加工产业集群
	泉州市鲤城区网络通信产业集群
	福州市晋安区光电产业集群
	古田县食用菌产业集群
	政和县竹产业集群

资料来源：《福建省县域重点产业链发展白皮书（2024）》。

---

① 《福建省县域重点产业链发展白皮书（2024）》，福建省工业和信息化厅，https://gxt.fujian.gov.cn/zwgk/zfxxgk/fdzdgknr/gzdt/202501/t20250104_6602311.htm，2025 年 1 月 4 日，第 9~10 页。

011

此前福建已经梳理出164条县域重点产业链。2024年，福建省将83个县域分为四类，精准施策。一类县域（7个）：聚焦锂电新能源、电子信息等战略性新兴产业，如晋江市、蕉城区，共布局24条产业链；二类县域（11个）：重点发展汽车制造、新能源等产业，如厦门市海沧区、翔安区，布局27条产业链；三类县域（46个）：以机械装备、冶金等传统产业为主，部分布局人工智能等新赛道，如龙岩市新罗区、三明市三元区，布局87条产业链；四类县域（19个）：推动一二三产业融合，如三明市宁化县、南平市光泽县，布局27条产业链。①

2024年，福建在县域重点产业链发展方面强调龙头带动，发挥省内重点龙头企业优势与作用，支持龙头企业构建"龙头+配套"产业体系，带动相关县域融入龙头企业的产业链供应链，扩大重点产业链集聚范围。② 这一举措也体现了福建在强化闽商产业龙头对地方经济的带动效应。

依照该思路，宁德时代将带动福鼎市、屏南县、霞浦县、罗源县、古田县等周边县域引进新型负极材料、铜箔、电子配件等锂电配套产业，以及新能源汽车、新能源特种车、电动船舶、储能装备等锂电下游重点项目落地建设，拓展锂电产业链生态圈。青拓集团有限公司将带动福安市、周宁县、罗源县等县域布局不锈钢产业链下游项目，加快冶炼、热轧、冷轧及制品加工等产业链延伸，推进不锈钢产业成链、成群、成势。紫金矿业集团股份有限公司将带动上杭县及周

---

① 《福建省县域重点产业链发展白皮书（2024）》，福建省工业和信息化厅，https：//gxt.fujian.gov.cn/zwgk/zfxxgk/fdzdgknr/gzdt/202501/t20250104_6602311.htm，2025年1月4日，第13~16页。

② 《福建省县域重点产业链发展白皮书（2024）》，福建省工业和信息化厅，https：//gxt.fujian.gov.cn/zwgk/zfxxgk/fdzdgknr/gzdt/202501/t20250104_6602311.htm，2025年1月4日，第32~33页。

边区域，聚焦金铜冶炼、铜精深加工、稀贵金属等产业链，重点引进医疗线材、5G通信线缆、电子胶料等项目落地，完善特种电线电缆加工产业链条。圣农集团将带动光泽县、浦城县等县域打造农副产品加工（肉鸡生产加工）"养殖—加工—冷链"的上下游全产业链，助力引进肉制休闲食品开发、预制菜等项目，发展特色食品产业集群。厦门钨业股份有限公司将带动长汀县大力发展稀土永磁材料、稀土晶体材料、储氢、催化等高性能稀土功能材料和稀土资源高效综合利用技术，提高稀土产品附加值和资源综合利用效率。[1]

与龙头带动呼应，相关县域闽商可以配套龙头、做强做大细分环节，主动嵌入产业链分工体系，同时也可以选择技术门槛适中的环节切入，填补县域产业链上的空白。

除了龙头带动外，福建还强调聚焦县域产业细分领域，重点培育一批优势特色突出、资源要素汇聚、治理服务完善、核心竞争力较强的国家级、省级中小企业特色产业集群，支持专精特新企业发展。[2]

依照该思路，福建将推动马尾区用户侧新型储能、龙文区石英钟表等16个国家级中小企业特色产业集群，与先进制造业集群、战略性新兴产业集群同频共振、协同匹配、融通发展。引导长乐区纺织功能性新材料、德化县白瓷等35个省级中小企业特色产业集群做强主导产业，聚集培育一批核心配套产品，加快向国家级产业集群迈进。加大对福清市风电、福鼎市白茶、仓山区医药健康、鼓楼区行业应用软件、闽清县建材、湖里区航空维修、漳浦县家居建材、惠安县校

---

[1] 《福建省县域重点产业链发展白皮书（2024）》，福建省工业和信息化厅，https://gxt.fujian.gov.cn/zwgk/zfxxgk/fdzdgknr/gzdt/202501/t20250104_6602311.htm，2025年1月4日，第33页。

[2] 《福建省县域重点产业链发展白皮书（2024）》，福建省工业和信息化厅，https://gxt.fujian.gov.cn/zwgk/zfxxgk/fdzdgknr/gzdt/202501/t20250104_6602311.htm，2025年1月4日，第34~35页。

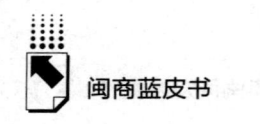

服、南安市石材、永春县老醋、永安市新型碳材料等19个地方中小企业特色产业集群的培育力度。①

与支持"专精特新"呼应，闽商可以聚焦县域技术痛点，通过技术创新进行差异化竞争，同时也可以布局绿色经济等新赛道。

2024年，福建聚"链"成群，推动县域重点产业链发展，与之相应，闽商也应秉持"链"式思维、在"链"上发力，借力政策，在县域经济"百花齐放"中抢占先机，实现与县域经济的共生共赢。

四 技术驱动与品牌全球化，闽商出海展现较强韧性

2024年，在全球经济复苏乏力、地缘政治冲突加剧的背景下，闽商出海展现较强韧性。

根据福建省官方统计，2024年福建货物进出口总额达19898.5亿元，同比增长0.8%，其中出口额12386.19亿元，增长5.3%，②增速高于全国平均水平。民营企业对共建"一带一路"国家的出口总额达4252亿元，同比增长1.9%，占同期福建省对共建"一带一路"国家出口总值的73.8%。③

在区域布局上，东南亚仍是闽商拓展的重点。2024年1~11月，福建省民营企业对东盟进出口额为2636.1亿元，同比增长15%，占

---

① 《福建省县域重点产业链发展白皮书（2024）》，福建省工业和信息化厅，https：//gxt.fujian.gov.cn/zwgk/zfxxgk/fdzdgknr/gzdt/202501/t20250104_6602311.htm，2025年1月4日，第35页。
② 《2024年福建省国民经济和社会发展统计公报》，福建省人民政府，https：//www.fujian.gov.cn/zwgk/sjfb/tjgb/202503/t20250313_6779048.htm，2025年3月14日。
③ 《福建2024年对"一带一路"国家出口超5700亿，工业丝路平台助力》，搜狐，https：//business.sohu.com/a/856136891_122152454，2025年2月6日。

同期全省对东盟进出口总值的64.9%。印度尼西亚、马来西亚、越南是福建省对东盟贸易的主要国家，1~11月，福建省分别对其进出口1163.1亿元、784亿元、617.2亿元，三者合计占同期全省对东盟进出口总值的63.1%。对新加坡和老挝贸易增势明显，1~11月，福建省分别对其进出口448.3亿元、10.8亿元，同比分别增长69.1%、1.5倍。此外，对柬埔寨进出口71.5亿元，同比增长35.6%。①

从企业角度看，闽商出海呈现技术驱动与品牌全球化两大趋势。

技术驱动的典型是宁德时代。此前该公司通过"技术授权+本地化生产"模式，在德国、匈牙利设立生产基地。2024年，宁德时代继续在全球市场占据主导地位。根据SNE数据，2024年宁德时代动力电池使用量全球市占率高达37.9%，储能电池全球市占率为36.5%。② 宁德时代的德国工厂更是在2024年上半年成为全球首个获得大众汽车集团模组认证的工厂，③ 展示了宁德时代在技术实力和产品质量上的卓越表现。与此同时，宁德时代在匈牙利的工厂以及与Stellantis合资的西班牙工厂也在持续推进中，④ 进一步扩大了公司的全球布局范围。

品牌全球化的典型则是安踏体育用品有限公司（以下简称"安

---

① 《2024年1~11月福建省对东盟进出口4063.1亿元，同比增长9.1%》，贝哲斯咨询，https://www.globalmarketmonitor.com.cn/market_news/2934379.html，2025年1月16日。

② 《宁德时代2024年净利润突破500亿元，连续八年动力电池使用量全球第一，计划筹资50亿美元赴港上市》，东方财富网，https://finance.eastmoney.com/a/202503153346736269.html，2025年3月15日。

③ 《携手玛莎拉蒂母公司，"宁王"欧洲第三座工厂拟落子西班牙》，新浪财经百度百家号，https://baijiahao.baidu.com/s?id=1818316238375466502&wfr=spider&for=pc，2024年12月13日。

④ 《携手玛莎拉蒂母公司，"宁王"欧洲第三座工厂拟落子西班牙》，新浪财经百度百家号，https://baijiahao.baidu.com/s?id=1818316238375466502&wfr=spider&for=pc，2024年12月13日。

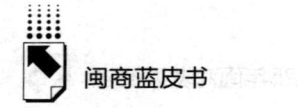

踏")。安踏以东南亚市场为海外布局首站,已在新加坡、马来西亚等多个国家布局。① 2024年,安踏通过与欧美市场头部零售分销商合作,在美国等成熟市场取得突破性进展:3月,安踏推出的ANTA KAI 1签名鞋在全球13座城市迅速售罄,为安踏迅速打响了全球知名度;9月,ANTA KAI 1 SPEED进驻全球最大的体育运动用品零售渠道之一Foot Locker。② 安踏的"双轮驱动"全球化战略格局升级:2024年2月,安踏旗下亚玛芬体育AMER SPORTS成功在纽交所上市,2024年收入同比增长18%至51.83亿美元,按照适用汇率折算为人民币377.52亿元,安踏和亚玛芬体育的总收入首次突破千亿元,达到1085.78亿元。③ 截至2024年底,随着安踏布局马来西亚、泰国、越南、菲律宾、印度尼西亚市场,业务覆盖东南亚及南亚地区近20个国家的20亿人口。安踏海外物流平台上线覆盖东南亚及北美,为全球化提供强大保障。④

另一个值得注意的趋势是跨境电商的发展。福建已经成为全国发展最快的跨境电商进出口中心之一,民营企业作为主力军贡献显著。2024年1~11月福建跨境电商出口交易规模达1624.46亿元,同比增长22.3%。福建已经培育出福建米多多网络科技有限公司、福建新时颖电子商务有限公司(以下简称"新时颖")、厦门俊亿供应链有

---

① 《安踏2024财报发布,营收突破700亿,多品牌战略成效显著》,经济观察报百度百家号,https://baijiahao.baidu.com/s?id=1827096234344762715&wfr=spider&for=pc,2025年3月20日。
② 《"创业者"欧文与"拓荒者"安踏》,凤凰网体育频道,http://sports.ifeng.com/c/8f6KMhIRf6G,2024年12月6日。
③ 《多品牌战略发力 安踏2024年收入创新高》,证券日报百度百家号,https://baijiahao.baidu.com/s?id=1827040271539912364&wfr=spider&for=pc,2025年3月20日。
④ 《安踏集团2024年收入创新高,连续三年稳居中国市场全行业首位》,财经观察网百度百家号,https://baijiahao.baidu.com/s?id=1827361635873199327&wfr=spider&for=pc,2025年3月23日。

限公司（以下简称"俊亿"）、福建纵腾网络有限公司（以下简称"纵腾"）等跨境电商知名企业。其中，俊亿在全球拥有近 10 万名中小批发客户；新时颖是亚马逊平台面向美国女装市场的前三大卖家之一；纵腾服务全球超过 1.5 万家跨境电商商户，年处理订单量超过 3 亿单。①

五　晋江闽商成"八闽楷模"，教育与乡村振兴仍是闽商公益重点领域

2024 年 9 月 23 日，福建省委宣传部发布晋江优秀民营企业家群体先进事迹，授予他们"八闽楷模"荣誉称号。② 福建省"八闽楷模"评选旨在通过树立先进典型，弘扬社会主义核心价值观，激励全社会见贤思齐。评选机制注重从重大任务贡献者和基层一线模范中挖掘典型，强调与时代精神同频共振。③ 晋江优秀民营企业家群体因在改革开放 40 余年中坚守实业，创新发展"晋江经验"，并在推动民营经济高质量发展中表现突出，成为 2024 年的获奖主体。这体现了福建省对晋江闽商群体坚守实业、创新突破和社会贡献的高度认可。

2024 年 11 月 12 日，胡润研究院发布了 2024 胡润慈善榜，从出生地来看，闽商上榜 5 人（见表 3），占比为 24%。在上榜的闽商中，世纪金源的黄如论、黄涛家族已连续 21 次登上胡润慈善榜，且 4 次

---

① 《福建："跨"向品牌之路》，央视网福建频道，https：//local.cctv.com/2025/03/17/ARTIrzMzz6Sm3gwjSIne3O5G250317.shtml，2025 年 3 月 17 日。
② 《福建省委宣传部授予晋江优秀民营企业家群体"八闽楷模"称号》，网易，https：//www.163.com/dy/article/JCRI4CC00519CQ3E.html，2024 年 9 月 24 日。
③ 《省委宣传部：树典型强宣传　激励八闽儿女建新功》，福建省人民政府，https：//www.fujian.gov.cn/xwdt/fjyw/202503/t20250311_6777375.htm，2025 年 3 月 11 日。

成为中国首善，是唯一每年保持上亿捐赠的慈善家，历年捐赠额已超过100亿元。①

在胡润研究院所统计的历年捐赠额超10亿元的在世华人企业家中，闽商也不乏其人：源昌集团侯昌财历年捐赠额为30亿~50亿元；新华都陈发树、宝龙许健康、世茂许荣茂、宁德时代曾毓群、字节跳动张一鸣历年捐赠额为10亿~30亿元（见表4）。②

表3　2024胡润慈善榜不同省份上榜企业家

出生地	上榜人数	出生地	上榜人数
福建	5	江西	2
广东	4	河南	1
湖北	3	宁夏	1
安徽	2	海南	1
浙江	2		

资料来源：胡润研究院。

表4　胡润慈善榜历年捐赠额为5亿~50亿元的闽商

姓名	主要公司	出生地/祖籍地
历年捐赠额30亿~50亿元		
侯昌财	源昌	福建泉州
历年捐赠额10亿~30亿元		
陈发树	新华都	福建泉州
许健康	宝龙	福建泉州
许荣茂	世茂	福建泉州
曾毓群	宁德时代	福建宁德
张一鸣	字节跳动	福建龙岩

① 《58岁AI企业家虞仁荣53亿元捐赠额首次成为中国首善｜〈2024衡昌烧坊·胡润慈善榜〉重磅发布》，腾讯网，https：//news.qq.com/rain/a/20241112A0437Y00?web_channel=wap&openApp=false&suid=&media_id=，2024年11月12日。
② 《58岁AI企业家虞仁荣53亿元捐赠额首次成为中国首善｜〈2024衡昌烧坊·胡润慈善榜〉重磅发布》，腾讯网，https：//news.qq.com/rain/a/20241112A0437Y00?web_channel=wap&openApp=false&suid=&media_id=，2024年11月12日。

续表

姓名	主要公司	出生地/祖籍地
历年捐赠额 5 亿~10 亿元		
郭鹤年	郭氏	马来西亚新山/福建福州
黄朝阳	中骏	福建泉州
黄其森家族	泰禾	福建福州
黄志源	金光	福建泉州
李贤义	信义	福建泉州
欧宗荣	正荣	福建莆田
许连捷家族	恒安	福建泉州

数据来源：胡润研究院。

如胡润慈善榜单所显示，教育仍是企业家慈善关注的重点领域，在上榜慈善家中，向教育领域捐赠的人数最多，有70%上榜慈善家在教育事业上做出了贡献。[1] 在这方面，闽商亦然。

2024年8月，张一鸣与字节跳动CEO梁汝波共同向母校南开大学捐赠人民币2亿元。这不是张一鸣第一次回馈母校，2019年10月，张一鸣在南开大学设立了"南开大学创新基金"，并作为创新基金的发起人向该基金捐赠1亿元。[2]

在教育慈善领域与闽商相关的另一件大事是，晋江设立了"大先生"公益基金。2024年11月28日，晋江市"大先生"公益基金成立暨首批项目发布仪式在利郎创意园举行，利郎集团董事局主席王冬星及其爱人陈莉莉捐赠1亿元，发起晋江"大先生"

---

[1] 《58岁AI企业家虞仁荣53亿元捐赠额首次成为中国首善｜〈2024衡昌烧坊·胡润慈善榜〉重磅发布》，腾讯网，https：//news.qq.com/rain/a/20241112A0437Y00？web_channel=wap&openApp=false&suid=&media_id=，2024年11月12日。

[2] 《字节跳动张一鸣、梁汝波，捐赠2亿元！》，闽商传媒公众号，https：//mp.weixin.qq.com/s/1H9Vusnoq2_FyM1PRGN6GQ，2024年8月22日。

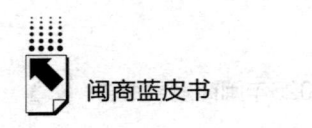

公益基金。①

"大先生"公益基金是开放式基金，基金成立后，将主要用于支持晋江市教育医疗事业高层次发展规划、高水平人才引进、高质量人才培育、高精准教科研保障、高品质关怀服务等的常态开展，助力在医教领域培育一批具有大视野、大胸襟、高水平的"大先生"。同时，基金将设立专门的理事会，负责具体管理和运营工作，专款专用，持续推动更多医教领域的好项目落地生根、开花结果。②

除了教育外，乡村振兴也是闽商尤其是海外闽商关注的重点领域。2024年，海外闽商较大的一笔捐赠，是菲律宾上好佳集团创始人施恭旗家族向家乡晋江市龙湖镇捐赠的950万元，其中850万元用于前港村"党建+"邻里中心、"龙湖·前港"侨史馆暨阁头家族故事馆等项目建设，助力前港乡村振兴，100万元捐赠给龙湖镇教育促进会。③

---

① 《晋江市"大先生"公益基金成立暨首批项目发布》，晋江市人民政府，https://www.jinjiang.gov.cn/xxgk/jjyw/202411/t20241128_3111028.htm，2024年11月28日。
② 《晋江市"大先生"公益基金成立暨首批项目发布》，晋江市人民政府，https://www.jinjiang.gov.cn/xxgk/jjyw/202411/t20241128_3111028.htm，2024年11月28日。
③ 《闽商慈善｜再捐950万元！著名侨领、上好佳创始人施恭旗回家乡……》，闽商传媒公众号，https://mp.weixin.qq.com/s/FucXtDu9rP5sNoznD7lvTA，2024年11月16日。

分 报 告

B.2 2025年福建省内闽商发展报告
——以预制菜产业闽商为中心

邹挺超　詹志华*

摘　要： 预制菜产业是观察闽商与省内区域经济互动、如何将各地资源转化为产业优势的极佳实例。本报告对福建省内预制菜产业发展的政策驱动、企业现状以及闽商根据地方资源确立产业优势的情况进行了分析。福建从2022年起密集出台政策支持预制菜产业发展，省内企业大多集中在产业链中游，尤其是生产加工这一核心环节。就产业地理而言，福建已经初步形成"水产-肉类-出口"等产业带，覆盖福州马尾、福清，厦门同安，漳州等核心区域。闽商也根据不同的区位条件，选择水产品、出口、肉类等不同的细分领域确立产业优势。在这一产业领域，闽商与地方产业基础和资源禀赋的互动极为明

---

* 邹挺超，《闽商》杂志社执行总编辑；詹志华，福州大学马克思主义学院院长，教授、硕士生导师，主要研究领域为闽商文化、马克思主义中国化等。

显，但也造成了局限性，如过分关注地方特色而缺少全国性龙头、区域发展不平衡、同质化竞争严重等。

关键词： 闽商　预制菜　地方经济　产业集群

预制菜产业是闽商与福建区域经济互动的最佳实例。闽商利用省内各地的不同资源禀赋，将其转化为产业优势，这在预制菜产业中体现得较好。

依托政策红利、资源禀赋与闽商产业基础，2024年，福建在预制菜产业领域已跻身全国前列。

一　政策驱动：顶层设计引领高质量发展

2024年3月，国家市场监督管理总局等6部门联合发布的《关于加强预制菜食品安全监管　促进产业高质量发展的通知》（以下简称《通知》）明确，预制菜是以一种或多种食用农产品及其制品为原料，使用或不使用调味料等辅料，不添加防腐剂，经工业化预加工（如搅拌、腌制、滚揉、成型、炒、炸、烤、煮、蒸等）制成，配以或不配以调味料包，符合产品标签标明的贮存、运输及销售条件，加热或熟制后方可食用的预包装菜肴。[①]

依照《通知》，此前行业内通行的即食、即热、即配食品中的一大部分，都不属于预制菜范畴：中央厨房制作的菜肴，不纳入预制菜范围；仅经清洗、去皮、分切等简单加工未经烹制的净菜类食品，属

---

① 《关于加强预制菜食品安全监管　促进产业高质量发展的通知》，中华人民共和国中央人民政府，https://www.gov.cn/zhengce/zhengceku/202403/content_6940808.htm，2024年3月18日。

于食用农产品，不属于预制菜；速冻面米食品、方便食品、盒饭等主食类产品不属于预制菜。

根据《通知》给出的定义，梳理福建发展预制菜的资源禀赋，可以发现十分优越：在自然资源方面，福建拥有山海协同的资源优势，作为沿海大省，水产资源丰富，而闽西北山区则提供了丰富的森林与农业资源，在发展蔬果净菜、畜禽养殖方面有巨大优势；在产业基础方面，食品是闽商的优势产业，近年来福建也在补齐冷链物流等方面的短板，同时也在大力打响"闽菜"IP。

自2022年起，福建省密集出台政策支持预制菜产业发展，2023年又出台了多项政策文件，旨在推动预制菜产业的高质量发展。

2022年11月，福建省商务厅、福建省发展和改革委员会、福建省农业农村厅等9部门印发《加快推进预制菜产业高质量发展的措施》（以下简称《措施》）提出21条措施，包括打造产业集群、培育龙头企业、完善标准体系、支持仓储冷链建设、搭建公共服务平台等。[①]

该文件是福建关于预制菜产业的系统性纲领，其中与闽商该产业发展环境密切相关的要点如下。

第一，建设产业集群。提出重点发展水产品、肉产品、蔬果净菜三类产业基地，到2025年，建设30个现代农业产业园、20个优势特色产业集群。

第二，推进标准化。支持企业主导或参与预制菜国家标准、行业标准、地方标准的制定，对标准制定单位给予专项补助。

第三，培育龙头企业。对年网络零售额超1亿元的预制菜企业给予最高50万元奖励，并建立重点企业上市培育库。

---

① 《福建21条措施加快推进预制菜产业高质量发展》，福建省商务厅，https://swt.fujian.gov.cn/xxgk/jgzn/jgcs/fwyfzc/gzdt_463/202211/t20221121_6058179.htm，2022年11月21日。

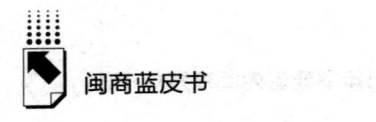

第四，保障冷链物流。建设150个农产品冷藏保鲜设施，完善"田头到餐桌"的冷链闭环。①

2023年11月发布的《福建省加快新闽菜创新发展三年行动方案（2023~2025年）》将"推动预制菜新突破"作为主要任务之一，并提出壮大预制菜产业集群、培育预制菜示范企业、建设预制菜研发平台等具体思路。②

标准体系建设对预制菜产业发展至关重要。2022年6月2日，福建省卫生健康委员会发布《福建省食品安全地方标准 佛跳墙》（DBS35/007—2022），明确原料、加工工艺、营养成分等要求，为产品出口提供技术依据。③另外，福建还启动了乌树饭、土笋冻等闽菜传统食品的食品安全地方标准修订。④

2023年，福建预制菜产业规模约为500亿元，约占大陆总份额的10%。⑤虽未找到2024年相关统计数据，但根据2022年福建全省

---

① 《福建省商务厅等9部门关于印发〈加快推进预制菜产业高质量发展的措施〉的通知》，福州市马尾区人民政府，https：//www.mawei.gov.cn/xjwz/zwgk/ztzl/zgscpyzczd/xyzx/202404/t20240428_4815819.htm，2024年4月28日。

② 《福建省人民政府办公厅关于印发福建省加快新闽菜创新发展三年行动方案（2023~2025年）的通知》，福建省发展和改革委员会，http：//fgw.fujian.gov.cn/zwgk/fgzd/szcfg/202312/t20231201_6320585.htm。

③ 《重磅！福建省食品工业协会组织起草的〈福建省食品安全地方标准 佛跳墙〉已正式发布》，福建省食品工业协会公众号，https：//mp.weixin.qq.com/s?__biz=MzA5MjQxNDg2NQ==&mid=2650568271&idx=1&sn=99f1ff0ae5e6228655c92c907a5f654f&chksm=8865a0b1bf1229a7d8b2e51c10851a856c5bc71509c1524776f60070feb4b05832743fb79057&scene=27&poc_token=HLZL6WejOZcpmaFPvizPU6QxijN4rU__Y4fLqmkM，2022年6月3日。

④ 《关于省政协十三届二次会议第20241024号提案的答复》，福建省市场监督管理局，https：//scjgj.fujian.gov.cn/zw/tzgg/202407/P020240717382465430713.pdf，2024年7月9日。

⑤ 《掘金蓝海，闽台携手"预制"未来》，新浪财经，https：//finance.sina.cn/2024-06-06/detail-inaxtxfp6339335.d.html，2024年6月6日。

预制菜加工业规模约400亿元，①可以估算从2022年到2023年增速约为20%，估计2024年产业规模大约为600亿元。

赛迪顾问消费经济研究中心发布的《2024预制菜产业基地百强研究》报告显示，福建共有15个基地入选百强。厦漳泉都市圈入选中国六大预制菜产业基地集聚区，预制菜产业产值达263.9亿元。②

二 企业概况：龙头带动，产业链中游优势明显

截至2023年8月，福建有8000多家预制菜相关企业，省内海鲜、蔬菜、水果、畜禽等多个产品全产业链总产值超千亿元。③

根据东方财富数据，A股市场属于"预制菜概念"的企业有57家，其中安井食品集团股份有限公司（以下简称"安井食品"）、福建圣农发展股份有限公司（以下简称"圣农发展"）、永辉超市股份有限公司（以下简称"永辉超市"）、海欣食品股份有限公司（以下简称"海欣食品"）4家为福建企业。④

随着预制菜产业的发展，各路预制菜相关榜单逐渐出炉，其中不乏闽商身影。安井食品、圣农发展、海欣食品、厦门绿进食品有限公司（以下简称"绿进食品"）和福建省亚明食品有限公司（以下简

---

① 《关于省政协十三届一次会议20231117号提案的答复》，福建省市场监督管理局，https：//scjgj.fujian.gov.cn/zw/tzgg/202306/P020230928553029468372.pdf，2023年6月27日。
② 《全文刊发！〈2024预制菜产业基地百强研究〉》，搜狐，https：//business.sohu.com/a/839913251_378413，2024年12月20日。
③ 《福建预制菜产业腾飞 气势如虹》，福建商务公众号，https：//mp.weixin.qq.com/s?__biz=MzUzMTg0Mjk4OA%3D%3D&mid=2247712822&idx=2&sn=fe75485d12db9a7b3c34d981d1b9f978&chksm=fab192f5cdc61be304ce4a5412b979c24ab40ef137fef32f46f6d04c6ce472a9c163a1f78265&scene=27，2023年8月25日。
④ 《预制菜概念资金流向》，东方财富网，https：//data.eastmoney.com/bkzj/BK1025.html。

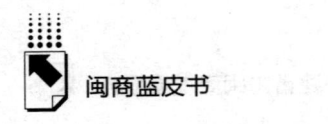

称"亚明食品")5家福建企业入围"2022预制菜企业50强"。①

2024年3月，胡润研究院携手中国国际（佛山）预制菜产业大会组委会联合发布"胡润中国预制菜生产企业百强暨大单品冠军榜"，闽商企业安井食品、绿进食品、圣农发展、海欣食品（新上榜）、厦门如意三宝食品有限公司（以下简称"如意三宝"）、三餐有料品牌管理（厦门）有限公司（以下简称"三餐有料"）、福建三都港食品科技有限公司（以下简称"三都港"）、永辉超市、亚明食品均被列入。②

安井食品是速冻预制菜肴全品类龙头，聚焦火锅料（酥肉、鱼丸）、即热类（佛跳墙、酸菜鱼）、即烹类（藤椒鸡排）。2024年其预制菜业务首次超越传统速冻食品，成为第一大收入来源（前三季度营收占比为35%）。③

圣农发展是禽类调理品领导者，在预制菜领域深耕即食鸡胸肉、奥尔良鸡翅、脆皮炸鸡等鸡肉深加工产品。其优势在于以白羽肉鸡全产业链为核心，进一步拓展农牧、物流等产业，已成为全球白羽肉鸡行业配套最完整的企业，成为白羽肉鸡全产业链企业中的翘楚。④

永辉超市作为零售企业，在预制菜方面也拥有自有品牌"辉妈

---

① 《安井食品排名第一！福建5家企业入围预制菜50强榜单》，东南网百度百家号，https://baijiahao.baidu.com/s?id=1762414206418175942&wfr=spider&for=pc，2023年4月6日。
② 《2024年·胡润中国预制菜生产企业百强》，胡润百富，https://www.hurun.net/zh-CN/Rank/HsRankDetails?pagetype=cprefood，2024年3月15日。
③ 《安井食品三季报分析》，东方财富网，https://pdf.dfcfw.com/pdf/H3_AP202411031640686804_1.pdf?1730639622000.pdf，2024年11月2日。
④ 《2025年圣农发展研究报告：全产业链一体化白鸡龙头，多点开花有望迎高速成长！》，未来智库，https://www.vzkoo.com/read/20250328dfdb9405fdc572af458817bc.html，2025年3月28日。

到家"，覆盖佛跳墙、梅菜扣肉等即热类产品。其优势在于联动省内企业，如福州聚春园集团有限公司、福建省供销云厨餐饮管理有限公司等。①

上述三家都是国内知名的行业内龙头企业。如榜单所示，闽商也有不少专精细分领域的企业。

海欣食品是水产预制菜专业厂商，核心产品为鱼丸、蟹柳等火锅料及"海欣捞道"系列。2024年上半年，速冻菜肴制品营收增长87.48%至2亿元，成为该公司第二大营收来源。②

绿进食品专注于闽南传统菜品的工业化生产，核心产品包括麻油鸡、姜母鸭、同安封肉等闽南特色菜品，年销售额超10亿元，其"绿进""松坂"是"中国驰名商标"。③

亚明食品主要聚焦肉类预制菜，如牛仔骨、调理猪颈肉等。该企业是中国《预制包装菜肴》团体标准的执笔单位，也是中国《冷冻冷藏食品术语与分类》团体标准起草单位。④

如意三宝专注肉类速冻调理，三餐有料则聚焦社区团购与便利店渠道布局，三都港则发力水产类预制菜。

根据《通知》给出的定义，预制菜产业链上下游可以梳理如表1所示。

---

① 《永辉超市发力预制菜，联名聚春园、国联水产等推出预制菜品》，新京报百度百家号，https://baijiahao.baidu.com/s?id=1776990910386411929&wfr=spider&for=pc，2023年9月14日。

② 《半年报正式收官，各大企业的预制菜成绩表现如何？接下来如何发展布局?》，山东预制菜产业联盟，https://www.sdyzclm.com/newsitem/39585，2024年9月6日。

③ 《沙茶面、寿司、冬阴功汤……连锁店盯上小便当，便利店端出便利菜》，腾讯网，https://news.qq.com/rain/a/20241111A041PO00?suid=&media_id=，2024年11月11日。

④ 《福建省亚明食品有限公司》，东南网，https://www.fjsen.com/zhuanti/2023-12/19/content_31483514.htm，2023年12月19日。

表1 预制菜产业链上下游

环节	具体内容
上游：原料供应与基础加工	农业种养殖：畜禽、水产、蔬果等原材料生产
	原料加工：肉类屠宰分割、水产品净化暂养、果蔬净菜处理
	调味品与辅料：预制菜专用调味料（如酱汁、腌料）、包装材料供应
中游：预制菜生产与供应链	生产加工：工业化预加工（腌制、滚揉、成型、炒炸蒸煮等）
	冷链物流：冷藏仓储、运输配送（须符合-18℃至4℃温控标准）
	质量管控：食品安全检测、防腐剂禁用监管、溯源体系建设
下游：渠道销售与终端消费	B端渠道：餐饮连锁、团餐企业、酒店供应链
	C端渠道：商超、电商平台、社区团购
	消费场景：家庭厨房、便利店即食、户外露营

结合上述企业专注的细分领域，可以看出闽商在预制菜全产业链都有涉及，但主要优势集中在中游，尤其是生产加工这一核心环节。

上游方面，畜禽养殖与屠宰如圣农发展，水产养殖如三都港，调味品与辅料如厦门古龙食品有限公司。

中游方面，生产加工如安井食品、绿进食品、亚明食品、如意三宝，在冷链物流层面，则有位于福清、主要面向东南亚的跨境冷链枢纽元洪国际食品产业园，以及位于厦门同安、面向全国的京东亚洲一号物流园。

下游方面，在B端渠道，圣农发展是肯德基、麦当劳等餐饮企业供应链的重要一环；而在C端渠道，永辉超市布局商超，三餐有料布局社区团购，覆盖了诸多消费场景。

三 产业地理：高调布局，各有千秋

《措施》提出实施区域差异化策略。其中，在福州马尾、连江、福清，漳州东山、诏安，宁德蕉城、霞浦、福鼎，莆田涵江，平潭等地发展以水产品为重点的预制菜产业基地；在厦门同安、南平光泽、泉州晋江、漳州台商投资区、龙岩新罗及长汀产业园等地发展以肉产品为重点的预制菜产业基地；在莆田、漳州、南平、三明、龙岩建立发展以蔬果净菜为重点的预制菜产业基地。①

围绕《措施》提出的策略，福建已经初步形成"水产－肉类－出口"等产业带，覆盖福州马尾、福清，厦门同安，漳州等核心区域。

（一）福州马尾：打造水产品预制菜千亿产业集群

2023年10月，中国水产流通与加工协会组织专家组到马尾进行现场评审，授予福州经济技术开发区（马尾区）"中国水产品预制菜之都"的称号。②马尾继"全国2023十大预制菜产业基地"、全国首批国家骨干冷链物流基地之后再添"国字号"新名片。③

马尾区以水产品为核心，构建远洋捕捞、冷链物流、精深加工全产业链，目标是打造"水产品预制菜千亿产业集群"。④

位于马尾的名成海峡水产品交易中心是全国知名的水产品集散地，建有35万平方米大型现货批发市场、15万吨高标准冷藏库、

---

① 《福建省商务厅等9部门关于印发〈加快推进预制菜产业高质量发展的措施〉的通知》，福州市马尾区人民政府，https：//www.mawei.gov.cn/xjwz/zwgk/ztzl/zgscpyzczd/xyzx/202404/t20240428_4815819.htm，2024年4月28日。

② 《中国水产品预制菜之都！马尾再添"国字号"招牌》，福州市人民政府，https：//www.fuzhou.gov.cn/zgfzzt/shfgfgg/zxdt/202311/t20231103_4710891.htm，2023年11月3日。

③ 《区域经济 | "中国水产品预制菜之都"为什么是马尾？》，网易，https：//www.163.com/dy/article/IK7THGEC0519CQ3E.html，2023年11月23日。

④ 《马尾：掘金蓝海 预制千亿"大菜"》，福州日报社数字报刊平台，https：//mag.fznews.com.cn/fzwb/2023/20231012/20231012_A14/20231012_A14_1.htm，2023年10月12日。

3000吨专用渔业码头等功能区，入驻国内外商户1000余家，业务范围遍及全国各地以及东盟各国、澳大利亚、美国、西非等国家和地区。整个市场2024年交易额达120亿元，交易量达110万吨，实现水产品"买全球、卖全球"。2023年该中心入选中国商品市场综合百强，为全市唯一、全省两个入选市场之一。①

此外，马尾还拥有远洋渔业捕捞船111艘，遍布世界各地，甚至建立起中国在海外占地面积最大的渔业基地。②中国远洋渔业捕捞渔获约四分之一通过马尾销往全国。③

马尾的优越条件也吸引了众多水产品预制菜领域的闽商：位于马尾亭江的福建海文铭海洋科技发展有限公司，通过自动化生产线，将鲍鱼、海参、墨鱼等食材烹制过程前置，年产300万份冷冻佛跳墙，产品销往欧美、东南亚；福州名成食品工业有限公司的章鱼系列深加工产品在全国水产品行业中处于领先地位，占中国出口日本53%的市场份额，鲍鱼寿司系列产品占中国出口日本51%的市场份额；④百鲜食品（福建）有限公司是一家集水产品和初级农产品精深加工、贸易、仓储物流于一体的企业，秋刀鱼和鱿鱼吞吐量尤为突出；福建正味生物科技有限公司生产以海产品为辅料的特色产品，为合作企业定制风味独特、适销对路的深加工海洋产品，并拥有近百项专

---

① 《福州自贸片区马尾区块：实现水产品"全球买、卖全球"》，中国（福建）自由贸易试验区福州片区管理委员会，https：//fzftz.fuzhou.gov.cn/zwgk/qydt/202503/t20250304_4983769.htm，2025年3月4日。

② 《区域经济｜"中国水产品预制菜之都"为什么是马尾？》，网易，https：//www.163.com/dy/article/IK7THGEC0519CQ3E.html，2023年11月23日。

③ 《福州自贸片区马尾区块：实现水产品"全球买、卖全球"》，中国（福建）自由贸易试验区福州片区管理委员会，https：//fzftz.fuzhou.gov.cn/zwgk/qydt/202503/t20250304_4983769.htm，2025年3月4日。

④ 《区域经济｜"中国水产品预制菜之都"为什么是马尾？》，网易，https：//www.163.com/dy/article/IK7THGEC0519CQ3E.html，2023年11月23日。

利技术。①

截至2024年4月，130余家预制菜产业相关企业落户马尾，总计发展预制菜400多个品种，产品远销18个国家和地区。②

2023年8月，马尾区预制菜产业发展协会正式成立，从壮大成员队伍、畅通沟通渠道、重视科技研发、专注品牌打造等方面开展工作，协会的成立也为马尾预制菜产业高质量发展注入新动力、增添新活力。③

水产品预制菜的发展离不开冷链物流。从产业链上游的远洋捕捞、渔获上岸，到中下游的冷库加工、食品销售，马尾作为全国水产品集散地，有着冷链物流集聚发展的产业基础，具备冷链物流的完整产业链。马尾的冷库库容、冷链物流配送能力均为全省之最，全区已建成冷库库容254万立方米，入选全国首批国家骨干冷链物流基地。④ 已经投用的正福超低温冷库项目（一期），是国内第二大、省内最大最先进的超低温冷库，库容量3.5万立方米，可年储藏、加工超低温金枪鱼、剑鱼、旗鱼等近万吨，达到国际一流技术水平。⑤ 2024年，建成博大生物农副产品供应链中心，推动华闽深冷等3个冷链加工项目完工投产。⑥

---

① 《聚焦高质量发展 福州马尾：从"海鲜自由"奔向千亿产业》，福州市马尾区人民政府，https：//www.mawei.gov.cn/xjwz/zwgk/zfxxgkzdgz/fp/xczx/202305/t20230515_4603174.htm，2023年4月28日。

② 《130多家预制菜相关企业落户福州马尾 政银企对接促产业发展》，国际在线，https：//fj.cri.cn/20240412/adeda34c-763c-e41b-1b9f-a9cf6190f973.html，2024年4月12日。

③ 《区域经济｜"中国水产品预制菜之都"为什么是马尾?》，网易，https：//www.163.com/dy/article/IK7THGEC0519CQ3E.html，2023年11月23日。

④ 《福州自贸片区马尾区块：实现水产品"全球买、卖全球"》，中国（福建）自由贸易试验区福州片区管理委员会，https：//fzftz.fuzhou.gov.cn/zwgk/qydt/202503/t20250304_4983769.htm，2025年3月4日。

⑤ 《正福超低温冷库项目（一期）启用》，福州市人民政府，https：//www.fuzhou.gov.cn/zwgk/gzdt/tpxw/202203/t20220303_4319605.htm，2022年3月3日。

⑥ 《2025年度马尾区政府工作报告》，福州市马尾区人民政府，https：//www.mawei.gov.cn/xjwz/zwgk/gzbg/202501/t20250106_4956500.htm，2025年1月6日。

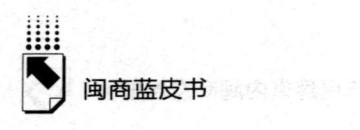

（二）福州福清：中印尼跨境产业链是亮点

福清农产品资源丰富、供应充足，农业龙头企业集聚、食品加工能力较强，全产业链整合提升潜力巨大，具备遍布国内国际发达的食品交易网络，发展预制菜产业有得天独厚的基础和条件。[1]

福清现有国家级龙头企业5家，市级以上龙头企业91家，农业总产值239亿元，是全国最大的鳗鱼养殖基地、全国最大的蛋品生产出口基地、福州最大的生猪养殖基地，可以为预制菜产业发展提供强大的原材料支撑。[2]

福清还集聚了83家规上食品加工企业，[3] 涵盖水产、粮油、肉类加工等领域，拥有福建御冠食品有限公司、胜田（福清）食品有限公司（以下简称"胜田"）、福建福清市明旺食品有限公司等龙头企业，以及蒲烧烤鳗、道地肠、佛跳墙等明星产品。

2024年，福清食品产业产值达324.9亿元，同比增长5.04%，

---

[1] 《福清预制菜产业现状及高质量发展路径研究》，知福清公众号，https：//mp. weixin. qq. com/s？__biz = MzI5MDA0NzgwNw = = &mid = 2649950065&idx = 1&sn = 24491534916833724c4531ca5b1605e3&chksm = f4227521c355fc3712be1e1c8a59d74f232a5d60136ab91f52de7baaf4e5f529b31185cd2113&scene = 27，2023年7月13日。

[2] 《福清预制菜产业现状及高质量发展路径研究》，知福清公众号，https：//mp. weixin. qq. com/s？__biz = MzI5MDA0NzgwNw = = &mid = 2649950065&idx = 1&sn = 24491534916833724c4531ca5b1605e3&chksm = f4227521c355fc3712be1e1c8a59d74f232a5d60136ab91f52de7baaf4e5f529b31185cd2113&scene = 27，2023年7月13日。

[3] 《福清预制菜产业现状及高质量发展路径研究》，知福清公众号，https：//mp. weixin. qq. com/s？__biz = MzI5MDA0NzgwNw = = &mid = 2649950065&idx = 1&sn = 24491534916833724c4531ca5b1605e3&chksm = f4227521c355fc3712be1e1c8a59d74f232a5d60136ab91f52de7baaf4e5f529b31185cd2113&scene = 27，2023年7月13日。

占规模以上工业企业的13.34%。① 依托福州新区元洪功能区，福清大力建设元洪国际食品产业园，集聚36家食品规上企业。截至2024年，全市有11家福建省龙头食品企业，其中元洪功能区就占了9家。② 产业园区已建成国家级骨干冷链物流基地、京东元洪食品数字经济产业中心、食品安全公共检验检测服务中心等平台，形成较为完善的食品储运、加工、展示、体验、交易、结算的"食品产业生态链"。③

国际化是福清预制菜产业链打造的亮点。2016年元洪国际食品产业园启动开发建设时，就致力于打造专业、创新、绿色、开放的国际化食品园区，目前已初步形成水产加工、肉类加工、粮油与植物蛋白、热带水果及特色农产品、预制菜五大主导产品系列。④ 在线下平台方面，着力打造100万吨冷库规模的元洪国际食品展示交易中心，而在线上平台方面，与京东合作打造全球（元洪）食品展示交易公共服务平台等。⑤

以建设中印尼"两国双园"为契机，印度尼西亚（以下简称

---

① 《福清致力打造千亿食品产业链》，福清市人民政府，http://www.fuqing.gov.cn/xjwz/zwgk/fqyw/202502/t20250217_4976706.htm，2025年2月17日。

② 《福清致力打造千亿食品产业链》，福清市人民政府，http://www.fuqing.gov.cn/xjwz/zwgk/fqyw/202502/t20250217_4976706.htm，2025年2月17日。

③ 《福清致力打造千亿食品产业链》，福清市人民政府，http://www.fuqing.gov.cn/xjwz/zwgk/fqyw/202502/t20250217_4976706.htm，2025年2月17日。

④ 《元洪国际食品产业园：打造全球食品航母》，福州市摄影研究会公众号，https://mp.weixin.qq.com/s?__biz=MzkzNzMyNzM0Nw==&mid=2247490831&idx=1&sn=72191c9a2e59eb75a39527c479b0204d&chksm=c3f91a41b87aa27f89756331bb096d60a5a281fca17762a08791e6b1fa9790fbf23a61e4e61e#rd，2024年12月15日。

⑤ 《元洪国际食品产业园：依托侨乡食品产业 创建国际示范园区》，福建商务公众号，https://mp.weixin.qq.com/s?__biz=MzUzMTg0Mjk4OA==&mid=2247492146&idx=3&sn=590e4aaf1950ec67dd0c12a3dda3758e&chksm=fb86c8705855ca874cc0fbe2fd2fc0da2e6fd40a2252c0b8b87ab64a3c2d444d123d87a2c692#rd，2019年10月12日。

033

"印尼")丰富的鱼货、咖啡、燕窝、海参等特色农产品，可以在园区经过精深加工进入消费市场，这也为福清预制菜产业发展带来新的机遇。

2021年1月，中印尼"两国双园"签署合作备忘录。同年4月，福清市兆华水产食品有限公司就在印尼投建了6000亩南美白对虾养殖场。印尼方负责基建、投苗、养殖、捕捞，兆华水产负责技术输出与种苗培育，成熟的对虾去头后运回中国工厂进行精加工。福建淼天汇食品有限公司在印尼也建有南美白对虾养殖场，并拥有4000多万平方米的粗加工车间。此外，胜田也与福清籍闽商林逢生的三林集团合作，在印尼建设了10个渔业基地。①

得益于中印尼"两国双园"的利好驱动，2022年由中科经纬（福建）科技发展有限公司携手国科创同打造的全国首个预制菜产研城落户福清元洪投资区。该产研城通过建设预制菜产业研究院、预制菜加工基地、预制菜供应链等三大核心内容，打造集预制菜研发、加工、检验、认证、储运、交易、结算等产业链生态功能于一体的预制菜创新综合体。②

2024年，福清启动中国-印度尼西亚经贸创新发展示范园区食品产业园（一期）建设，项目建成后，将进一步深化中印尼经贸合作，探索产业链、供应链、价值链深度融合的国际分工模式，打造与东盟国家经贸合作交流的新高地。③

---

① 《破土动建！全国首家！就在福州新区！》，福州新区发布公众号，https：//mp.weixin.qq.com/s?__biz=Mzg3OTk3MzY5NQ==&mid=2247549120&idx=2&sn=21f88f5bd04d35542cdd4a8479645d56&chksm=ce55acb41c58a73e8a3966db37e22b5529b5ef2e1f98b4e9f5fc01357425f7e3fdd652f5881f#rd，2023年4月1日。
② 《福清打造全国首个预制菜产研城 落户元洪投资区》，网易，https：//www.163.com/dy/article/HPLUVH8E05560LKB.html，2022年12月28日。
③ 《总投资257亿元！福清19个重大项目集中开工！》，网易，https：//www.163.com/dy/article/IV9KF7AH05129AQO.html?spss=dy_author，2024年4月8日。

（三）厦门同安：向"东南预制菜产业基地"迈进

截至 2024 年 4 月，厦门现有预制菜相关企业 353 家，拥有安井食品、绿进食品、如意三宝、厦门银祥集团有限公司（以下简称"银祥集团"）、厦门益和丰食品集团有限公司、厦门陈纪乐肴居食品有限公司（以下简称"乐肴居"）、甄豪（福建）食品有限公司、厦门市喜家益食品有限公司、厦门量典净化工程有限公司等一批国内知名的预制菜产业链龙头企业，2023 年产业规模约 312 亿元，同比增长 26%。[①]

在推动预制菜产业发展方面，厦门表现最为突出的是对行业标准的重视。2022 年 12 月，厦门公布了《供厦食品预包装冷藏膳食》《预包装冷藏膳食生产经营卫生规范》两项团体标准，对预包装冷藏膳食的食品安全指标、包装要求以及生产、贮存和配送等做了规范要求，填补了福建省冷藏预制菜标准的空白。[②]

厦门鼓励本市企事业单位及社会团体制定预制菜国际标准、国家标准、行业标准、地方标准和团体标准，并依法依规给予补助或奖励，为保障预制菜产品食品安全、促进产业发展提供更多的"厦门标准"。[③] 已发布实施的相关预制菜团体标准有《供厦食品 预制菜》《动物性水产品预制菜》《预制菜冷链物流和储存管理规范》等，为提升厦门对预制菜的食品安全风险管控、提高预制菜食品安全水平和

[①]《厦门率先建立预制菜供厦标准 助推企业抢占国内预制菜发展高地》，中国经济网，http://city.ce.cn/news/202404/09/t20240409_7381931.shtml，2024 年 4 月 9 日。

[②]《预制菜产业 如何"提鲜"有新举措》，厦门市人民政府，https://www.xm.gov.cn/jdhy/rdhy/202412/t20241227_2909193.htm，2024 年 12 月 27 日。

[③]《预制菜产业 如何"提鲜"有新举措》，厦门市人民政府，https://www.xm.gov.cn/jdhy/rdhy/202412/t20241227_2909193.htm，2024 年 12 月 27 日。

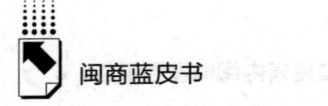

行业规范程度奠定了良好的基础。①

厦门同安的预制菜产业尤其发达，同安区的预制菜企业约占厦门市的1/3，②绿进食品、乐肴居、如意三宝、银祥集团等一批预制菜龙头企业均位于同安。位于厦门同安的轻工食品工业园是福建省最大的食品产业园之一，经过多年培育发展，同安预制菜产业集群雏形初现，形成了覆盖原材料供应、加工生产、市场销售等业务的较为完备的产业链体系。③

同安区预制菜相关企业有91家，占全市的32%；7家企业入选福建省首批预制菜创新企业榜单，占全省的近16%、占全市的近六成。④

同安区预制菜产业构建起以同安轻工食品园为主承载地的产业分布格局。截至目前，80%的规上企业集中布局在各类产业园区中，其中轻工食品园拥有规上预制菜企业30家，企业数量和产值占比均超过50%；城南工业区布局中禾实业等4家规上预制菜企业，产值占比接近1/4。⑤

---

① 《厦门率先建立预制菜供厦标准 助推企业抢占国内预制菜发展高地》，中国经济网，http：//city.ce.cn/news/202404/09/t20240409_7381931.shtml，2024年4月9日。
② 《探访厦门预制菜产业基地：市场大、底气足》，中国新闻网百度百家号，https：//baijiahao.baidu.com/s？id=1758507968301604930&wfr=spider&for=pc，2023年2月22日。
③ 《发力领跑新消费赛道 厦门同安全面打造"东南预制菜产业基地"》，人民资讯百度百家号，https：//baijiahao.baidu.com/s？id=1758318778985470065&wfr=spider&for=pc，2023年2月20日。
④ 《厦门同安："重点生"领跑新赛道》，小康杂志社百度百家号，https：//baijiahao.baidu.com/s？id=1781528626217207825&wfr=spider&for=pc，2023年11月3日。
⑤ 《厦门同安："重点生"领跑新赛道》，小康杂志社百度百家号，https：//baijiahao.baidu.com/s？id=1781528626217207825&wfr=spider&for=pc，2023年11月3日。

同安的生产企业可提供500多种菜品，全国八大菜系均有涉及，涵盖了即食、即热、即烹和即配等全部类别，代表产品有古龙罐头、乐肴居爆汁流沙包、绿进松板肉、翰农精品蔬菜等，同安封肉、姜母鸭等闽南特色菜品均已上市销售。[1]

作为厦门市较早进军预制菜行业的企业之一，银祥集团几年前就开始组建专业研发团队，对冷冻产品、低温食品等预制菜系列产品进行研发。如今，同安封肉、姜母鸭、闽南套肠、梅菜扣肉、台式红烧牛肉面等数十种预制菜样品，摆放在这家农业产业化国家重点龙头企业的产品展示厅内。[2]

基于产业链布局需求，银祥集团斥资6亿元投建了24万平方米的食品工业园，吸引海内外大批客商前来洽谈合作项目。[3]

在预制菜产业发展方面，同安条件优越：农产品原材料供应较为充足，全区拥有市级以上农业产业化龙头企业15家、逾500家农村专业合作社，形成军营红西红柿、同安紫长茄等一批特色农产品品牌；拥有闽南果蔬批发市场等综合性农业服务平台；拥有门类齐全的食品调味料生产能力，产品涵盖中餐标准化复合调味酱料、西餐腌料、腌酱、包裹粉、冷冻料理包等；冷链物流及仓储体系也稳步发展，现有冷链物流企业14家、冷藏车92台；数家进军预制菜产业的企业均建有万吨级冷库，顺丰、京东等C端冷链物流配送能力持续

---

[1] 《厦门同安："重点生"领跑新赛道》，小康杂志社百度百家号，https：//baijiahao.baidu.com/s？id=1781528626217207825&wfr=spider&for=pc，2023年11月3日。

[2] 《探访厦门预制菜产业基地：市场大、底气足》，中国新闻网百度百家号，https：//baijiahao.baidu.com/s？id=1758507968301604930&wfr=spider&for=pc，2023年2月22日。

[3] 《探访厦门预制菜产业基地：市场大、底气足》，中国新闻网百度百家号，https：//baijiahao.baidu.com/s？id=1758507968301604930&wfr=spider&for=pc，2023年2月22日。

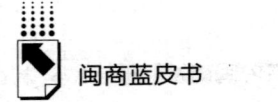

提升，为预制菜产业发展提供有效支撑。①

2022年9月26日，同安区率先发布促进预制菜产业发展的十二条政策。在产业发展规划上，提升改造同安轻工食品工业园，以进一步强化全区现有食品、预制菜产业，提升改造银鹭、古龙食品园，进一步承载预制菜产业企业等，还规划祥平西作为未来预制菜产业的空间载体；引导全区规上预制菜企业抱团发展，率先成立预制菜产业联盟；谋划预制菜的供应链模式，由厦门建发来引领供应链公司，区内所有预制菜企业可实现集采集供，从而降低采购成本、资金成本，激发第二产业的发展，并通过订单农业带动第一产业的发展。此外，重点支持成立预制菜研发中心、展示中心、营销中心、检测中心等四大中心，还在冷链物流、品牌建设、食品安全检测、谋划消费基金等方面出台举措，促进预制菜产业发展。②

同安区预制菜产业先后与中国农科院、华南理工大学、福建农林大学等科研院校建立技术合作关系，拥有"肉食品安全生产技术国家重点实验室"、厦门食品科技研发检测服务中心、福建省餐饮烹饪行业协会预制菜委员会研发中心等研发检测平台，各重点企业研发投入持续加大。③

同安区将持续发挥政策导向作用、用足用好各方面独特优势，全力推动预制菜产业高质量发展，加快实现"打造东南预制菜产业基地"的目标。

---

① 《发力领跑新消费赛道　厦门同安全面打造"东南预制菜产业基地"》，人民资讯百度百家号，https：//baijiahao.baidu.com/s？id＝1758318778985470065&wfr＝spider&for＝pc，2023年2月20日。
② 《发力领跑新消费赛道　厦门同安全面打造"东南预制菜产业基地"》，人民资讯百度百家号，https：//baijiahao.baidu.com/s？id＝1758318778985470065&wfr＝spider&for＝pc，2023年2月20日。
③ 《发力领跑新消费赛道　厦门同安全面打造"东南预制菜产业基地"》，人民资讯百度百家号，https：//baijiahao.baidu.com/s？id＝1758318778985470065&wfr＝spider&for＝pc，2023年2月20日。

（四）漳州：食品名城，多点突破

漳州拥有各类食品企业 2500 多家，规模食品工业企业 670 多家，产业整体规模超 1500 亿元。国家《食品生产许可分类目录》中 32 大类，除特殊医学用途食品等个别门类产品外，漳州企业均有生产。焙烤食品、水产品加工、罐头制造、饲料加工、果蔬食用菌加工等产业规模在全省表现突出。[1]

漳州还有福建最大的绿色食品生产基地和农产品出口加工基地。[2] 漳州海关数据显示，2024 年漳州食品出口总值达 292.9 亿元。[3]

从原材料、调味料到生产、包装，漳州食品产业已经形成一条完整的产业链，在发展预制菜产业方面具有先天优势。

截至 2023 年 11 月，漳州市拥有与预制菜有关联的上下游企业 800 多家，其中罐头企业 67 家、水产品加工企业 57 家、速冻食品企业 317 家。[4]

基于辖内各区县的优势，漳州鼓励诏安县、东山县等地发挥水产品加工优势，发展水产品预制菜；鼓励龙海区、台商投资区发挥食品

---

[1] 《漳州市商务局关于市政协十四届三次会议第 20241021 号建议办理情况的答复》，漳州市商务局，http：//swj.zhangzhou.gov.cn/cms/infopublic/publicInfo.shtml?id=830624090402350005&siteId=530418360955410000，2024 年 6 月 13 日。

[2] 《食品名城聚首 共谋高质量发展》，澎湃，https：//www.thepaper.cn/newsDetail_forward_12931605，2021 年 6 月 2 日。

[3] 《让世界尝到"漳州味"》，福建省工业和信息化厅，https：//gxt.fujian.gov.cn/zwgk/xw/hydt/snhydt/202502/t20250217_6725694.htm，2025 年 2 月 17 日。

[4] 《"漳州味"预制菜香飘全国》，福建商务公众号，https：//mp.weixin.qq.com/s?__biz=MzUzMTg0Mjk4OA==&mid=2247730956&idx=3&sn=b2c5fbf411b68ef6818d24c745dda06c&chksm=fab155cfcdc6dcd9019c835baec9f4efc922f6fcf39502ab2b371960c4ab7ed8da6e8ead874d&scene=27&poc_token=HLVF6mejt6GleR-gNDTIcYmjTCg8O5n7Bcyadexk，2023 年 11 月 15 日。

加工优势，发展肉制品、水产品预制菜。①

在工信部赛迪顾问消费经济研究中心发布的《2023预制菜产业基地百强研究》报告中，漳州诏安县、东山县、龙海区榜上有名。②而在《2024预制菜产业基地百强研究》报告中，诏安县和龙海区仍然榜上有名。③

诏安县预制菜产业以水产品加工为主，主要产品包含了熟制速冻蔬菜、鲍鱼制品、佛跳墙、天妇罗水产、傲椒鱼头、免浆黑鱼片等。数据显示，2023年，该县食品加工产业总产值155.7亿元，其中预制菜产业总产值130.41亿元。④

诏安县海洋资源丰富，拥有96.8公里海岸线和614.45平方公里海域面积，岛屿6个，渔港10个，是漳州七大港区之一。这里的预制菜企业也以水产品为主。该县已有近30家水产加工企业进入预制菜赛道。其中不乏福建铭兴冷冻食品有限公司、诏安县安邦水产食品有限公司等龙头企业。⑤

---

① 《漳州市工业和信息化局关于市政协十四届三次会议第20241076号提案办理情况的答复》，漳州市工业和信息化局，http：//gxj.zhangzhou.gov.cn/cms/infopublic/publicInfo.shtml？id=8306252039615800007&siteId=530418360907580000，2024年6月19日。
② 《我省13个基地入围2023预制菜产业基地百强》，福建省人民政府，https：//www.fujian.gov.cn/xwdt/fjyw/202311/t20231123_6305988.htm，2023年11月23日。
③ 《百强名单，诏安位排第14！》，海峡导报大诏安公众号，https：//mp.weixin.qq.com/s？__biz=MzI1OTc4MjA0OA==&mid=2247573715&idx=2&sn=ccf7ca263cc1ebd0a3e3def105167d48&chksm=ebf4df18a830c8f534cee38f3a7d849ff79f28656637701da5279cab93c8e04dfe8a0bbb2528&scene=27，2024年12月25日。
④ 《百强名单，诏安位排第14！》，海峡导报大诏安公众号，https：//mp.weixin.qq.com/s？__biz=MzI1OTc4MjA0OA==&mid=2247573715&idx=2&sn=ccf7ca263cc1ebd0a3e3def105167d48&chksm=ebf4df18a830c8f534cee38f3a7d849ff79f28656637701da5279cab93c8e04dfe8a0bbb2528&scene=27，2024年12月25日。
⑤ 《诏安：逐梦深蓝 向海求新》，漳州市海洋与渔业局，http：//zzof.zhangzhou.gov.cn/cms/html/zzshyyyyj/2024-07-17/2081533951.html，2024年7月17日。

龙海区已有预制菜生产企业超30家，有龙海市通力食品有限公司、龙海德盛水产食品有限公司等生产水产品预制菜的企业，有福建好乡亲食品有限公司、福建省胜福食品有限公司等生产肉糜类制品的企业，还有福建省福龙冷冻食品有限公司、漳州明德食品有限公司等生产菜肴制品的企业。①

2024年，东山县水产品预制菜产值超60亿元。东山县预制菜也以水产品为主，并发力打造"东山好鲜生"区域公共品牌。②

在推动漳州预制菜产业发展方面，中菲合作是个契机。漳州在中菲经贸创新发展示范园区诏安片区谋划打造"诏台预制菜产业园"，产业定位为水产类、肉类预制菜产品制造，计划招商入驻相关企业50家以上，打造百亿产值新引擎。③

四 总结

总体来说，福建预制菜产业在全国遥遥领先，餐饮大数据研究与认证机构NCBD发布的"2024中国预制菜产业指数省份排行榜"，综合评估了各省区市在预制菜产业的企业数量、上市及融资企业、政策支持、电商指数等维度，在产业园区建设与预制菜标准化等方面福建均发展优良。④

---

① 《诏安东山龙海入选预制菜产业基地百强》，福建省工业和信息化厅，https://gxt.fujian.gov.cn/zwgk/xw/hydt/snhydt/202312/t20231205_6322237.htm，2023年12月5日。

② 《2025年政府工作报告》，漳州市东山县人民政府，http://www.dongshandao.gov.cn/cms/html/dsrxmzf/2025-01-14/2111769662.html，2025年1月14日。

③ 《侨乡诏安：预制菜产业加速"出圈"谋"出海"》，中国新闻网，https://www.chinanews.com.cn/cj/2023/12-30/10138155.shtml，2023年12月30日。

④ 《预制菜三大梯队十大地区出炉！谁有潜力问鼎2025年产业巅峰？》，预制菜宝典南方号，https://static.nfnews.com/content/202412/31/c10391421.html?enterColumnId=29285，2024年12月31日。

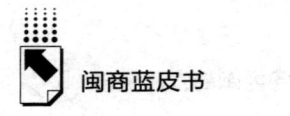

在产业集群方面，福建优势明显。据《2024 预制菜产业基地百强研究》，福建有 15 个国家级/省级预制菜产业基地，规上企业有 211 家。① 从前文也可以看出，福建区域集群差异化发展趋势明显，尤其是利用对台、对东盟的区位优势，在预制菜出海方面占据先机。

上述这些因素，都给省内闽商预制菜产业发展提供了有利的环境。不过，仍存在不少问题及挑战。

第一，地方龙头多，全国性龙头少。除了安井食品、圣农发展以外，尚缺少具有全国知名度的企业。

第二，区域发展不平衡。厦门、福州集聚了大量政策资源，但闽西北山区作为森林资源"大户"，缺少相应的政策配套和产业载体。

第三，同质化竞争较为严重。水产品等占比过高，高附加值产品研发投入不足。

---

① 《预制菜三大梯队十大地区出炉！谁有潜力问鼎 2025 年产业巅峰?》，预制菜宝典南方号，https://static.nfnews.com/content/202412/31/c10391421.html？enterColumnId=29285，2024 年 12 月 31 日。

B.3
2025年福建省外闽商发展报告

邹挺超*

摘　要： 近年来，福建省外闽商通过区域联动协作与主题招商双轮驱动，成为福建和所在地高质量发展的重要引擎。在区域联动与协作层面，京津冀、粤港澳大湾区等经济圈通过政府主导的招商活动与商会联动机制，推动高端产业项目与创新资源回流福建。闽籍异地商会设立"闽商回归办公室"，参与福建省委统战部等部门组织的分片区座谈会，2024年收集65条回归项目线索、涉及金额达330亿元，形成"资金回流、项目回投"的良性循环。在主题招商领域，外省以闽商为核心目标的招商活动日益专业化，新能源、文旅康养等细分领域成为重点。在闽商龙头企业的带动下，省外闽商也在摆脱以往侧重传统产业的特点，产业高端化、智能化成为趋势。

关键词： 闽商　民营企业　福建省外闽商　招商引资　创新驱动

近年来，福建省外闽商通过区域联动协作、主题招商、产业高端化与智能化等途径，成为推动福建和所在地高质量发展的重要力量。

---

* 邹挺超，《闽商》杂志社执行总编辑。

一 区域联动与协作：借助优势资源反哺福建发展

近年来，福建省外闽商通过政府招商、商会联动、产业回归等模式，在推动区域联动与协作方面多有动作，商会等平台也在促成跨区域协作上起到重要作用。

参与政府主导的跨区域招商活动，助力家乡政府在外招商，是闽商推动区域联动与协作的主要活动之一。在这方面表现得较为突出的是京津冀城市群的闽商。

京津冀城市群以北京市和天津市为中心，囊括河北省石家庄、保定、廊坊等11市，辐射山东、河南、山西、内蒙古等省区，是中国四大增长极之一，同时也是中国北方第一大城市群。[1] 这一地区拥有完整的产业体系、完备的基础设施、丰富的人才资源。为了吸引这一地区优质资源助力建设新福建，福建在当地举办了多场招商、科技协作等活动，这些活动背后都有当地闽商的参与。

2023年，龙岩市在北京召开福建省龙岩市京津冀招商推介会。龙岩在北京签约30个项目，总投资486亿元，涵盖新材料、高端装备制造等领域，吸引了国务院国资委、国投集团等机构和央企，以及京津冀企业参与。值得注意的是，北京立根集团董事长、北京福建企业总商会常务副会长张志雄，银创世公司董事长、天津龙岩商会会长刘建剑等省外闽商在会上发言。[2]

2024年3月，福建省招商局与漳州市人民政府在北京举办京津冀地区"大医药、大健康"招商推介会，签约项目44个，总投资

---

[1] 《中央批复"京津冀"新规划：天津定位升级，河北将迎来发展新机遇》，网易，https://www.163.com/dy/article/JQ9ONMBK0533RNN0.html，2025年3月10日。

[2] 《福建省龙岩市京津冀招商推介会在北京召开》，人民网福建，http://fj.people.cn/n2/2023/0329/c181466-40356221.html，2023年3月29日。

202.2亿元，重点引入京津冀企业投资福建生物医药和文旅康养产业。政策层面推出"圆山计划"，通过安家补助、晋级奖励等吸引高层次人才，并设立产业基金支持"以投促引"。①

闽商也参与推动北京创新资源助力福建。2024年10月31日，京闽科技合作暨京闽（三明）科技项目对接活动在北京举行。福建省内2家企业在活动期间专题发布了技术需求，寻求北京地区的创新合作伙伴。② 2019年，北京市科委与福建省科技厅签订合作框架协议。③ 近年来，福建省科技厅支持北京石墨烯研究院福建产学研协同创新中心、中国机械总院海西（福建）分院、三明中关村科技园、清华-福州数据技术研究院、清华海峡研究院（厦门）等一批高端科创平台落地建设，实施京闽科技合作项目近50项，项目投资近3000万元，吸引80余名北京科技特派员到福建三明开展科技服务，联合企业实施科技项目107个，推动京闽科技合作由点到面。④

借助异地商会推动闽商产业回归，也是闽商推动区域联动与协作的一项主要活动。这方面表现较为突出的是北京、广东的商会。

北京福建企业总商会近些年来在推动"闽商回归"方面多有动

---

① 《京津冀地区"大医药、大健康"招商推介会在京举办》，中国日报网，https://cn.chinadaily.com.cn/a/202403/29/WS66062c5ca3109f7860dd7700.html，2024年3月29日。
② 《京闽科技合作暨京闽（三明）科技项目对接活动在北京成功举行》，福建省科学技术厅，https://kjt.fujian.gov.cn/xxgk/kjyw/stdt/202411/t20241101_6556999.htm，2024年11月1日。
③ 《首届京闽科技合作论坛暨京闽（三明）科技项目对接活动举行》，福建省人民政府，https://fujian.gov.cn/xwdt/fjyw/202303/t20230331_6140912.htm，2023年3月31日。
④ 《京闽科技合作暨京闽（三明）科技项目对接活动在北京成功举行》，福建省科学技术厅，https://kjt.fujian.gov.cn/xxgk/kjyw/stdt/202411/t20241101_6556999.htm，2024年11月1日。

作。2024年9月8日，北京福建企业总商会会长、鑫桥联合融资租赁有限公司总裁施锦珊在第二十四届中国国际投资贸易洽谈会上表示，北京福建企业总商会积极响应福建省委、省政府"闽商回归工程"号召，共组织考察团回家乡福建各地投资考察43次，促进一批项目落户福建。据不完全统计，近三年来，先后有28家会员企业在福建投资300多亿元。[1]

施锦珊本人的鑫桥联合融资租赁有限公司在福建投资超过120亿元，其中在厦门以融资租赁方式投放基础设施项目30亿元，在泉州地区以融资租赁方式投放基础设施项目45亿元，在南平以融资租赁方式投放基础设施项目45亿元，为福建的绿色新型基础设施建设和发展提供创新金融服务。[2]

2024年5月，广东省福建商会秘书长朱东炫在参加2024年异地福建商会秘书长培训班时说，广东省福建商会设立闽商回归办公室，成立闽商回归工作领导小组，统筹安排部署商会闽商回归工作。十多年来，在福建省工商联领导的关心支持下，商会积极推动闽商回归工作，认真做好有关政策宣传工作，主动协助家乡政府开展招商引资活动，精心组织会员企业回乡考察洽谈项目，在全体会员的共同努力

---

[1] 《施锦珊会长一行在福建厦门出席第二十四届中国国际投资贸易洽谈会，并在闽商回归项目对接会上作经验分享》，北京福建企业总商会公众号，https://mp.weixin.qq.com/s?__biz=MjM5NzkOMTMyMQ==&mid=2649911711&idx=1&sn=476aba9ba01c1a54d91863b5450dadc8&chksm=bf36bf80645780153b92689a11e4e0b252ac3072151b5de32b94bbfe6086cf67428430f6593c#rd，2024年9月11日。

[2] 《施锦珊会长一行在福建厦门出席第二十四届中国国际投资贸易洽谈会，并在闽商回归项目对接会上作经验分享》，北京福建企业总商会公众号，https://mp.weixin.qq.com/s?__biz=MjM5NzkOMTMyMQ==&mid=2649911711&idx=1&sn=476aba9ba01c1a54d91863b5450dadc8&chksm=bf36bf80645780153b92689a11e4e0b252ac3072151b5de32b94bbfe6086cf67428430f6593c#rd，2024年9月11日。

下，累计投资超过5000亿元，为家乡经济社会发展做出了积极的贡献。①

朱东炫自己的企业也是回归的典型。在2024年11月7日举行的世界储能大会上，他旗下福宁元（宁德）铝业科技有限公司的锆镁铝新材料项目在会上进行了签约仪式。项目落地在宁德市寿宁县，项目总投资12亿元，总占地面积300亩，总建筑面积17.3万平方米，预计实现年产40万吨再生铝（铝液、铝棒材、铝锭）。②

推动闽商回归，始终是福建省委统战部、工商联的重要关切。2024年，福建省委统战部、省工商联分别召开异地闽籍商会华南、西南、西北、华东片区回归座谈会，积极引导省外908家异地闽籍商会当好闽商回归投资的"联络员"，推动更多优质项目落地福建。③

2024年4月28日，2024年第8期"同心·半月座谈"异地闽籍商会（华南片区）回归座谈会在广州举行。莆田、南平、龙岩在会上进行路演，推介特色产业布局、重点招商项目、目标企业需求，广东、广西、湖南、江西、海南五省区和深圳、珠海、佛山、东莞、中山五市福建商会的负责人介绍会员企业产业布局、投资意向和项目需求。会前，福建省委统战部、省工商联、省商务厅与相关地市共同梳理了137项重点招商项目，推送给各异地闽籍商会会员企业，同时将

---

① 《秘书长朱东炫参加异地福建商会秘书长培训班学习》，广东省福建商会，https://www.gdsfjsh.com/?list_12/647.html，2024年6月17日。

② 《秘书长朱东炫参加2024世界储能大会并签约12亿元项目》，广东省福建商会公众号，https://mp.weixin.qq.com/s?__biz=MzA5MTk0NjkwOQ%3D%3D&mid=2650284889&idx=1&sn=31a0a1b90af74449cdea09c7d33fe70e&chksm=887829abbf0fa0bdfbb356a9942e4de4461f6fd9062be6a51fbfadcecd4d54779df646dbc81d&scene=27，2024年11月8日。

③ 《以改革创新涵养民营经济"森林"——访福建省委统战部副部长、省工商联党组书记陈晞》，福建省发展和改革委员会，https://fgw.fujian.gov.cn/ztzl/ssxsdmyjjqszl/gzjz/202502/t20250228_6769912.htm，2025年2月28日。

047

华南片区五省五市福建商会805家骨干会员企业情况推送给商务部门和相关地市，促进信息共享、供需对接。①

2024年6月30日，2024年第12期"同心·半月座谈"异地闽籍商会（西南片区）回归座谈会在昆明举行。以线上直播的方式，面向全国各省区市异地闽籍商会开展招商推介、项目对接，征集回归线索。②

2024年9月1日，2024年第17期"同心·半月座谈"异地闽籍商会（西北片区）座谈会在新疆乌鲁木齐举行。同样以线上直播方式邀请西北片区省级福建商会、境外华商组织负责人等开展座谈交流、政策推介、项目对接。③

2024年11月17日，2024年第21期"同心·半月座谈"异地闽籍商会（华东片区）回归座谈会在浙江杭州举行，邀请华东片区省级福建商会和浙江地市福建商会负责人以及投资福建的企业家代表深入交流，促进项目、资金、人才回归。④

上述四场活动成效显著，2024年，共收集回归项目线索65条，涉及金额达330亿元。⑤

---

① 《双向奔赴！首场分片区闽商回归项目对接座谈会召开》，中共福建省委统战部，http://www.fjtzb.gov.cn/ar/20240506000008.htm，2024年5月9日。

② 《闽商"云"聚西南区 项目对接促回归》，中共福建省委统战部，http://www.fjtzb.gov.cn/ar/20240705000013.htm，2024年7月1日。

③ 《丝路绵延跨山海，闽疆同心创未来——2024年第17期"同心·半月座谈"异地闽籍商会（西北片区）座谈会举行》，中共福建省委统战部，http://www.fjtzb.gov.cn/ar/20240913000048.htm，2024年9月3日。

④ 《2024年第21期"同心·半月座谈"异地闽籍商会（华东片区）回归座谈会在浙江杭州举行》，中共福建省委统战部，http://www.fjtzb.gov.cn/ar/20250214000091.htm，2024年11月19日。

⑤ 《以改革创新涵养民营经济"森林"——访福建省委统战部副部长、省工商联党组书记陈晞》，福建省发展和改革委员会，https://fgw.fujian.gov.cn/ztzl/ssxsdmyjjqszl/gzjz/202502/t20250228_6769912.htm，2025年2月28日。

为发挥商会大省的特色优势，福建省工商联在全国 33 个省级异地福建商会成立"闽商回归办公室"，聘请 207 位商会负责人担任"回归专员"。在回归办公室的带动下，上海佳伊食品有限公司拟投资 5000 万元在将乐发展食品生产加工；深圳市环国运物流股份有限公司拟在宁化投资 2 亿元建设物联网智能分拨中心；成都长峰钢铁集团公司计划投资 10 亿元在长汀县兴建高性能稀土合金材料及制品项目；北京鑫桥投资集团计划投资 150 亿元发展现代物流服务。①

政策引导与民间力量双向奔赴，福建省外闽商正在发挥其"以情引商"优势，为家乡建设贡献力量。

二 主题招商：闽商成各地吸引的主要力量之一

近年来，省外闽商发展的第二个主要特征，是外省以闽商为核心目标的招商活动日益频繁，许多地方以优化营商环境为核心，通过"一把手"带队招商、产业园区定向推介、商协会联动等方式吸引闽商。

曾担任福建省委副书记、厦门市委书记的胡昌升，在担任甘肃省委书记后，十分重视推动福建与甘肃合作。闽商也成为甘肃招商引资活动主要吸引的对象之一。

2023 年 7 月 4 日，在甘肃兰州举办了闽商投融资大会，这是第 29 届兰洽会首场重点投资促进活动。该届兰洽会共签约福建企业投资合同项目 23 个，签约金额达 153.6 亿元，涉及新能源、装备制造、有色冶金、现代农业等重点领域。② 此次投融资大会吸引了多家福建

---

① 《福建省工商联聚焦"四大经济" 引进一批延链补链强链拓链重大产业项目》，人民网福建频道，http://fj.people.com.cn/n2/2022/0811/c181466-40076245.html，2022 年 8 月 11 日。

② 《共叙闽陇友谊，共商合作大计——闽商投融资大会在兰州举行》，财富甘肃百度百家号，https://baijiahao.baidu.com/s?id=1770667153831260625&wfr=spider&for=pc，2023 年 7 月 6 日。

商会参与，其间福建省工商联还在兰州举行了全国福建商会工作座谈会暨闽商回归推进会。①

2024年7月6日，在第30届兰洽会期间，举办了"山海情深"知名闽商甘肃行招商推介会，酒泉市、武威市、平凉市、陇南市、临夏州、嘉峪关市进行重点产业及项目推介，共签约福建企业投资项目39个，签约金额191.74亿元，涉及新能源及其装备制造、数字信息、冶金有色、文化旅游、特色农产品及食品加工等产业。②

同为西部地区，又有"闽宁协作"的深厚背景，闽商也是宁夏主要招引的对象。在宁夏针对闽商的招引活动中，产业园区扮演了重要角色。

2024年11月24日至30日，银川市政府领导带队，市投资促进局、经开区、高新区、苏银产业园、永宁工业园、贺兰工业园共同参与，赴福建开展招商引资活动。由自治区驻福建办、自治区商务厅、银川市人民政府等单位共同主办的"闽宁携手·共筑未来"宁夏招商引资专题推介会分别在福州、泉州和漳州成功举办，邀请闽籍企业、商协会300余家。宁夏各园区自行对接企业10余家，其中，福建顺邦防护科技有限公司有意赴宁投资建厂，苏银产业园符合其落地诉求；永宁工业园与福建钰福楠生物医药科技有限公司初步洽谈，并邀请其赴永宁深入洽谈生物医药项目；高新区与嘉庚创新实验室就绿电园区、氢能中试项目达成初步合作意向；银川经开区诚邀福建省大

---

① 《我会参加闽商投融资大会、全国福建商会工作座谈会暨闽商回归推进会》，上海市福建商会公众号，https：//mp.weixin.qq.com/s?__biz=MzA5OTg5MTIxMg==&mid=2651127314&idx=1&sn=66a747f9563afedbde5754696f1160b8&chksm=8b0b3f71bc7cb667a7d365b7136c56250c71997f06a6390b94b23410204e74a093e4b3296719&scene=27，2023年7月5日。

② 《"山海情深"知名闽商甘肃行招商推介会举行　胡昌升出席　庄国泰致辞》，甘肃省广播电视局，https：//app.gdj.gansu.gov.cn/home/organ/detail/aid/41160.html，2024年7月8日。

数据集团有限公司考察，力促算力、数字等产业落地数字经济产业园。①

宁夏针对闽商的招商推介活动此前也举办过多场，产业园区都是重要参与者。例如，2023年11月10日，在银川市永宁县闽宁镇举行了"闽宁山海情　携手向未来"闽宁产业投资发展推介会。20家企业集中签约，总投资额超10亿元，其中超亿元项目4个，主要涵盖农产品精深加工、数字产业、饮料生产、服饰研发、预制菜加工、储能设备集成、绿色包装等领域。签约企业将借助闽宁产业园这一优势平台，为闽宁镇带来更多发展机遇和投资资金。此外，福建省大数据集团正式与闽宁产业园达成签约，未来将在闽宁产业园落地高端智造、数字小镇、电商经济、数字化重点合作、科研成果转化、人工智能等6大领域8个项目合作，带动20家企事业单位入园兴业。②

近年来，闽宁产业园通过厦门市、银川市两地联动招商机制，借助厦门视睿希沃品牌、捷能通公司教育装备项目、西安冰果无人机组装项目、美益康医疗器械智能配套装备项目等优质资源，持续延链补链强链，实现产业集群式发展。截至2024年11月，闽宁产业园成功引入注册落地闽宁镇企业39家，入驻闽宁产业园企业14家，计划总投资约8.8亿元，建设落地项目16个，其中已建成项目2个，已投

---

① 《三地招商聚合力，项目考察促发展，闽宁协作谱新篇——银川市赴福建招商成效显著》，银川市人民政府，https：//www.yinchuan.gov.cn/xxgk/bmxxgkml/sjhwqj_2618/xxgkml_2621/zsxx/202412/t20241213_4757952.html，2024年12月13日。
② 《闽宁产业投资发展推介会成功举行!》，思明市政园林公众号，https：//mp.weixin.qq.com/s?__biz=MzUxMzgzMTk1OQ==&mid=2247532609&idx=1&sn=9e6e2e1c6084bafef42fff2d195eee7d&chksm=f94d2539ce3aac2f5fe69852a9839ff09df2bc04d6b9022ee532a8b2ef8c92e481c2c994a621&scene=27，2023年11月12日。

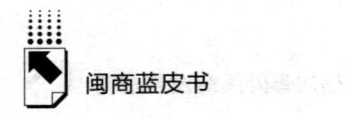

产项目7个，在建项目7个；另有意向项目5个。①

宁夏对闽商的招商不仅局限于福建，还联动了周边省份。2024年12月，自治区商务厅、福建省援宁工作队携手福建省人民政府驻西安办事处，在陕西西安举办专题招商活动。自治区商务厅先后举办了在陕宁夏籍企业家座谈会、宁夏·陕西招商推介会、在陕闽商企业家恳谈会，汇聚在陕闽商、陕西各商协会、陕西重点企业及在陕宁夏籍企业家等代表，就推动无人机生产线项目加快落地，坯布、印染等宁夏缺链项目合作进行"面对面"的对接洽谈。②

另一个值得注意的趋势是，以闽商为主题的招商活动，也越来越重视新兴产业，这也能从侧面反映省外闽商高质量发展的状况。

2023年7月，山西省晋中市举行"携手闽商·共赢未来"招商引资推介会，15个项目签约，总投资达175亿元。③ 签约项目涵盖绿色能源、智慧物流、数字经济、产业镇建设等众多领域。④

长三角地区的省份也有类似的动作。2024年1月，"百名闽商淮北行"活动在安徽省淮北市举办，新能源、新材料、高端绿色食品等领域是重点。活动期间，3家闽商企业签约在淮北投资螺杆桩、空压机及智能照明等项目。淮北市福建商会发起成立世界闽商商协会联盟，福建省中外企业家联谊会发布《世界闽商商协会助推中国经济

---

① 《闽宁产业园：精绘招商"地图" 打好"组合拳"赋能产业成势》，厦门网，https://www.xmnn.cn/xxpd/jrbk/202411/t20241118_280170.html，2024年11月17日。
② 《自治区商务厅等部门赴陕举办专题招商活动》，闪电新闻，https://sdxw.iqilu.com/w/article/YS0yMS0xNjA5Njk4OQ.html，2024年12月12日。
③ 《15个项目签约 山西晋中携手闽商赢未来》，人民网山西频道，http://sx.people.com.cn/n2/2023/0726/c189150-40508009.html，2023年7月26日。
④ 《闽晋携手攀高峰 山海相拥创精彩——"携手闽商·共赢未来"晋中市招商引资推介会侧记》，黄河新闻网晋中频道，https://jz.sxgov.cn/content/2023-07/26/content_13039027.htm，2023年7月26日。

高质量发展淮北行动宣言》，为推动全球福建商协会之间优势互补、资源共享、共同发展，团结凝聚海内外闽商力量、助力淮北高质量发展搭建平台。①

此外，各地福建商会、福建省工商联也积极组织闽商到省外考察，进行产业对接。

2024年9月1日，由新疆福建企业联合会（商会）主办的"闽商新疆行"产业对接活动在乌鲁木齐举办。北京福建企业总商会会长施锦珊在会上表示，新疆是北京福建企业总商会长期关注的地方，它具备九大产业集群的优势，吸引了众多北京福建企业总商会会员企业多次前来考察。②

2024年10月23日，以"深化经贸新合作　赓续闽宁山海情"为主题的"闽商宁夏行"经贸对接恳谈会在银川市举办，90多家福建籍企业家应邀赴宁考察，推动10个项目签约，如厦门国贸地产集团有限公司与盐池县政府签订石膏精深加工二期项目，中泰新源科技有限公司与红寺堡区人民政府签订投资年产6万吨锂电池负极材料一体化建设项目，弘道新材料有限公司与同心县政府签订胶膜生产基地项目等10个项目，签约金额达12.77亿元。该活动由福建省工商业联合会、宁夏商务厅、宁夏工商业联合会和自治区政府驻福建办事处主办。③

---

① 《〈人民日报海外版〉1月8日报道　海内外闽商齐聚淮北助发展》，淮北市人民政府，https：//www.huaibei.gov.cn/xwzx/mtjj/wmkhb/63193076.html，2024年1月12日。
② 《"我对新疆的投资前景充满信心"——"闽商新疆行"产业对接活动侧记》，中国新闻网百度百家号，https：//baijiahao.baidu.com/s?id=1809320760649157012&wfr=spider&for=pc，2024年9月5日。
③ 《"闽商宁夏行"经贸对接恳谈会在银川举办》，新华网宁夏新闻，http：//nx.news.cn/20241024/7db5010cf2814bab8902171baa3e6154/c.html，2024年10月24日。

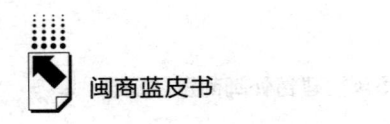

一些商会也积极利用庆典活动搭建投资推介平台。2024年12月22日，广西福建总商会借20周年庆典举行投资推介会，钦州、梧州、崇左、南宁、北海、防城港、贵港、百色、来宾、河池等市推介产业资源、营商环境、优惠政策等。①

三 省外闽商产业升级：聚焦高端化与智能化

产业高端化、智能化，是近年来福建省外闽商投资的主要特征。

长三角地区是全国高新技术产业的重要集聚地，此前闽商在这一区域以传统制造业、房地产等为主，近年来，闽商聚焦智能制造、新能源等新兴产业，其中福耀玻璃工业集团股份有限公司（以下简称"福耀玻璃"）、宁德时代新能源科技股份有限公司（以下简称"宁德时代"）等闽商龙头企业的带动效应较为明显。

2024年1月27日，福耀玻璃与安徽肥西县人民政府签署汽车玻璃及浮法玻璃全产业链生产基地项目投资合作协议。福耀安徽全产业链项目占地866亩，建成后年产值能够达到60亿元，约占肥西县2023年全年GDP（1153.8亿元）的5%。② 安徽汽车产业发展势头强劲，集聚了众多整车企业及规模以上零部件企业，正在打造具有国际影响力的新能源汽车产业集群，随着福耀玻璃在安徽产能的释放，安徽汽车制造业也形成了较为完整的车用玻璃供应体系。③

早在2017年，福耀玻璃便在长三角地区落子，在苏州苏相合作区设立全资子公司福耀玻璃（苏州）有限公司。自落户合作区以来，

---

① 《东盟新机遇！广西福建总商会廿周年庆圆满举办》，闽商网，https：//www.mszz.cn/news/yaowen/165384.html，2024年12月22日。

② 《实探福耀玻璃合肥超级工厂：主建筑封顶，计划明年10月投产！》，界面，https：//www.jiemian.com/article/12132055.html，2024年12月17日。

③ 《实探福耀玻璃合肥超级工厂：主建筑封顶，计划明年10月投产！》，界面，https：//www.jiemian.com/article/12132055.html，2024年12月17日。

福耀玻璃全面布局智能制造生态系统，近年来，已先后多次入选江苏省智能制造示范车间、苏州市示范智能车间。在苏州市工业和信息化局公示的2024年度苏州市智能工厂项目中，福耀玻璃（苏州）有限公司榜上有名。[1] 其入选的"汽车玻璃智能工厂项目"，在对原有厂房部分产线升级改造的基础上，新引进FANUC机器人等设备，与网络设备进行系统集成。该企业现有智能化设备、自动化产线、试验、检测等设备原值达到10亿元，实现设备联网率100%，系统集成率100%。工厂以福耀工业互联网云平台为中心，集成ERP、PLM、CRM、MES、SRM等核心信息系统，涵盖计划调度、生产作业、仓储物流、设备管理等12个环节，覆盖应用24个智能场景。同时，建设了数字孪生仿真系统，与大数据、数字孪生技术深度融合，驱动产品设计、制造、销售等关键环节全生命周期智能化升级，实现工厂透明化和数字化管理提升，产品全生命周期可控可溯。[2]

截至2024年12月，福耀玻璃（苏州）有限公司共有产线19条，其中2023年新增建设了3条产线，总投资1.7亿元。正在建设1条超高速双片成型压制炉及1条特大双片压制炉，正在策划镀膜产线及氛围灯产线各1条，主要针对群体为新能源汽车。[3]

江苏常州市有"中国新能源之都"称号。早在2016年，宁德时代便落地常州溧阳，成立江苏时代，打造其长三角制造及研发基地，

---

[1] 《苏相合作区再添1家市智能工厂》，苏州工业园区管理委员会，https：//www.sipac.gov.cn/sxhzq/gzdt/202412/0fa3bff0ee92498a86fa3af58470543d.shtml，2024年12月30日。

[2] 《苏相合作区再添1家市智能工厂》，苏州工业园区管理委员会，https：//www.sipac.gov.cn/sxhzq/gzdt/202412/0fa3bff0ee92498a86fa3af58470543d.shtml，2024年12月30日。

[3] 《苏相合作区再添1家市智能工厂》，苏州工业园区管理委员会，https：//www.sipac.gov.cn/sxhzq/gzdt/202412/0fa3bff0ee92498a86fa3af58470543d.shtml，2024年12月30日。

该公司也是宁德时代在江苏成立的唯一一家全资子公司。①

除了江苏常州，宁德时代在四川宜宾、青海西宁、广东肇庆、山东济宁、上海临港、江西宜春、贵州贵阳、河南洛阳等地均有生产基地或在建生产基地。② 截至2023年10月，宁德时代共有4家工厂入榜零碳工厂，获评数量在新能源行业遥遥领先。其中，四川时代宜宾工厂是全球首家电池零碳工厂。③

"灯塔工厂"由世界经济论坛与管理咨询公司麦肯锡合作开展遴选。因其严格的评选标准，"灯塔工厂"被誉为"世界上最先进的工厂"，代表着当今全球制造业领域智能制造和数字化的最高水平。而全球锂电池行业仅有的3座"灯塔工厂"均来自宁德时代，其中除宁德基地在福建，其余均在省外，分别为宜宾基地、溧阳基地。④

在龙头企业带动下，福建省外闽商纷纷跟进。2024年4月，上海市福建商会秘书长吴志晖在走访上海南虹桥投资开发（集团）有限公司时表示，近年来，商会积极贯彻落实长三角一体化战略部署，重点聚焦高端制造、科技科创类优质企业。⑤

---

① 《新能源第一城：宁王狂砸400亿，拥有98家上市企业》，储能观澜百度百家号，https：//baijiahao.baidu.com/s？id=17973041252651108243&wfr=spider&for=pc，2024年4月25日。
② 《走近宁德时代十三大电池生产基地！》，CMM江湖说百度百家号，https：//baijiahao.baidu.com/s？id=1827826540911453351&wfr=spider&for=pc，2025年3月28日。
③ 《第4家零碳工厂来啦！宁德时代"零碳战略"言出必行》，宁德时代，https：//www.catl.com/news/7479.html，2023年10月2日。
④ 《全球唯三！宁德时代点亮第3座"灯塔工厂"！》，宁德时代，https：//www.catl.com/news/7768.html，2023年12月14日。
⑤ 《我会走访上海南虹桥投资开发（集团）、上海福岑纺织科技并座谈交流》，上海市福建商会公众号，https：//mp.weixin.qq.com/s？__biz=MzA5OTg5MTIxMg%3D%3D&mid=2651132344&idx=2&sn=9462c466a5c626b4c22b368a265f1d54&chksm=8acbda2db54aba1c965bd878991b306c4d4c4982aab78297aa5a9b52b353bcd2c4dcd8c33468&scene=27，2024年4月26日。

四　总结

总体而言，近三年来，闽商在省外发展呈现如下三方面特征。

第一，区域协作升级，跨区域资源整合构建新发展动能。借助参与家乡政府对外招商、商会主动推动产业回归、参与科技合作等形式，福建省外闽商利用其连接福建和所在地两头的优势地位，在跨区域整合方面发挥了重要作用，推动家乡福建高质量发展。闽商本身也越来越受到其他省份政府的重视，成为其招商引资的主要对象，通过跨区域投资，整合投资所在地资源和福建家乡资源，推动所在地的高质量发展。

第二，闽商逐步从传统劳动密集型产业向技术密集型转型，形成"龙头引领+中小协同"的创新格局。此前，省外闽商行业集中度高，尤其是县域出身的闽商聚集在同一行业，在传统产业领域形成了较有代表性的群体。但近三年来，闽商产业加速升级，向高端化和智能化发展，这方面不仅体现在福耀玻璃和宁德时代在省外的工厂上，也体现在各地政府在针对闽商进行招商引资时不再局限于闽商在省外的传统优势，而更加注重新能源、数字信息等新兴产业。

第三，异地商会通过组织保障、招商引资、情感纽带、创新合作和精准服务等多种模式，有效推动了产业回归和所在地经济发展。通过参与和举办招商引资、投资推介等活动，异地商会近年来在推动区域联动和协作、闽商在省外投资落地乃至产业升级等方面都有较为突出的表现；其与家乡政府、所在地政府的良性互动，也充分展现了政府与民间力量协同的深化。

B.4
2025年境外闽商发展报告

杨宏云*

摘　要： 2024年，世界动荡不定、变乱交织，严重阻滞了全球经济活动。世界经济在动荡低谷中缓慢前行，置身其中的全球闽商，虽然遭受了政治动荡与社会治安不佳、全球供应链调整、新冠疫情后人们消费习惯改变的影响，面临着金融货币政策、跨境电商基础设施不良等的限制，但仍然在努力发展自身经济，积极转型，并大力促进所在国与中国的经贸互动。境外闽商立足实际，从各方面扬长避短，充分发挥好桥梁枢纽作用。未来境外闽商需要继续扩大跨境电商发展，促进境内外经贸交流，助力中国企业"走出去"，积极推动所在国与中国经济和科技的合作互动，助力国家深化与所在国的人文交流；有关机构也可以加强对"走出去"闽商的支持，大力引导闽商回归创业。

关键词： 境外闽商　民营企业　闽商商会　经贸互动

2024年，世界动荡不定、变乱交织，和平遭到破坏和威胁，全球化多极化同反全球化单极化等矛盾激化，严重阻滞了全球经济活动。世界经济在动荡低谷中缓慢前行。据国际货币基金组织预测，2024年世界经济增长3.2%，低于新冠疫情前2013~2019年

---

* 杨宏云，福州大学经济与管理学院副教授、硕士生导师，主要研究领域为闽商文化与企业管理、企业史、文化与品牌营销。

3.4%的年均增速。与此同时，全球经贸摩擦指数保持高位，经济阵营化、碎片化现象突出。①全球经济陷入困顿。在此环境下，闽商不可避免地受到冲击与影响，面临着各种新旧问题，影响着闽商的在地发展。

一 各大洲闽商发展情况

福建是著名侨乡。全球180多个国家和地区遍布闽商资源。闽商秉持"三分天注定，七分靠打拼"的拼搏精神，成为福建连接世界的重要纽带。2024年，他们在各大洲的总体发展情况如下。

（一）非洲地区

当前，福建与非洲50多个国家建立了贸易往来。福建常住非洲的人口超过30万人，2023年两地贸易总额达到896.1亿元。非洲已经成为福建经贸发展的重要增长极。其中，南非、尼日利亚、加纳等西非国家更是福建对非贸易主力军。而这显然离不开扎根非洲或与非洲积极进行经贸往来的闽商闽企。他们扎根非洲，用辛劳和汗水书写着境外闽商开拓进取的故事，留下了宝贵的精神财富。闽商在非洲尤其注重与当地融合，既谋求自身发展，也积极促进当地发展，将家乡产业带到非洲，如日用品、纺织、鞋服、建材、农业、工程建设等，为当地提供大量的就业岗位，促进当地社会经济发展。在赞比亚，福建人的超市、工厂、餐馆随处可见，浓厚的闽商元素和当地的文化生活交织共融。②

---

① 《周力：对2024年国际形势的回顾与2025年的展望》，昆仑策，https://www.kunlunce.com/ssjj/guojipinglun/2024-12-25/183574.html，2024年12月25日。

② 《新时代闽商"爱拼"的三重内涵》，新浪财经，https://finance.sina.com.cn/jjxw/2024-07-04/doc-incaxnru7662131.shtml，2024年7月4日。

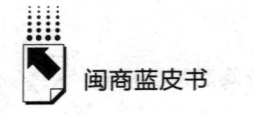

近年来，他们更是立足国内与非洲两地发展，投资建设了许多大型商贸、零售与批发购物中心，为非洲国家带去几千种中国优质商品，受到当地民众的欢迎，并创造了大量就业机会。虽然新冠疫情以及全球经济衰退带来较大冲击，但闽商仍扎根非洲寻找商业机会，积极推动福建与非洲的经贸往来、人文互动，取得了不俗的成绩。

（二）欧洲地区[①]

福建在欧洲的移民大多数是在改革开放后到达的，他们不仅为当地社会发展做出贡献，还积极促进福建与欧洲的经济文化交流，成为连接中欧的桥梁纽带。

2015年欧洲福建侨团联合总会成立时的信息显示，当时欧洲20个国家和地区中的32个闽籍侨团参会组成了"欧福联"。目前，闽商已广泛分布于欧盟各国，从事行业涵盖服装、餐饮、染洗、皮革制品、五金、食品、旅游、机械、房地产等。尤其是在中东欧，闽商主要布局产业有箱包、鞋服贸易、零售、餐饮、商品批发、茶叶销售等。闽企则有紫金矿业、恒申集团、盈趣科技股份有限公司（以下简称"盈趣科技"）等。其中，盈趣科技和匈牙利威克集团还共同出资打造了盈趣科技匈牙利产业园一期项目；恒申集团与西班牙石油公司签订了合作协议，共同开发建设产业链上游产品生产装置；闽商在当地矿业、消费电子产业及纺织业等均有较大动作。[②]

然而，新冠疫情以来，欧洲地区陷入一定的混乱与危机。2022年俄乌冲突的爆发则使得尚在勉力走出新冠疫情阴霾的欧洲经济雪上加霜。在此"寒冬"下，传统行业闽商又受到互联网技术的冲击，

[①] 因表述习惯，行文中多使用欧洲一词，主要是指欧盟国家。
[②] 《闽商产业布局遍及"一带一路"沿线 中东欧成投资热门地》，台海网，http://www.taihainet.com/news/fujian/mingsi/2020-01-16/2347316.html，2020年1月16日。

面临转型压力，但欧洲闽商群体也在努力调整与转变。如法国闽商的投资就出现了新变化，正与高科技产业、新能源产业、中国传统文化产业、中国名优餐饮业等高度联结，传统餐饮企业、进出口行业企业开始改造升级，呈现多维、多向发展态势。[①] 同时，一些闽商二代或留学移民创业的闽商因受过高等教育，熟悉欧洲文化、法律，也开始重视品牌、重视开发自己的产品，从"走量"到塑造"品牌"，提升产品附加值。同时，他们不断尝试经营的新领域，为传统产业注入新的创意。同时，他们也积极围绕数字化转型或发展数字化经济进行探索。当然，从财富实力和当前表现来看，闽商新生代的创业还远未成功，但大量闽籍留学生，或受过良好教育的闽商二代或将成为创业的"排头兵"，将改写欧洲闽商的创业现状。

（三）美洲地区

1. 北美地区

北美地区主要包括美国、加拿大、墨西哥三地。传统上，美国和加拿大是福建新移民的主要目的地。闽商在当地从事商贸活动。数据显示，在美福建籍华人已达到110.2万人。[②] 他们主要来自福建长乐、连江、福清等地区。同时，大量闽籍留学生群体，以及移民闽商二代的成长，使华人群体的构成已发生较大的变化。相应地，闽商涉及的经济领域也缓慢转变。

加拿大华人已有180多万人，其中闽籍华人近30万人，是加拿大华人经济中的一支重要力量。加拿大的闽籍华人经过几代人的共同

[①] 《旅意华人现投资"新热潮"，旅欧华商经济自觉转型》，欧洲时报，https://www.oushinet.com/static/content/europe/italy/2024-12-26/1321858979487827934.html，2024年12月26日。

[②] 《在美华人国内各省人数排名前十！》，网易，https://www.163.com/dy/article/I87QPCA10553WHJN.html，2023年6月27日。

努力，已经逐渐融入加拿大社会，在经济贸易、文化教育、科技医疗、政治服务等各领域出现大批精英翘楚。① 超市行业、中餐行业、蔬菜批发等是加拿大闽商的优势领域。

新冠疫情给美国、加拿大等地闽商的经营重重一击。其中，特别是疫情较为严重的美国，经济活力顿失。美国很多洗衣店、礼品店、小吃店、饮品店等便利个人日常生活的小商家，在疫情中突然停业，悄无声息地退出人们的视野。另外，近年来的中美贸易战也给闽商的经营带来动荡与冲击。

2. 南美地区②

在高质量共建"一带一路"的推动下，中国与南美地区经贸往来不断提质升级，释放新的活力。其中，众多闽商或搭建商贸采购平台，为企业合作牵线搭桥；或扎根当地社会，助力居住国各领域发展，积极搭建中国与南美地区的"跨半球"交往。

在阿根廷，福建籍侨胞约占华侨华人总数的80%，③ 主要从事小型超市、进出口贸易、餐饮、礼品店、服装加工、农牧业等行业。其中，又以从事小型自助超市的占绝大多数，形成拉美独特的"华人超市"现象。依托超市的成功，阿根廷闽商也在不断拓展新的财富领域。近年来，中阿经贸合作正从传统贸易领域延伸到基础设施建设、技术引进、新能源开发等更广泛的领域。这种双向互动不仅带动了阿根廷的经济发展，也进一步加深了中阿友谊。

在巴西，闽籍华人华侨人数不断增加，已达数万之多。较多的来

---

① 《加拿大闽商有家了！加拿大福建工商联合总会班子成员全就位啦》，网易，https：//www.163.com/dy/article/EG38KJT20524MLB4.html，2019年5月26日。
② 本文所指南美地区主要涵盖中美洲地区和拉美地区。
③ 《南美洲首个"中国·福建文化海外驿站"落户阿根廷布宜诺斯艾利斯》，东南网，http：//ar.fjsen.com/2018-11/29/content_21729514.htm，2018年11月29日。

自福州连江和福清，也有为数不多的莆田籍。经过多年的经营，闽商实力也越来越强。以巴西萨尔瓦多雨伞市场为例，巴西国内并没有雨伞生产线。雨伞几乎都是用集装箱货柜海运而来，当地的雨伞批发商全部是福建人，批发价都是他们定的。① 此外，闽商经营的衣服、箱包等生活用品比比皆是。近几年，中国电商蓬勃发展，闽商在巴西的生意也开拓到了线上，开始为电商供货。

在秘鲁也有为数不少的莆田、福清和三明人，大多数居住于首都利马，其余散居于西部沿海一带，主要经营餐饮业、贸易、娱乐、连锁超市、进出口业和服务业。官方资料显示，厄瓜多尔有1万多福清人，主要居住于首都基多与瓜亚基尔、克维多3个城市，从事餐饮业、百货业、超市，有少数人从事进出口贸易。委内瑞拉的闽商主要从事超市、餐馆、洗衣以及进出口贸易等行业。但最近几年委内瑞拉局势动荡，闽商大多离开，仅有少数在坚守。

（四）亚洲地区

数据显示，自2013年以来，中国与东盟贸易年均增速7.5%。2023年，双边贸易额达9117亿美元。中国连续15年保持东盟第一大贸易伙伴地位。其中，中国与越南、马来西亚、印度尼西亚、泰国、新加坡等的双边贸易规模均突破1000亿美元。② 闽商的牵线搭桥作用十分重要。他们既熟悉中国发展情况和市场需求，又了解所在国的资源禀赋和风土人情，发挥着不可替代的居间作用。他们主要从事农业、旅游业、矿业、能源开发、信息通信、食品工业、金融、传

---

① 《在萨尔瓦多 邂逅海都报粉丝》，海西都市报网，http://szb.mnw.cn/html/2014-06/20/content_4265264.htm，2014年6月20日。
② 《东盟国家侨商：助力中国与东盟合作结出硕果》，中国评论新闻网，https://hk.crntt.com/doc/1069/9/1/1/106991164.html?coluid=7&kindid=0&docid=106991164，2024年10月14日。

媒、餐饮娱乐、畜牧业、香烟制造、房地产等，并在东盟国家取得杰出的经济成就。在历年福布斯财富排行榜中，菲律宾、马来西亚、印度尼西亚、新加坡等国家的闽商多位被列入。而且，闽商在东南亚各国的金融业占据一定的地位，这已成为闽商在当地进行产业布局的一大助力。

在中亚，矿产资源开发、石材、水电、建筑材料、农业等产业是闽商主要涉足的产业。近年来，石材产业在当地颇受闽商青睐。2019年，南安市石材机械辅料产业联合会到访乌兹别克斯坦，吸引到伊朗、土耳其、乌兹别克斯坦等国家和地区的石材商赴福建南安参展。而在南亚，闽商关注的产业主要有鞋服箱包、机电、石材、加工食品、食品机械、食品原辅材料、铁矿砂和大豆等。[①] 一大批闽籍华侨华人前往日本，经过几十年的拼搏，分布在各行各业，并取得了可喜的业绩，已成为华侨华人的中坚力量。

（五）大洋洲地区

在澳大利亚，早期福建移民多从事餐饮、商业零售和服务业。而20世纪末前往的闽籍新移民，大多属于投资移民和技术移民，进入实业界和知识界的也较多，并取得了一定的成功。在新西兰，福建人已成为华人最大族群之一。他们大多是在改革开放后以投资、技术、留学、劳务、婚姻等形式移居的。其中，新西兰的福清人主要聚居在奥克兰、惠灵顿、克赖斯特彻奇、达尼丁等城市，多经营餐馆、茶室、咖啡馆，也有人以经营小型农牧场、果园、蔬菜园为业。少数学而有成者，或供职于当地工商企业、政府机构，或从事科研、教育、医务工作。在巴布亚新几内亚，当地的华人华侨有80%是福清人。

---

① 《闽商产业布局遍及"一带一路"沿线 中东欧成投资热门地》，台海网，http://www.taihainet.com/news/fujian/mingsi/2020-01-16/2347316.html，2020年1月16日。

他们最早去这个国家，是在20世纪80~90年代。在20世纪90年代，闽商在当地开一家200多平方米的超市，一年可以赚300万~400万元人民币。一家600多平方米的超市，一年赚千万元也比较容易。因而，自2000年开始，当地的福清人迅速增加，从几十人增加到几百人。在2005年前，当地的福清人已经有上千人。他们更多的是来自南非和阿根廷的再移民。短短十几年时间，福清人从上千人扩张到上万人，成为巴新当地最大的华人华侨族群。当地的超市、工厂、五金、批发、杂货相关业务都是福清人的天下。① 瓦努阿图是南太平洋上的一个岛国，由80多个岛屿组成，人口约30万，其中华人华侨有1000余人，莆田籍就有100余人。② 在其他太平洋岛国闽商数量分布多少不一，但都比较活跃。

二 境外闽商的主要表现

在动荡不安、经济萎靡的世界形势下，闽商群体也在努力调整与转变，表现出继承与发展的状态。

（一）在促进当地发展的同时，积极推动境内外经贸互动

境外闽商因在地发展需要，在经营好自身企业的同时，为繁荣当地经济、推动境内外交流合作和培养人民的友谊做出积极的贡献。

一方面，在地闽商积极加强华社建设，壮大自身力量。如澳大利亚长乐商会会长王建忠表示，要做好平台建设、踏实服务好会员，创新办会思维，以项目为基础推动以商养会、以会促商，计划成立互助

---

① 《福清哥在巴布亚新几内亚超过上万人啊》，看福清，https://www.fqlook.cn/thread-115289-1-1.html，2024年12月8日。
② 《湄洲妈祖分灵大洋洲瓦努阿图共和国》，凤凰网，https://finance.ifeng.com/c/7cMAhwYiVun，2018年4月24日。

基金公司，并加强与友好社团、战略合作伙伴的合作，致力于打造上下游项目齐全、竞争力强、抗风险能力坚实的商会商业生态。① 伦敦华埠商会以帮扶侨胞、商业互助、同乡联谊等为目标，为侨胞提供社会福利、税务、法律、儿童教育、老人健康等领域的咨询服务，并加强与当地政府部门、社区民众的联系，积极融入当地社会，为当地社会贡献自身力量。② 旅意福建华人华侨同乡总会秉承"爱国怀乡、团结奋进，加强中意两国友好往来"的宗旨，不断发展、壮大，为闽商在意大利的发展创业夯实了基础。安哥拉福建总商会王传斌荣誉会长表示，商会工作主要是积极参与社会公益事业，助力家乡发展，开展惠侨工作，调解纠纷。加拿大福建社团联合总会在积极响应加拿大"百年反思"系列活动的同时，呼吁应继续维护华人华侨合法权益，抑制显性和隐性的反华思潮；全加华联应继续推动各地唐人街的复兴计划，致力于保护、传承和弘扬加拿大华人社区的优秀传统文化遗产，并将这些文化财富传递给下一代，确保它们在未来继续发扬光大。③

另一方面，闽商不断发展经济，为当地经济社会发展以及与中国的经贸互动做出了积极贡献。

例如，祖籍福清的何文兵及其华商企业家团队努力筹备华人商会，旨在促进在英华商间的业务交流，为在英华商提供一个经商合作和经验交流的平台，成为在英华商融入当地主流社会的纽带和桥梁。泰国闽籍社团一直致力于推动华人社会的繁荣与发展，社团会员在发

---

① 《澳大利亚长乐商会举办第五届理事会就职典礼，王建忠任新一届会长》，今日头条，https：//www.toutiao.com/article/7348207962047005221/，2024 年 3 月 20 日。
② 《伦敦华埠商会：助力中华文化在英伦"绽放"》，中国侨网，http：//www.chinaqw.com/hqhr/2025/01-17/389065.shtml，2025 年 1 月 17 日。
③ 《全加华人联会举行年会　强调维护华社权益　续推华埠复兴》，中国侨网，http：//www.chinaqw.com/hqhr/2024/10-28/385663.shtml，2024 年 10 月 28 日。

展经济的同时，通过参加各种慈善活动，履行社会责任，为当地的经济社会发展做出了突出的贡献。① 近年来，中智农产品贸易发展很快，很多闽商从事车厘子、鲑鱼、猪肉、葡萄等智利特色农产品对华出口业务，给双方带来了实实在在的好处。福州十邑同乡会会长石朝鹤创立的 C4S 集团，业务涉及企业法律咨询、房地产投资等。他同时也是法国为数不多的华人会计师，目前合股的会计师事务所拥有二三十名员工，服务法国各大企业。② 在巴西市场上从事经营的闽商，更是与很多中国企业一起在当地投资设厂，不仅增加了当地的就业机会，也推动了当地的产业升级。

另外，闽商在中国与所在国的经贸互动、企业合作中也一直发挥着桥梁作用。随着中国经济的持续发展，国外企业对进入中国市场、参与中国经济发展的意愿愈发迫切。闽商对中国及所在国事务熟悉，居间功能日益凸显。

例如，爱尔兰福建总商会在促进爱尔兰企业进入中国市场、中国企业与爱尔兰商企部门的合作交流中做出了富有成效的贡献，多次举办、受邀参加爱尔兰-广东经贸圆桌合作会议、深圳-都柏林高新技术合作交流会等多个顶级商业活动。近年来，中拉（美）经贸关系迅速发展。2000 年至 2022 年，中拉（美）货物贸易总额增长了 35 倍，其中活跃着众多闽商的身影。他们或搭建商贸采购平台，为中拉（美）企业合作牵线搭桥；或扎根当地社会，助力住在国各领域发展……在积极搭建中拉（美）"跨半球"交往桥梁的过程中，闽商既

---

① 《泰国闽籍社团捐款赈灾》，中国侨网，http：//www.chinaqw.com/hqhr/2024/09-24/384251.shtml，2024 年 9 月 24 日。
② 《法国福建工商联合会 法国福州十邑同乡会 两旅法闽籍社团共同举办第二届就职典礼》，搜狐网，https：//news.sohu.com/a/739597013_121123756，2023 年 11 月 27 日。

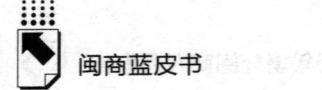

是见证者，更是参与者。① 在福建省商务厅的推动下，南美洲闽南同乡联谊总会积极对接福州市进出口商会，洽谈闽货采购事宜。双方就金砖机制下的中巴进出口贸易、电商协作、金融服务、投资机会、物流网络等方面进行了对接交流，达成了合作共识。② 南非华人警民合作中心主任李新铸多次参与和举办经贸推介会、交流会和贸易展，为中南企业搭建合作平台。同时，他也经常组织来自中国的企业家、商人到南非考察市场需求，并帮助南非企业在中国推广产品。③

（二）积极回归创业

当前，随着中国经济形势向好，以及各地惠侨政策支持力度的进一步加大，越来越多侨胞选择回国投资兴业。福建自贸试验区挂牌成立，被定位为21世纪海上丝绸之路建设核心区等，诸多政策利好，促使境外闽商回归创业成为常态。

欧洲闽商因看好中国消费市场，受政策红利的吸引，成为创新创业的生力军、科技变革的引领者。例如，担任欧洲福建社团联会总会捷克主席的吴瑞珍，创建了海外仓集团（福建）总公司，立足福建，辐射全球，积极推动福建的优秀企业全球布局，承担集团的新能源动力电池产业配套项目及可持续发展核心项目，为福建企业出海开拓国

---

① 《拉美国家华侨华人 架起中拉交往桥梁》，中国评论新闻网，https：//hk.crntt.com/doc/1070/0/3/5/107003527.html？coluid＝49&kindid＝972&docid＝107003527&mdate＝1115120836，2024年11月15日。

② 《福建省商务厅推动巴西闽商采购闽货》，福建省商务厅，https：//swt.fj.gov.cn/xxgk/jgzn/jgcs/mzdyzc/tpxw_552/202410/t20241015_6543391.htm，2024年10月15日。

③ 《金砖国家华侨华人讲述——"深切感到金砖合作机制带来明显变化"》，人民日报海外网，https：//news.haiwainet.cn/n/2024/1023/c3541093-32804627.html，2024年10月23日。

际市场。① 郭国雄的摩根斯达集团多年来持续引进欧洲科技强国的高新技术，如私人飞行器、旋翼机、裸眼3D等技术，连续两届在上交会上荣获"镇馆之宝""十大人气项目奖""突出贡献奖"等荣誉。同时，摩根斯达集团充分发挥自身独特的优势，着手布局新一代数字技术、智能制造等战略性新兴产业，为"数字福建"建设增添助力。② 一些旅法的闽籍专业技术精英也积极带项目回到家乡福建投资兴业。旅法闽商石忠胜表示大力支持，并愿为其项目协助筹措资金。同时，他还积极在当地宣传推介家乡福州，协助法国具有百年历史的奢华精品酒店安珀赴福州投资考察，自己也积极回福建投资创办了福建五翔实业股份有限公司、福建泊瑞进出口贸易有限公司等。③ 近三年来，景三科技获得国家高新技术企业认定，多款产品获得国家药监局审批，产品和服务已被国内近700家医疗机构采用。其负责人滕忠照表示，福州的健康产业发展很快，待时机成熟，将在家乡投资兴业，为推动家乡健康产业提升和医疗事业发展出一份力。④

（三）慈善公益体现闽商大爱

乐善好施的慈善文化一直是中华优秀传统文化的重要组成部分。对于境外闽商而言，慈善公益不仅是一种善举，更是深化民间友谊、彰显中华民族"美美与共，天下大同"优秀文化传统的重要方式。

---

① 《风云闽商候选人｜吴瑞珍：构建国际营销平台，打造品牌出海》，网易，https：//www.163.com/dy/article/GU5TIN7P0519CQ3E.html，2022年1月20日。
② 《匈牙利摩根斯达集团董事长郭国雄聚焦"数字福建"》，网易，https：//www.163.com/dy/article/GUKBLSF80516RL1M.html，2022年1月26日。
③ 《石忠胜：当年打拼历尽艰辛 今朝功成不忘家乡》，华人头条，https：//www.52hrtt.com/vn/n/w/info/G1568803019768，2019年10月7日。
④ 《滕忠照：复旦、剑桥"双博士"，为推动家乡健康产业出力献智》，福州市归国华侨联合会，http：//mdqs.fqworld.org/lyjl/85268.jhtml，2023年3月22日。

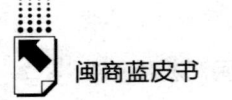

例如，2024年，阿根廷基尔梅斯华人超市商会积极向当地市政府捐赠价值685万阿根廷比索的大米、面粉、食用油等物资，帮助当地贫困家庭纾困解难，并持续传递爱心与温暖，全方位、多层次地满足当地贫困家庭及弱势群体的需求。① 2024年，巴西南部南里奥格兰德州自4月底开始遭受暴雨侵袭，引发洪水和山体滑坡等自然灾害。巴西圣保罗闽籍侨团联袂发起捐赠，积极组织救援物资发往灾区。许多在地闽商还奔赴一线援助受灾民众，援助贫困学生健康成长，支持当地医疗基础设施建设。② 在智利的闽商也积极参加当地慈善公益活动，在地震等灾害发生后第一时间进行捐赠救灾，组织重修圣地亚哥中国公园，为中智经贸合作牵线搭桥。③ 2024年8月以来，泰国多地发生水灾，造成财产损失和人员伤亡。泰国闽商社团纷纷伸出援手，在很短的时间里筹集了善款400多万泰铢（约合85万元人民币），用于救助灾民。④ 2024年1月，在日本能登发生地震后，石川县福建同乡会和全日本各地侨团积极救援灾区。2024年10月，西班牙东南部突降暴雨引发严重洪灾，近百家华人社团和华人企业加入爱心行动，将一箱箱救灾物资送往灾区，为灾民解燃眉之急。许多热心侨胞自发组织救援力量支援灾区。⑤ 爱尔兰福建总商会在新冠疫情期间，也为中爱两地捐赠了大量物资。2024年，在南非，西开普福建同乡会在"纳尔逊·曼德拉国际日"之际，积极组织物资向Gugulethu区

---

① 《阿根廷基尔梅斯华人超市商会向当地政府捐赠物资》，中国侨网，http：//www.chinaqw.com/hqhr/2024/10-09/384791.shtml，2024年10月9日。
② 《福建侨团驰援巴西南部暴雨灾区》，中国侨网，http：//www.chinaqw.com/hqhr/2024/05-17/378578.shtml，2024年5月17日。
③ 《智利圣地亚哥唐人街焕发新活力》，人民日报海外网，https：//news.haiwainet.cn/n/2024/0719/c3541093-32771095.html，2024年7月19日。
④ 《共渡难关同前行 华侨华人善行不息》，人民日报海外网，https：//huaren.haiwainet.cn/n/2024/0827/c232657-32785384.html，2024年8月27日。
⑤ 《西班牙华侨华人"接力"驰援巴伦西亚洪灾区》，中国侨网，http：//www.chinaqw.com/qwxs/2024/11-06/386057.shtml，2024年11月6日。

灾民捐赠250条毯子和250个食品包，希望能够为受灾民众带去温暖和慰藉。①

与此同时，闽商也以各种方式支持家乡慈善公益事业。例如，从2003年起，石忠胜积极参与家乡的新农村建设，包括道路、礼堂建设等，先后捐资100多万元。他还发起并捐资50万元成立长乐中街爱心基金。② 知名旅美爱国侨领黄永本先生自20世纪80年代起便积极投身家乡的公益事业，在医疗、教育、卫生、基础设施等方面慷慨捐资，助力家乡发展，在扶贫济困方面展现了深厚的大爱情怀，多年来累计为家乡公益事业捐资达2000多万元。③ 同样，在国内发生地震、水灾等自然灾害时，闽商也是勇于担当、慷慨解囊。如美国美东华人社团联合总会主席梁冠军以个人名义捐款100万元人民币，用于日喀则市定日县及周边受灾地区的紧急救援、受灾群众生活救助、救援队伍支持等相关工作，以解决受灾民众燃眉之急。④

（四）促进中国与所在国人文交流，加深友谊

海外华侨华人因具有双重文化、跨国流动和全球网络等优势，已成为中国对外文化交流、经济商贸往来以及促进和平发展的重要群体。作为广布全球180多个国家和地区的闽商，发挥融通中外的独特

---

① 《南非西开普福建同乡会向当地受灾民众献爱心》，中国侨网，http：//www.chinaqw.com/hqhr/2024/07-25/381734.shtml，2024年7月25日。
② 《石忠胜：当年打拼历尽艰辛 今朝功成不忘家乡》，华人头条，https：//www.52hrtt.com/vn/n/w/info/G1568803019768，2019年10月7日。
③ 《旅美华侨黄永本先生一行到访市侨联 共话"鼓岭缘"传承发展》，福建归国华侨联合会，http：//mdqs.fqworld.org/qlgz/88537.jhtml，2024年6月25日。
④ 《美国侨领梁冠军捐款一百万支援西藏地震灾区》，中国评论新闻网，https：//hk.crntt.com/doc/1070/2/2/5/107022557.html？coluid=49&kindid=972&docid=107022557&mdate=0109140455，2025年1月9日。

优势，促进中国及福建与所在国人文交流，当好连接中国与世界的桥梁和纽带，无疑具有较大优势。

近年来，中拉（美）人文交流合作不断走深走实。多个拉美国家兴起"汉语热"。中华优秀传统文化在拉美地区广为传播。其中当地华侨华人扮演着重要角色。他们创办中文学校，推广中国书籍，教授中华武术等，用实际行动为拉美地区的"中国文化热"贡献了一份力量。[①] 南美洲闽南同乡联谊总会成立 20 年来，团结巴西闽南籍乡亲，互帮互助，融入并努力回馈巴西社会，树立华人正面形象，弘扬中华优秀传统文化、闽南优秀传统文化，为搭建中巴文化商贸交流平台贡献力量。加拿大华联总会也积极在海外传播和弘扬中华优秀传统文化。

祖籍福建莆田的戴秉凡更是充分发挥海外侨团侨领优势，积极投入莆田的友好城市建设工作，促成莆田与澳大利亚第六大城市帕拉玛塔市缔结友好城市。这也是莆田在大洋洲缔结的第一个友好城市。2017 年，戴秉凡再接再厉，推动莆田与澳大利亚塔斯马尼亚州的第二大城市朗塞斯顿市缔结友好城市，实现更深层次和更宽领域的合作，增进了澳中两国人民的情谊。此外，为促进妈祖文化与澳大利亚多元文化的互鉴交流，戴秉凡于 2018 年 9 月率领澳大利亚莆田商会、澳大利亚悉尼天后宫、澳大利亚妈祖文化协会 20 多人前往湄洲妈祖庙进行祭拜，并把澳大利亚妈祖庙打造成宣传中华优秀传统文化的窗口，推动妈祖文化融入当地的多元文化。[②]

2024 年以来，中国扩大了免签政策，更是深化了各国与中国的

---

① 《拉美侨胞：为拉美"中国文化热"贡献侨力量》，中国评论新闻网，https://hk.crntt.com/doc/1070/0/5/2/107005265.html? coluid = 49&kindid = 972&docid = 107005265&mdate = 1120104247，2024 年 11 月 20 日。

② 《澳大利亚莆田商会会长：愿为澳中友好牵线搭桥》，中国侨网，http://www.chinaqw.com/qwxs/2024/03-02/374063.shtml，2024 年 3 月 2 日。

经贸合作和文化交流。这对境外闽商加强在地文化交流、增进民间友好往来具有极大的推动作用。

（五）大力推动与所在国的跨境电商发展

近年来，跨境电商在"卖全球"方面的潜力进一步释放，同时在"买全球"方面的优势也在持续发挥。跨境电商成为福建外贸发展的新动能。据统计，2024年，福建省进出口总值1.99万亿元人民币，同比增长0.8%。其中，出口1.24万亿元，增长5.3%；进口7512.3亿元，下降5.8%。[1]

新闽商所在国家拥有大量年轻人口，他们对电商接受程度高。新闽商利用与中国市场深度联结的优势，大力推动跨境电商发展，给所在国家消费者带来许多便利。全法中国学者学生联合会主席张乙江分享道："海外版阿里巴巴、Shein快时尚零售商等受到法国人的喜欢。我身边越来越多的朋友用中国跨境电商软件购买各类中国产品。他们说不仅物美价廉，而且便捷高效。"[2] 随着跨境电商的发展，越来越多巴西消费者能够接触更多的优质中国商品。拉美地区产品进入中国市场也有了新渠道。非洲地域广阔，人口较多，其中年轻人占比达到70%左右，他们是非洲巨大的潜在消费群体。[3] 在多重利好之下，闽商闽企在其中不断续写着跨境电商的成功故事。

---

[1] 《2024年福建省外贸进出口1.99万亿元 贸易规模创历史新高》，中华人民共和国福州海关，http://urumqi.customs.gov.cn/fuzhou_customs/484123/484124/6315930/index.html，2025年1月14日。

[2] 《越来越多中国故事在海外被倾听》，中国评论新闻网，https://hk.crntt.com/doc/1069/8/5/0/106985041.html?coluid=49&kindid=974&docid=106985041&mdate=0926110129，2024年9月26日。

[3] 《2021非洲的跨境电商情况如何？》，雨果网，https://www.cifnews.com/article/88628，2021年1月22日。

（六）境外闽商积极转型，推动传统产业逆势增长

新形势下，随着中餐在海外的受认可度越来越高，消费者偏好的变化，中华餐饮正在走出"夫妻店"方式，以产业大格局、大视野来团结同仁、共谋发展。中餐业发展迎来转型新机遇。提升中餐业的规格、水准、服务，向质量餐饮、社区餐饮转化，打造更为高端、丰富的中餐产业链成为从业者的选择。目前，新中餐从业者突破传统中餐理念，不断吸纳和融合住在国的食材和烹饪方式，在追求地道口味的同时，也注重菜品的摆盘和呈现，将传统中式元素和现代审美相结合。① 同时，随着中餐业的发展，以及市场和消费群体的变化，境外中国超市的顾客群体也在发生变化。这促使中国超市从小型、家庭式经营模式开始向大型、连锁化转变。② 另外，受新冠疫情等因素影响，境外闽商开始广泛涉猎直播，借助社交平台带货，也有的暂时将业务转到电商平台，还有的抓准时机收购旅游酒店等以便进一步拓展业务。例如，法国福建工商联合会会长倪朝文创立的 Naumy 集团，通过多种创新举措不断改进发展华人传统服装贸易业，实现逆势增长，成为传统产业转型的典范。③

三 境外闽商发展存在的困境

2024 年，受复杂国际局势的影响，境外闽商发展也面临着诸多困境。

---

① 《西班牙"老中餐人"探路"新中餐"》，中国侨网，http：//www.chinaqw.com/hqhr/2024/04-08/376506.shtml，2024 年 4 月 8 日。
② 《西班牙的中国超市：都是家乡的味道》，中国侨网，http：//www.chinaqw.com/hqhr/2024/07-10/380987.shtml，2024 年 7 月 10 日。
③ 《法国福建工商联合会 法国福州十邑同乡会 两旅法闽籍社团共同举办第二届就职典礼》，搜狐网，https：//news.sohu.com/a/739597013_121123756，2023 年 11 月 27 日。

（一）政治动荡与社会治安不佳影响闽商在地发展

近年来，世界多国社会治安状况恶化。例如，2023年6月30日晚至7月1日晨，法国发生2500多起纵火事件，1350辆车和234座建筑物被纵火，79名警察在骚乱中受伤。[①] 2024年，多伦多频繁发生杀人、抢劫等恶性案件。为此，多伦多华人团体联合总会召开了座谈会，强烈谴责犯罪分子的恶行，呼吁各级政府采取有效措施，尽快改善社会治安，缉拿凶犯。[②] 美国枪击暴力和针对亚裔歧视事件频发，给闽商在地发展和对外交往带来困扰。

在阿根廷，店铺被哄抢事件时有发生。在委内瑞拉，闽商几乎无法正常经营。在南非，闽商经常遭到抢劫，甚至被危及人身安全。刚果（金）、尼日尔等地的社会动荡给闽商在地经营带来的不仅是财产损失，生命安全风险也加剧。大洋洲的巴布亚新几内亚，自2024年初至年中接连发生部族冲突、局部骚乱、凶杀绑架等暴力犯罪事件，安全风险上升。2023年初，印度尼西亚也发生了工人丧生的恶性事件。这些均给闽商的在地经营带来较大困难。

（二）全球供应链调整影响闽商活动

过去几年里，由于全球经济发展失衡、国家之间的不平等加剧，民粹主义不断上升，保护主义有所抬头，世界"逆全球化"思潮涌动。新冠疫情发生后，地缘政治冲突不断升级、通胀压力持续攀升，导致世界矛盾与摩擦频仍。各国在产业布局上的政治经济考量，由传

[①] 《华人眼中的法国骚乱》，中国评论新闻网，https：//hk.crntt.com/doc/1067/1/1/5/106711510_5.html? coluid = 7&docid = 106711510&kindid = 0&mdate = 0707110848，2023年7月7日。

[②] 《恶性案件频发！多伦多福清商会紧急呼吁！》，看福清，https：//www.fqlook.cn/thread-115198-1-1.html，2024年12月3日。

统追求"效率至上"向保安全与防风险转变。全球产业链供应链正在朝着区域化、本土化、多元化、数字化等方向加速调整。国际贸易环境急剧恶化。特别是部分国家推行单边主义、保护主义，推升贸易成本和贸易风险。而且，以"去风险化""产能过剩威胁"名义，欧洲各国不断对中国产品增加关税，使得闽商供应链出现困难，经营难度增加。境外闽商面临的压力与挑战空前。

（三）人们消费习惯的改变，使得传统行业闽商面临转型与调整

近年来，餐饮、零售、产品加工等境外闽商从事的主要传统行业，对新生代的吸引力逐渐减弱。同时，在互联网经济时代，市场和消费群体也发生了显著变化。闽商从事的传统行业渐趋式微。新冠疫情发生后，人们消费习惯变化，网络消费成为主要潮流，使得活跃在传统餐饮、服装鞋帽、贸易及旅游等行业的闽商遭遇重创，商业活动停摆或破产时有发生。其中，欧洲闽商面临着较大考验。有些国家物价飞涨，成本上升，常有华人超市倒闭、中餐老字号关张、旅游业停业等现象发生。同样，受新媒体冲击，华文媒体从业者也受到较大影响，加拿大《七天》、罗马尼亚《欧洲侨报》、澳大利亚《新市场报》等海外华文媒体的广告量骤减，经营难以为继，转型求变成为大势所趋。①

（四）面临着金融货币政策的限制

近年来，全球发展迎来百年未有之大变局，脱钩断链与投资限制盛行，国际市场环境复杂。为适应新形势，中国企业国际化步伐加

---

① 《疫情重塑行业生态 华商积极转型求变》，三明市归国华侨联合会，http://smsql.fqworld.org/qjfc/77135.jhtml，2021年2月2日。

快，但人民币跨境使用、外汇管理体制改革尚不到位等金融管理政策短板，使走出去的闽商面临一定的困难。一方面，在国际金融市场，由于信用、品牌知名度、政策限制等原因，绝大部分民营企业很难通过国际资本市场获得大规模融资，而且往往面临更高利率和更严格的抵押担保要求。另一方面，我国走出去的投资银行、保险公司等非银行金融机构较少，供给明显不足。按照市场汇率将持有的金融资产在人民币与主要国际货币之间进行兑换难度较大，这使得闽商在境外发展的竞争力打了折扣。福建群峰投资集团董事长林千淘提出："我们公司在非洲、东南亚等地都投资比较大，资金进出量也比较大，有时候也会遇到资金回不来的问题障碍。"[①] 这些需要在实践中创新性地解决。

（五）跨境电商发展面临着基础设施方面的障碍

新冠疫情以来，中国跨境电商发展势头强劲。境外闽商也纷纷参与其中。但一些闽商所在国家基础设施建设不到位，使跨境电商的发展面临着难题。首先是物流方面。许多国家基础设施还不够完善，道路体系尚未建成，物流配送问题较大，尤其是"最后一公里"的运费价格高，且可靠性较低。其次是支付难题。很多消费者还习惯货到付款，或者用现金支付，线上付款的习惯还未养成，对卖家的收款会有比较大的阻碍。最后是电商人才匮乏。上述基础设施建设短板等严重制约了闽商的在地发展。另外，知识产权保护、供应链的稳定性，以及当地法律法规政策情况等不完善也影响着闽商跨境电商的发展。

---

① 《"新时代侨商侨资助力福州经济新发展"座谈会在榕召开》，福州市归国华侨联合会，http://mdqs.fqworld.org/qjyw/87713.jhtml，2023年7月12日。

四 境外闽商未来发展对策建议

闽商是福建民营经济强省的生力军。面对不确定、不稳定的世界格局，闽商仍大有可为，本文提出如下发展建议。

（一）继续扩大跨境电商发展，助力"福品"出海

近年来，福建依托产业优势，跨境电商迅速发展，已成为福建外贸创新发展的新引擎，并给海外中小企业进入中国市场提供了更多机遇。截至2022年，福建在全球各地建设了100多座海外仓，总面积超过180万平方米，① 它们成为连接全球优质产品与消费者的重要桥梁，为闽商积极发展跨境电商提供了便利，也大大促进了"福品"的出海。

为进一步支持境外闽商发展跨境电商，可在如下方面进一步完善措施。一是，支持闽商持续拓展海外仓布局，完善跨境电商海外服务网；二是，持续组织企业赴海外参展和考察洽谈，增强开拓能力，创造对外贸易新的可能，畅通"福品"出海的通道；三是培育服务贸易、数字贸易、跨境电商出口等新动能；四是加强企业针对不同市场的创新力。

（二）促进境内外经贸交流，助力中国企业"走出去"

当前世界格局正被不断重塑，民营企业"走出去"的步伐不断加快。因此，充分发挥全球1600多万分布于180多个国家和地区的闽商优势，以及其在地的政治、经济与文化影响力，可帮助中国企业

---

① 《福建成跨境电商发展热土 稳外贸添强劲动能》，中国新闻网，https：//www.chinanews.com.cn/cj/2022/12-01/9906651.shtml，2022年12月1日。

精准对接海外市场。一是，利用自身企业优势和客户资源，积极为中国企业"走出去"提供法律讲解与咨询服务；提供企业所在行业的投资信息，进行前期风险分析，在财税、法务合规方面为企业护航。二是，为福建企业到各国落地协助寻找办公场地、进行相关注册并提供会计服务，建设营销网络、服务网点，设立生产基地，为企业融入全球产业链、供应链提供帮助。三是，发挥闽商对所在国市场与产业比较了解的优势，聚焦福建与所在国的优势产业，有效对接海外产业链供应链，为落地企业构建产业集群提供助力。四是，依托在地关系提供对境外闽商闽企的安全保护，为"走出去"闽商营造安全和谐的发展环境。

（三）加强对"走出去"闽商的支持

充分调动各方资源，为境外闽商的发展提供支持。一是，依托在地闽商经验，发挥学界和政府力量，按照"一国一策"的要求，不间断地开展对闽商的教育培训。重点内容包括风险规避机制以及投资经营对策，助力闽商提升应对危机的能力。同时，构建渠道、机制帮助出海企业项目在对象国落地，如在项目选址、对接洽谈等方面给予帮助指导。二是，在使领馆协助下，密切联系地方政府，建立出海企业合作机构与应急管理机制，创建志愿者线上服务团队，在境外闽商遇到困难和问题时及时提供帮助。三是，积极给境外闽商提供法律服务。加快提升涉外法律服务水平，强化律师、仲裁、公证、商事调解等方面的涉外法律服务工作，努力为境外闽商提供专业、精准、高水平的法律服务。四是，积极推广"惠侨通"品牌，开展医疗为侨服务。

（四）积极推动所在国与中国经济和科技的合作互动

当今世界百年未有之大变局加速演进，新一轮科技革命和产业变革影响日益深入，高质量的科技合作将助力闽商在境外的发展。

借助闽商在地影响力与经验，以及他们与所在国家的网络优势，可深入推动中国与所在国经济和科技的高质量交流与合作。一是，可充分发挥商会、行业协会等组织的纽带作用，与所在国家智库、非政府组织、知名企业等合作，组织推进政府、科技企业、民间组织等多元主体的互动合作，共同寻找合作机遇。二是，积极构建境外科教合作平台，组织科技精英开展项目合作，联合攻关，提升所在国精英人才的参与感，实现科技有效合作互动。三是，进一步加大资金投入，推进更多普惠式"小而美"的科技项目，帮助所在国提高基础教育、科技技能、农业生产、社区发展、卫生医疗等方面的能力，提高民众科技获得感。四是，强化与境内外社交媒体、自媒体、民间组织的交流，推动科技文化的交流与传播。

（五）大力引导闽商回归创业

近年来，中国经济强力复苏，形成对境外闽商较大的吸引力，境外闽商尤其是新生代闽商纷纷回归创业。对此，可从以下角度采取措施，以吸引更多的境外闽商。一是，积极涵养新生代闽商。作为海外侨胞的新生力量，新生代闽商正接过先辈的接力棒，在推动中外经贸往来、促进技术合作、扩大海内外友好交流等方面发挥出独特作用。因此，应积极通过夏（冬）令营、学术研讨、文化交流等活动，增强新生代对国家和家乡的情感认同。二是，多组织活动，搭建"走出去、请进来"平台，经常性地举办国内企业与境外闽商的相关联谊活动，以增进双方信息交流，促进闽商所在国资源与中国的紧密对接，吸引更多高质量项目落地福建。三是，通过承办创业大赛等活动，让境外新生代闽商回国参赛，促使其了解中国，并留下来创业。四是，依托相关中介机构或平台，如中国侨商投资大会、"创业中华"、侨智汇等品牌活动等，以闽商新生代为主体，打造面向全国、辐射全球的招才引智平台，构建集智库、人力资源服务产业园区、侨创联盟于一体的人才集聚高地，吸引闽商回归创业。五是，不断创新投融资模式，完善投融资机制，探索债券、股权、基金等市场化工具，丰富资金来源，完善跨国金融便利度，积极推动跨境金融服务平台新场景顺利落地，为闽商回归创造有利的金融环境。六是，创新机制，探索高效有特色的闽商回归创业路径，加快推进"人才带技术、技术变项目、项目融资金、实现产业化"。七是，进一步扩大免签政策，让境外闽商往来中国更加便捷，增强境外闽商对中国市场长期发展的信心。

（六）深化与所在国的人文交流

境外闽商作为华侨华人的重要组成部分，既具有经营能力，又具备文化传播的推动力，是开展境内外文化交流的重要力量。一是，积极学习利用新媒体平台，通过本土化的语言和表达方式，向境外闽商所在国家民众积极传递中国故事，使其容易理解和接受，从而增强传播效果，扩大中国在当地的影响力。二是，要"请进来"交流。组织所在国友好人士到福建参观考察，并邀请境外华裔青少年来闽参访学习，展示福建创新发展故事，使其更好地了解和认同自己的文化根源，以便更生动地传播中华文化、福建区域文化。三是，鼓励闽商推动文化"走出去"，深入所在国民间进行交流与宣传。如妈祖下南洋、妈祖海外巡游活动等深受国外民众的欢迎和喜爱。这些喜闻乐见的形式能够有效加强与境外妈祖文化信仰者的交流互动，促进福建文化的传播。同时，创造更多科技与文化融合的产品，增强文化的时代感，贴近当今的消费偏好，鼓励重点媒体和文化企业携创意作品"走出去"传播。四是，积极推动闽菜"走出去"。闽菜文化内涵深厚，既能反映中华美食的多样性和精致性，又能展示福建地域文化的独特性，有利于文化的传播。

专题报告

B.5
2025年闽商科技与产业融合发展报告

黄晴云 马 曦 邓钰婷 卓杏轩*

摘 要： 2025年，加快科技与产业的融合发展已成为政府的一项重要工作。利用好科技创新的驱动力量，搭建好与产业创新融合发展的平台，可为实现高质量发展奠定坚实基础。本报告聚焦2025年闽商科技与产业的融合发展，系统梳理了闽商科技产业融合发展概况。在政策引领下，闽商企业积极加大研发投入，不断推进产学研用共振，并在农业、电子信息、高端制造、教育环保等领域进行转型升级。然而在科产融合发展中，也存在一些问题。闽商科技在与第一产业融合发展中存在新型农业经营主体规模偏小、示范带动能力较弱，农企研发能力不足、缺少高质量农业科技人才的问题；在与第二产业

---

* 黄晴云，福州大学数学与统计学院硕士研究生，主要研究领域为经济统计；马曦，福州大学经济与管理学院本科生，主要研究领域为经济预测；邓钰婷，福州大学经济与管理学院本科生，主要研究领域为数量经济；卓杏轩，福州大学经济与管理学院副教授、硕士生导师，主要研究领域为大数据分析。

融合发展中存在供应链不够先进，数字化、智能化程度较低，成果转化率低，核心技术受制于人的问题；在与第三产业融合发展中存在融资渠道不畅、资金链紧张，产业总体规模偏小、产业集群式发展基础仍显薄弱的问题。因此，要强调闽商企业在科技创新与产业融合发展过程中的主体地位，建设科技创新供应链平台与加快构建产学研深度融合组织机制，推动重点产业数字化转型，以数智领航推动闽商企业新质发展，深化两岸科技产业合作，完善科技服务与要素保障；未来将强化技术创新驱动、产业协同升级、开放合作深化，构建可持续发展路径。

关键词： 闽商　科技产业融合　科技创新　产业创新

　　推进中国式现代化进程，产业是根本支撑，科技是引领力量。科技创新为发展新质生产力注入核心动力，并驱动着新产业壮大、新模式生成、新动能聚焦。产业创新则将科技创新成果转化为实际生产应用，实现优化转型传统产业、培育壮大新兴产业、因地制宜未来产业的齐头并进。科技创新与产业创新，共同构成了不可分割的发展整体，二者的融合发展能够进一步激发高质量发展活力。

　　2024年10月，习近平总书记在福建考察时提出"要在推动科技创新和产业创新深度融合上闯出新路"的新命题。同年11月，习近平总书记在湖北考察时强调，"实现高水平科技自立自强、发展新质生产力，对科技创新和产业创新融合提出了更为迫切的需求"。党的二十届三中全会审议通过的《中共中央关于进一步全面深化改革、推进中国式现代化的决定》，提出"推动科技创新和产业创新融合发展"。科技与产业的"双向奔赴"，已经成为全国各地政府工作的重要任务。

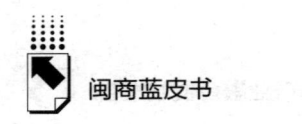

《中国区域科技创新评价报告2024》显示，福建省区域科技创新效果显著，尤其是全要素生产率、高新技术产业化效益方面表现更好。闽商作为打响"福建制造"的重要主体，不断助力福建产学研用共振。因此，梳理闽商科技与产业的融合发展概况、分析存在的发展问题、提出针对性的对策建议、指明产业未来的发展目标，对福建省塑造新发展格局具有重要意义。

一 闽商科技与产业融合发展概况

近年来，福建全面贯彻新发展理念，不断搭建科技创新与第一产业、第二产业、第三产业的沟通融合空间，实现科技创新和产业创新的相辅相成，并进一步增加高质量科技供给，坚持科技创新引领。科技产业全省R&D经费投入从2020年的842.4亿元增长到2023年的1171.7亿元，其中高技术产业R&D经费投入达到329.8亿元。

企业是福建经济发展支柱，福建省坚持强化企业在科技创新中的主体地位，为企业提供研发环境，推进国家创新型试点省份和福厦泉国家自主创新示范区建设，鼓励企业加大研发投入，为企业解决"卡脖子"的技术问题。2024年，福建厦门火炬高技术产业开发区、福州高新技术产业开发区在全国178家国家高新区中表现突出，尤其是在高技术产业营业收入、企业研发经费投入强度等方面表现更好。根据《中国区域创新能力评价报告（2023）》，2023年，福建企业创新指数为26.2。另据《中国高技术产业统计年鉴（2024）》，福建高技术产业生产经营利润为765.6亿元，专利申请数达23016件（见图1）。

在建立的科技创新和产业创新纽带中，福建坚持推动县域重点产业链"四链"融合，产业链是核心，创新链是动力，资金链、人才

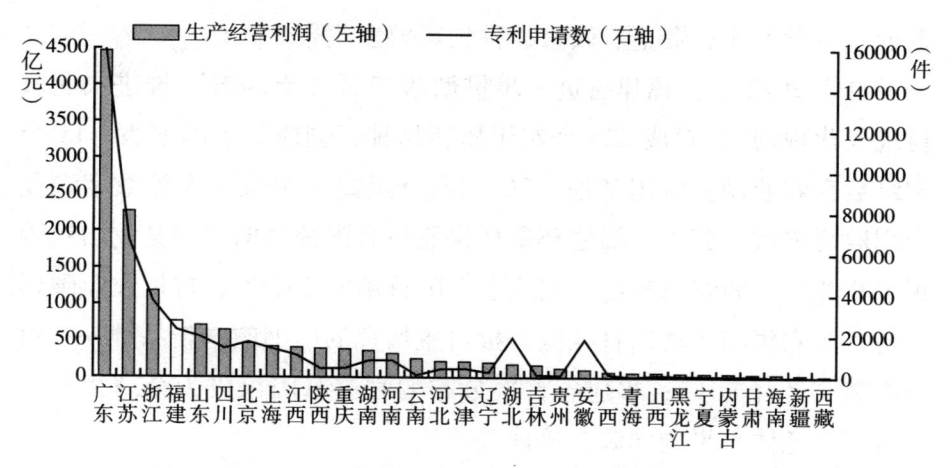

图 1　2023 年各省份高技术产业生产经营利润及专利申请数

链是关键要素保障。据统计，福建省培育国家级制造业单项冠军企业54家、国家级专精特新"小巨人"企业371家、省级专精特新中小企业超过3500家。当前，闽商企业在第一产业、第二产业和第三产业的产学研用中表现出了不同程度的积极发展态势，为福建省科技与产业的双向奔赴贡献了力量。

（一）闽商科技与第一产业融合发展概况

福建以山地丘陵地形为主，平原面积狭小，素有"八闽大地，山川绣壤"之称。福建农企充分利用本省天然的生态资源优势，探索科技创新与传统农业发展融合的新密码，推动科技服务融入农业生产。1999年，习近平同志在福建工作期间就提出实施科技特派员制度，福建省南平市在全国率先实施，为福建省农业科技发展提供了新思路和产业新需求。2021年福建省启动实施特色现代农业高质量发展"3212"工程，计划在"十四五"期间建设30个重点现代农业产业园、20个重点优势特色产业集群，同年提出《福建省"十四五"特色现代农业发展专项规划》，旨在助力农企转型升级，实现高质量

发展，引导人才、资金、政策、科技等要素集聚。

进入2022年，福建省进一步贯彻落实《"十四五"推进农业农村现代化规划》，育成223个农作物新品种，创建2个国家级、11个省级数字农业创新应用基地，5G茶园、蛋禽养殖机器人等数字农业应用取得突破。其中，福建环融环保股份有限公司向南靖县龙山镇购买了0.7万吨的农田碳汇，完成了全国首单农田碳汇、首批农业碳票交易；圣农集团成功培育我国首批自主培育的白羽肉鸡新品种——白羽肉鸡"圣泽901"；福建省首次公布的甘蔗基因组成为全球第一个组装到染色体水平的同源多倍体基因组。

2023年，闽商积极引进台湾果蔬新品种、新技术，探索闽台现代农业融合发展新路。全省新增86家台资农业企业，厦门市大力推进两岸种业发展集聚区建设，每年引进选育的台湾蔬菜新品种超过150个。由厦门香境旅投公司负责运营的大宅社区的火龙果种植基地，引进台湾补光灯"黑科技"，大大增加了火龙果的产量，1000余亩的火龙果基地年产值超4000万元，净收入超2000万元；主要试种"钦蜜9号"黄金百香果的满庭芳生态百果园一期项目也已通过验收。

2024年，福建省育成40个农作物新品种，并启动建设"农业云131"二期工程，推出一批智慧农业创新应用项目。种业"芯片"加速升级，全省13家企业、机构入选国家种业阵型企业，永富农业科技有限公司更是成为国家级育繁推一体化种业企业。福建农企蹚出了科技创新与农业生产融合的新路，真正为农业现代化插上腾飞的翅膀。

（二）闽商科技与第二产业融合发展概况

作为"制造强省"，自1986年开始，福建省就全面实施星火计划，以促进科技成果的应用和转化。2021~2022年，福建省先后推出

《福建省"十四五"科技创新发展专项规划》《福建省工业和信息化厅　福建省财政厅关于印发推进工业数字化转型九条措施的通知》等主要政策，鼓励企业加大产品与科技创新的融合力度，提升工业竞争力。2025年，福建省确定年度省重点项目1550个，总投资4.3万亿元，其中包括福维新材料有限公司年产4000吨高端新材料项目、福州万景新材料氢能利用与全降解新材料项目等工业项目共724个。根据《中国高技术产业统计年鉴》，2010~2023年福建省高技术产业（制造业）新产品开发项目数及有研发机构企业数呈显著的上升趋势，在2023年分别达到7633个、370家（见图2）。

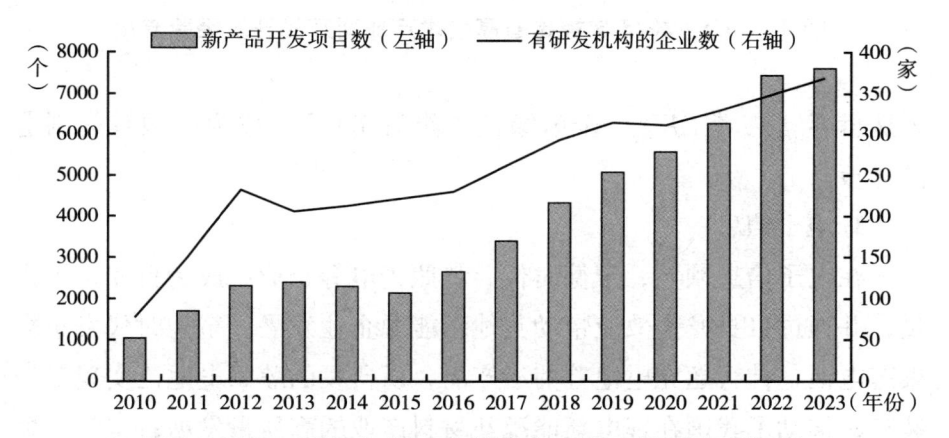

图2　2010~2023年福建高技术产业新产品开发项目数及有研发机构的企业数

此外，据统计，在福建高技术产业代表性行业中，电子及通信设备制造业新产品开发经费支出占较大比重，但各行业的经费支出均表现出增长趋势（见图3）。

当前，福建省关键业务环节全面数字化企业占比居全国第二，全省共打造国家级智能制造示范工厂21家、5G工厂31家，发布近百个人工智能典型应用场景，赋能电子信息、高端装备制造、新材料等关键领域，正逐步迈向产业链的中高端。宁德时代、九牧等企业工厂

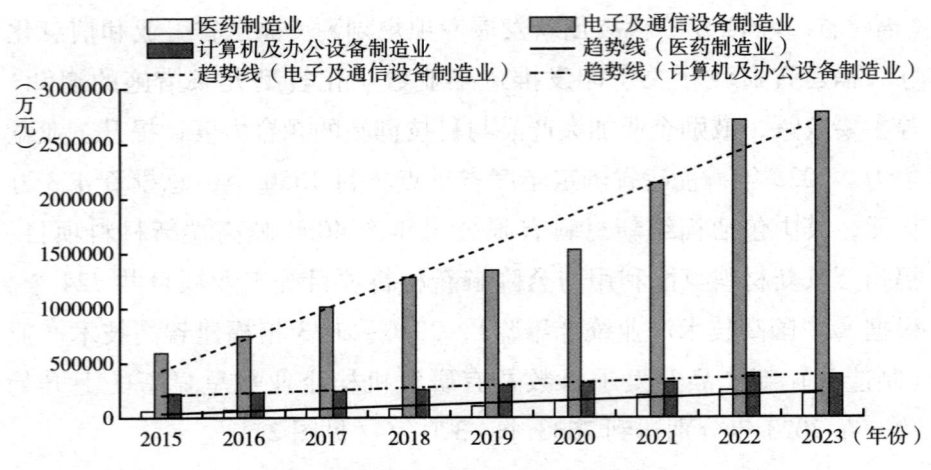

图3 2015~2023年福建省高技术产业新产品开发经费支出

入选世界"灯塔工厂"、全球绿色"黑灯工厂",成为中国智能制造的样板。

1. 电子信息

在电子信息领域,宁德时代、乾照光电等企业已成为行业领军力量,并通过自身龙头效应带动其他新能源企业发展。宁德时代发布凝聚态电池、神行超充电池等前沿产品,所研发的麒麟电池已实现量产装车,推动了我国在锂电新能源新材料产业的高质量发展;厦门火炬高新区的重要成员乾照光电、星宸科技、瀚天天成等,作为半导体和集成电路产业的佼佼者,持续攻克技术难题,推动国产芯片的崛起。

2. 高端装备制造

在高端装备制造领域,厦门厦工等企业,凭借先进的技术和优质的产品,为我国建筑等行业提供了强大的装备支持;安踏为2025年亚冬会7支中国国家队打造了高品质的比赛装备,其中短道速滑比赛服更是应用多项减阻技术,达到世界最轻、最透气水平;福建顺昌虹润精密仪器有限公司与中国工程院庄松林团队密切合作,已有20多项科研成果广泛应用于航空航天、核电等领域。

3. 新材料

在新材料领域，闽商产学研用共振结出硕果。福建三祥新材致力于多元合金生产，产品应用于新能源汽车等领域；福建坤彩科技研发全新一代萃取法氯化钛白制备工艺，成为全球珠光颜料生产企业标杆；厦门钨业致力于深耕钨钼、稀土和钴酸锂等新能源材料，持续领跑行业。闽商在工业上的科技创新应用落地，再次体现了科技创新是闽商企业发展的不竭动力，也反映了福建省在科技创新和产业升级融合发展方面取得的积极成效。

（三）闽商科技与第三产业融合发展概况

赋能科技成果在第三产业的高质量转化，已成为推动福建产业结构优化升级的重要引擎。近年来，福建省做强做大数字经济，打造"数字福建"，同时推出《关于推动数字文旅高质量发展的实施方案》《福建省科技成果转移转化公共服务平台技术交易补助实施细则》等政策措施，为企业在物流、教育、环保、新零售、文旅等领域提供了更加有利的成果转化环境。其中，网龙、美图等龙头企业在开拓创新的同时，通过自身产业示范效应，进一步激发福建服务业的创新潜力。

1. 物流运输

在物流运输领域，安踏物流、物泊科技、厦门国贸物流共绘企业主体融合发展创新蓝图。安踏物流园采用国际领先的 AS/RS 自动化立体库等行业先进设备，着力节能减排，每年鞋品、服配产品发货高达上亿件；物泊科技则利用物联网技术、无人机和自动驾驶技术、云计算、移动应用和平台等创新技术，推动物流行业的效率和客户服务质量的提升。此外，建发物流等物流企业也借助科技创新力量，实现科产创新的合作共赢。

2. 教育、环保

在教育领域，网龙网络公司全力探索 AI 赋能教育新路径，先后发布"AI助教""AI中文课件""智慧教室"等产品；同时"高校科技成果转化对接服务平台"给予了高校、企业等多方主体共同推动科技成果转化和应用的机会。在环保领域，福建龙净环保大力推进低成本制造升级工作，将传统制造工艺与智能化、自动化的高新技术进行合理有效的结合；福建蓝深环保与泉州师范学院环境资源学院联合组建研发攻关团队，建立产学研用高效运行机制，加快技术孵化。此外，福州城区水系智能联排联调系统，也是新质生产力的智能化赋能福建千行百业的生动体现。

3. 新零售

在新零售领域，永辉超市、朴朴超市等企业利用大数据和人工智能技术，实现了线上线下融合，为消费者提供了个性化购物体验。永辉超市的"云货架"、"永辉生活"App等创新应用，让消费者享受到了便捷的购物服务，而朴朴超市的数字化供应链，大大降低了生鲜和日用品的流通成本，为食品行业开拓了新的发展路径。

4. 文化旅游

闽商在文化旅游领域的科技创新也取得了显著成效。福建土楼的数字化升级，通过虚拟现实、增强现实等技术，让游客能够沉浸式体验土楼的历史文化；泉州闽南文化产业园的智慧旅游项目则通过智能化导览系统，提升了游客的游览体验。闽商科技创新与第三产业的融合发展，提升了企业的核心竞争力，进一步优化了企业的创新环境，共同推动了福建省第三产业的繁荣。

二 闽商科技与产业融合发展存在的问题

闽商企业在各个产业领域，均展现出科产协同发展的强劲势头，并形成了良好的发展态势，但也存在以下问题。

（一）闽商科技与第一产业融合发展存在的问题

福建因山多地少的地形特征，农业规模化、集约化、机械化程度相对较低。根据国家统计局发布数据，2023年，江苏省有5350万千瓦的农业机械总动力、浙江省有1794万千瓦、江西省有2953万千瓦，福建省仅有1324万千瓦（见图4）。

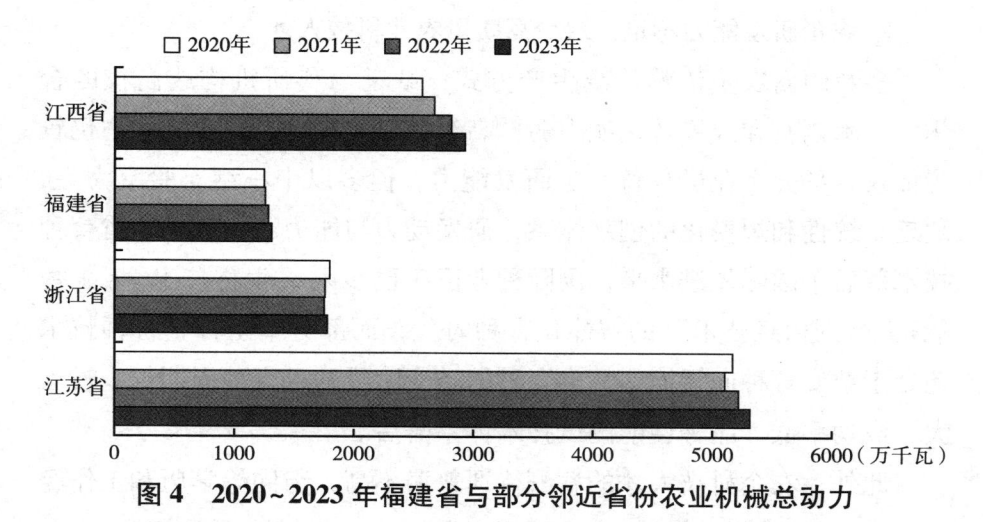

图4 2020~2023年福建省与部分邻近省份农业机械总动力

在此背景下，充分利用农业资源，加快构建企业研发沟通平台、培养高质量农业科技人才并合理配置人才资源，是推动闽商农企高质量发展的关键所在。然而，当前福建农企在科产融合发展上仍存在以下问题。

1. 新型农业经营主体规模偏小，示范带动能力较弱

新型农业经营主体是促进闽商科技农业融合发展的重要主体，引领和推动着小农户融入现代农业发展进程。近年来，福建农民合作社发展迅速，已达1.9万个，但规范化程度较高的仅占10%左右，家庭农场数量已达到10622家，而在工商部门登记注册的仅有503家，占比仅为5%，表明福建新型农业经营主体规模偏小。且在合作经营过

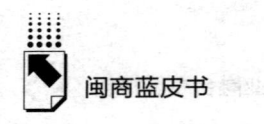

程中，福建新型农业经营主体主要局限于农产品交易和土地租赁等简单形式，农户的参与稳定性低且缺乏大规模的家庭农场示范场，新型农业经营主体示范带动能力较弱，未能有效发挥对小农户的引领和辐射作用，从而限制了整体农业现代化的推进。此外，规范化程度不高也是造成主体规模偏小的主要原因，大多数主体在内部管理、运营模式等方面尚未达到行业标准。

2. 农企研发能力不足，缺少高质量农业科技人才

多数闽商农企依赖传统生产方式，缺乏与科研机构或高校的合作，技术创新和成果转化能力弱。高等级研发平台在农业企业中仍较为稀缺，部分企业虽具备一定研发能力，但多以中小型实验室为主，缺乏系统性和规模化的创新体系，研发动力与能力不足。福建省育种技术落后于国际先进水平，国际种业巨头已步入"生物技术+人工智能+大数据信息技术"的智能化育种时代，而部分本土种企育种技术还处于杂交育种向智能化精准育种的转变阶段，且育种周期长、投入大、成功率低，品种性能测试技术体系落后。

此外，农企科技人才的薪酬待遇普遍不高，与同等学历和工作经验的其他行业或领域相比存在明显差距，与一线城市更是相差甚远；晋升渠道不畅，高级职称评定门槛高，科研成果占比过大且申报条件模糊，评审标准缺乏统一性；企业对研发人员的科研投入不足，部分优秀科研项目缺乏企业支持，制约了技术研发和更新换代，导致福建农企的高素质人才资源匮乏，科研生产力较弱。

（二）闽商科技与第二产业融合发展存在的问题

2023年，福建省全年第二产业增加值2.47万亿元，其中工业增加值1.86万亿元，占全国比重为4.7%。然而，2015~2023年，福建省工业增加值占地区生产总值比重有所下降，从2015年最高时的41.1%下降到了2023年的34.1%（见图5）。

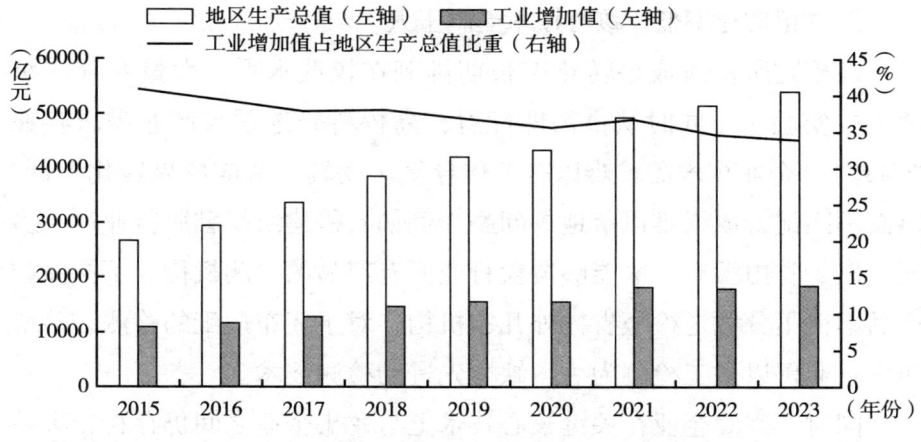

图 5　2015~2023 年福建地区生产总值、工业增加值及占比情况

这一现象进一步表明传统制造业增长乏力，闽商企业在第二产业的产品研发与生产中未能充分实现科技赋能与产学研深度融合，具体问题如下。

1. 供应链不够先进，数字化、智能化程度较低

在供应链的数字化和智能化方面，闽商企业面临较大挑战。供应链模式与数字智能技术的融合程度不高，导致信息孤岛、数据隔离、数字化基础设施不健全等问题凸显。供应链的横向、纵向以及端到端集成程度不足，缺乏敏捷性、柔性和透明度，供应链的感知、可视化和控制能力亟待提升。

由于供应链体系不够先进，闽商企业在工业生产中常常遇到上游企业所提供的产品质量不稳定的问题。即便企业自身的生产工艺和质量控制流程得到良好维护，依然难以保证最终产品的质量稳定性。此外，在企业的运营过程中，高昂的运作成本和低下的生产效率成为显著问题，多数企业在管理层面缺乏前瞻性的战略采购策略，未能与供应商建立深度合作关系，使得物流、资金流和信息流的整合与协同未能在企业中得到有效实施，进一步造成闽商第二产业发展存在堵点。

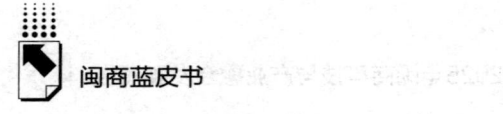

2. 成果转化率低，核心技术受制于人

高校院所科研成果转化率长期徘徊在较低水平，大量专利"沉睡"在实验室，同时从供需匹配看，高校科研选题与产业需求存在"温差"，企业技术需求难以有效传导至研发端，造成成果转化率低，供需不匹配，成果难以落地等问题。例如，福建纺织鞋服行业产品多元，但是省内没有一家能够覆盖行业所有产品的检测机构，不同品类产品不得不分散送检至省内外几家机构，对于坯布瑕疵的检测，传统纺织企业仍以人工检测为主，缺少先进的检测技术。

同时，闽商企业在关键核心技术上与龙头企业之间仍存在较大差距，战略性新兴产业关键技术对外依存度较高，产业链"卡脖子"问题依然突出，缺乏核心基础元器件研发能力，技术含量高的上游环节亟待突破。其中，科技型中小微企业作为科技成果转化的关键力量，其研发潜力受限于企业规模、人才储备和融资能力，尚未完全发挥出在技术研发方面的应有作用。

（三）闽商科技与第三产业融合发展存在的问题

2024年，福建省第三产业的增加值达到29760.19亿元，实现了5.5%的增长，新兴服务业展现出强劲的发展势头，为闽商企业带来新的发展机遇。然而，在追求科技与第三产业融合发展的过程中，闽商企业仍面临以下关键挑战。

1. 融资渠道不畅，资金链紧张

中小微闽商企业在发展过程中长期面临融资难的问题，尤其是在全球疫情等不利因素的影响下，这一问题更加突出。新兴服务业普遍具有"轻资产、重技术"特征，缺乏传统抵押物，且企业资金来源主要是由企业自身的资金积累以及银行的信贷共同构成。这种产业性质特殊，风险相对较大且难以评估，因此银行往往不轻易放贷，使得融资障碍成为科产融合的瓶颈。新项目的缓慢推进和客户回款难度加剧了这些企业面临的运营挑战，造成新兴服务业企业种子期、初创期科技项目面临融资断点，难以获取资金。

2.产业总体规模偏小，产业集群式发展基础仍显薄弱

当前闽商第三产业企业大多在产业集群发展初期，虽有福州软件园、厦门火炬高新区等产业集群，但在文旅等行业仍缺少知名度高、吸纳力强、带动力大的龙头景区。企业缺少龙头企业引领的集聚效应，难以推动产业整合，导致产业总体规模偏小、影响力不足，企业缺少相关资金、技术、设施支撑，难以进行资源共享，使得企业科产融合手段单一，缺乏创新的科产融合方法。

三　闽商科技与产业融合发展对策建议

（一）强调闽商企业在科技创新与产业融合发展过程中的主体地位

科技创新是产业升级的引擎，而产业融合发展又反向激发科技进一步迭代，企业作为经济活动的载体与技术进步的关键推动者，在技术研发与成果转化链条中有着关键地位，通过强调企业创新主体地位，充分释放其创新势能，培育产业新业态，持续助力经济高质量发展。

1.完善科技领军闽商企业梯度培育体系

首先，制定科学有效的领军企业认定标准，确保领军企业的高质量，明确其在创新能力、市场竞争力方面的领先地位；其次，支持领军企业牵头组织应用目标明确的技术攻关类项目，鼓励企业建立健全科技创新管理制度，设立研发机构，完善研发准备金制度，引进和培养科技人才，不断提高科技创新能力。此外，通过财政资助、贷款贴息、奖励等方式，采取精准支持措施，培育专精特新企业、科技型中小企业、高新技术企业等，引导闽商企业增加科研

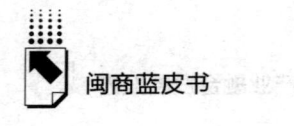

投入。

2. 优化闽商企业研发产出奖励机制

为专利支持者提供奖励或资助,加快知识产权变现,鼓励闽商企业通过专利交易、授权等方式实现专利转化奖励机制变现;创新知识产权质押融资模式,不断完善知识产权评估体系与知识产权立法,大幅提高闽商企业通过专利质押获得融资的便利性,助益营商环境优化。以研发项目的产出效果为导向,设立研发产出奖励基金,对实现转化并带来收益的技术,按一定比例奖励闽商企业;对闽商企业开放式实验平台、共享技术平台等促进行业创新合作的形式提供额外奖励;进行"研发费用加计扣除""税收返还"等财政激励方式,对科技型中小企业研发投入按一定比例加计扣除或对年研发投入超一定数额的企业给予地方税收返还。

(二)建设科技创新供应链平台与加快构建产学研深度融合组织机制

1. 建设科技创新供应链平台

以市场实际需求为导向,以企业为主体,高效推动科研成果转化为实际生产力。打造福建省科创供应链平台,建立科创供应链示范专区,依托福建省各高校与科研院所力量成立创新服务中心,于各乡镇办区、开发区建立科技服务站。积极动员企业入驻并且使用科技创新供应链平台,实现闽商企业技术需求全面摸底,聚焦当地学科优势与重点产业融合创新,推动高校、科研院所与企业深度合作。

2. 加快构建产学研深度融合组织机制

引入"揭榜挂帅""赛马"等模式,打造以企业为主体的产学研深度融合、协同攻关机制;鼓励本地高校、科研院所协助企业组建专业团队,联合攻关"卡脖子"难题与关键技术问题;推动企业、高校和科研院所之间的多层次合作，包括联合研发、技术转让、专利许可、人才引进等模式；完善利益分配和风险控制机制，明确合理的责任与权利分配机制，合理分配各方利益，逐渐探索出合理的沟通、管理和监督机制，以控制产学研合作过程中可能出现的不稳定性和不确定性风险。

（三）推动重点产业数字化转型，数智领航推动闽商企业新质发展

1. 试点驱动闽商企业链式升级

以国家数字化战略为纲领，利用新信息技术推动闽商企业进行数智转型，逐步进行优化升级。建立精细化的管理体系、强化数据分析和决策支持，引入信息化工具，注重成本控制与效益提升，从粗放式管理向精益化管理转变。依托试点城市示范作用，推广优良改造模式，带动所在行业上下游闽商企业进一步优化转型，实现中小型闽商企业的降本增效，注重绿色与安全的数字化转型目标。

2. 数字化转型促进新质生产力发展

在政策上引领驱动，围绕重点产业链与产业集群，持续支持有条件、有意愿的闽商企业加快转型。产业数字化转型通过提升资源配置效率、降低信息交流成本、推动管理与组织合理化，加速闽商企业的新质生产力发展。产业进行转型的同时，使得产业生产更灵活、服务更精细，有助于更加精准地把握用户需求，高效整合生产与服务相结合的方案，有力推动新质生产力发展。

（四）深化两岸科技产业合作，完善科技服务与要素保障

1. 发挥区位优势，推动两岸科技产业融合发展

发挥福建省区位与政策双重优势，聚焦两岸的集成电路、精密机械、生物科技等领域的联合研发以及产业链互补，建立海峡两岸集成

电路产业合作试验区。完善人才引入机制，吸引台湾高层次人才和青年创业团队加入闽商企业。鼓励引导台企参与闽商科技项目，探索两岸的科技成果共享机制，不断推动两岸人才与创新要素互通。通过完善科技服务与要素保障系统，构建全链条科技服务体系，强化人才引育机制。

2. 完善要素保障，推动数字创新走深走实

建立覆盖土地、资金、技术等要素的智能调配体系，通过数字技术提高资源要素配置的精准性和使用效率，增强高质量发展保障能力。在龙岩、三明等山区市建设"科技特派员乡村振兴基地"，推动数字农业、林下经济等技术下沉，不断完善农业科技社会化服务体系，推动社会科技服务进步。持续实施"闽江学者奖励计划"，面向全球引进集成电路、人工智能等战略性新兴产业、未来产业领域顶尖团队，根据团队具体情况与需求，单独制定财政补贴或奖励政策。

四 福建科技与产业融合发展未来展望

（一）技术创新驱动："未来产业"新生态进一步创建

1. 科创平台集群促进创新资源供给

未来产业分为能源、空间、制造、信息、材料和健康六大领域，福建省闽商未来产业重点领域和赛道将会进一步细化。高能级科技创新平台集群进一步加快建设，通过对创新人才的进一步培养，高水平创新资源供给增加，省内重大创新平台将进一步发展，如嘉庚创新实验室（能源材料）、清源创新实验室（化学工程）、宁德时代创新实验室（能源器件）、翔安创新实验室（生物制品）等重大科技创新平台。

2. 产学研结合助力关键技术瓶颈突破

通过加快构建产学研深度融合机制，以闽商企业为主体，依托高校以及研究所、实验室力量，布局1~2个未来产业发展方向，如量子信息与人工智能、合成生物与基因技术等领域。聚焦前沿技术突破，打造"科研-转化-产业"的闭环，通过突破未来产业重点方向关键技术，成立一批具有未来产业特征的科技型闽商企业，培养具有多学科交叉融合属性的未来产业领域的创新创业型人才。

3. 产业生态优化驱动产业升级转型

加强福建省内未来产业新生态建设，对福建省新质生产力、产业转型有着促进作用。争取至2035年全省R&D经费投入占比超3%。

（二）产业协同升级：沿海产业带智慧化转型

在智慧化转型中，协同升级是产业带整体转型效果的关键。在各个环节、各个部门之间实现信息共享、资源共享和技术共享，合力推动产业的智慧化升级。

1. 依托丰富海洋资源，优化升级海洋产业链

积极加入全球海洋产业交易网络，解决目前海洋产业低端化、同质化现象，衔接好海洋产业上下游产业链，提升整体产业附加值，增强海洋产业领域闽商企业经济韧性。系统性整合闽商企业生产、加工、物流、销售等环节，进一步强化产业协调机制，推动上下游联动，提高产业效率。例如，沿海渔业，建立"龙头企业+合作社+渔民"的联动模式，提高渔业生产稳定性。

2. 强化相关辅助产业，提高供应链效率

通过智能化技术和协同机制的优化，辅助产业支持主流产业的智慧化转型，提升整体供应链的灵活性。促进信息技术支持服务、金融支持服务、绿色产业和循环经济等辅助产业发展，推动沿海产业带生态优化升级。

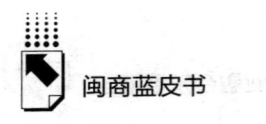

3. 赋能智慧产业品质监测，发展数智平台

利用物联网、大数据等技术赋能智慧产业品质监测，发展数智平台，提升产业协同水平。在宁德、厦门、福州等地建立并完善省内区域性海洋产业大数据中心，整合渔业养殖、市场交易、海洋环境监测等信息，实现精准管理和产业优化。

（三）开放合作深化：激活"两岸融合+海丝"双引擎

1. 港口驱动要素流通，共筑海峡科技共同体

海上丝绸之路经贸发展日新月异，互联互通的重要枢纽不断拓宽，两岸企业融合创新，打造海峡科技共同体，共建跨境研发特区。可在厦门、平潭设立"两岸技术自由港"，实现人流、物流、资金流、信息流等各类要素自由流通，把两岸的优势结合在一起，推动两地的深度对接、协同发展。重点突破集成电路封装、氢能储运等领域技术标准壁垒，支持台积电先进封装技术与福建三安光电芯片设计业务深度融合，共建"海峡半导体创新走廊"。

2. 智能技术赋能，提升贸易枢纽效率

通过持续推进智慧港口建设，提升口岸整体运转效率。省内各港湾不断拓展货物运输方式、强化物资供应链保障，发挥港口服务临港产业、对台科技与贸易合作、加强与海上丝绸之路沿线国家交流互通的功能，做大东南贸易枢纽港。立足现代化港口建设，闽商企业与海上丝绸之路沿线国家的经济贸易合作不断走深走实，不断助力"闽货"通过跨境电商的方式销往全球。

3. 双引擎持续发力，打造全球开放创新枢纽

通过双引擎驱动，到2030年实现两岸联合实验室数量进一步突破，技术交易额超400亿元，数字海丝平台覆盖沿线更多主要港口，建成具有全球资源配置能力的开放创新枢纽，实现技术、产业、贸易深度联动新格局。

（四）可持续发展路径：数智赋能生态省建设

明确"数字赋能生态治理"路径，"以数字化赋能绿色化，以绿色化牵引数字化"。福建生态资源禀赋突出，森林覆盖率达到66.8%。武夷山国家公园入选首批国家公园，海洋碳汇潜力巨大，2024年全省红树林面积达0.15万公顷。当前省内产业优势在于海洋经济：远洋捕捞、水产养殖、海洋装备制造等领域。在绿色能源领域，宁德时代全球动力电池市占率37%，带动锂电产业链低碳化。但是数字技术在推动降碳、减污、增长中的潜力还有待发掘，为促进数字经济、数字社会与生态文明建设协调发展，需要将数字技术融入生态省建设之中。

1. 完善产权数字化，拓展资源要素交易

将资源环境要素产权数字化，推进资源环境要素市场化，加快产权流转进程，解决资源环境要素难以清点、流转不畅、难以变现的痛点，提高资源环境市场化的深度和广度。以县域为重点加强农村产权市场数字化建设，引导各类涉农产权规范交易，逐步形成乡县市省多层次农村产权市场体系。将排污权、碳排放权或海洋碳汇、农田碳汇、水土保持碳汇等纳入交易范围，促进生态环境与绿色金融市场的有机结合。

2. 加速产业数字化，推进绿色低碳转型

福建省内产业结构偏向于重工业，能源结构主要为煤炭，单位GDP能耗与先进标准仍有差距，亟须进一步的产业数字化，让数据成为新生产要素。以工业互联网平台赋能传统产业，形成"5G+工业平台"，可实现订单到生产的全流程数字化；配置要素市场，进行数据交易试点，将数据评估为资产计入资产负债表。在政策上，提供数字化转型补贴，加速工业企业数字化诊断覆盖率提升。

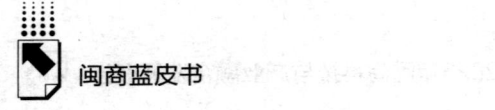

3. 创新智慧监管模式，构建生态治理体系

依托数字技术打造数智化生态监测网络，解决传统生态中监测盲区多、处理滞后、碎片化监管的缺点，使生态保护从"人防"向"智防"改进。实施生态资源智能监测或使用人工智能技术实现环境风险评估，运用"北斗系统+物联网技术"模式对深海养殖业进行电子化管理，提升生态环境信息处理效率。

B.6
2025年新生代闽商发展报告

徐然 林峰*

摘　要： 本报告分析了新生代闽商在"胸怀报国志、一心谋发展、守法善经营、先富促共富"四点要求指导下的发展现状与未来趋势。报告从四个维度展开：一是"新站位"，阐述新生代闽商如何听党话、跟党走，将企业发展融入国家战略；二是"新动能"，探讨闽商如何通过产业升级、技术创新和精益管理推动高质量发展；三是"新范式"，分析闽商如何构建现代化治理体系、推动家族企业代际转型；四是"新价值"，展示闽商在实现共同富裕中的创新实践。报告以福耀玻璃、宁德时代、三安光电等企业为案例，揭示新生代闽商如何在传承闽商精神的基础上，积极拥抱数字化转型，布局战略性新兴产业，履行社会责任，成为推动中国经济高质量发展的重要力量。

关键词： 新生代闽商　高质量发展　共同富裕　数字化转型

一　引言

随着中国经济逐步迈向高质量发展阶段，民营企业在国家经济中的作用日益凸显。习近平总书记在 2025 年 2 月 17 日出席民营企业座

---

* 徐然，福州大学经济与管理学院硕士研究生，主要研究领域为数字经济；林峰，福州大学经济与管理学院副教授、硕士生导师，主要研究领域为数字驱动下的供应链管理。

谈会时，提出了四点重要要求。这些要求不仅为民营企业的发展提供了明确方向，也为新生代闽商树立了政治站位与行动指南。习近平总书记的讲话特别强调了"胸怀报国志、一心谋发展、守法善经营、先富促共富"，深刻影响了新生代闽商的发展路径。这四点要求可以概括为以下四个方面：一是要牢记国家发展大局，将企业发展与国家战略紧密结合；二是要依法依规经营，推动企业健康、合规发展；三是要积极推动共同富裕，成为社会财富增长的动力；四是要在发展过程中积极承担社会责任，支持国家政策与经济大局。总的来说，在这一思想框架下，新生代闽商不仅要追求企业的盈利与成长，更要在新时代的宏大叙事中找到自身定位，助力实现国家发展目标，推动经济的全面高质量发展。

一般来说，新生代闽商主要指的是45岁以下的自主创业的年轻企业家以及二代、三代民营企业家。这些企业家通常具备较高的教育背景，拥有较强的创新意识。许多人曾留学海外，具备国际视野和现代管理知识，能够熟练运用外语，善于利用互联网、大数据等现代技术提升企业的竞争力和运营效率。随着老一辈闽商逐渐退居二线，新生代闽商正在不断开创属于自己的事业。新生代闽商不仅继承了上一代的拼搏精神和商业智慧，在新时代背景下更加注重技术创新、产业升级和社会责任的承担。根据2022年福建省统计年鉴，福建省民营企业的总产值占全省GDP的比例超过60%，其中大部分贡献来自新兴行业，如数字经济、半导体、新能源等领域，显示了新生代闽商在推动产业转型升级方面的重要作用。

习近平总书记提出的四点要求为新生代闽商提供了明确的政治引领和行动目标，要求企业家在全球化背景下，既要胸怀报国志，又要切实落实社会责任，推动民营企业健康发展。作为民营经济的重要力量，闽商在国内经济舞台上持续发挥着重要作用，同时积极开拓国际市场，推动福建省乃至全国的经济发展。数据显示，闽商的对外投资和海外市场开拓表现尤为突出，2023年，福建省对外投资的民营企业超过1200家。通过积极拓展"一带一路"共建国家市场，这些企业不仅推动了地方经济增长，还带动了就业机会的增加。此外，新生代闽商在家族传承、产业升级、管理创新、国际化进程等方面不断探索和突破，展现出强大的发展潜力。福建省的高新技术企业数量已经超过了5000家，其中60%以上的企业为民营企业，涵盖了环保、智能制造、绿色低碳等多个领域。新生代闽商的创新能力和市场适应能力，正逐步成为福建省经济增长的新引擎。

在新时代，如何将企业发展与国家战略需求紧密结合，提升企业的社会责任感和创新能力，已成为新生代闽商必须面对的重大课题。习近平总书记在民营企业座谈会上的讲话为新生代闽商提供了明确的方向和行动指南，强调了企业家要增强政治意识、大局意识和责任意识，将企业发展的目标与国家战略紧密结合。习近平总书记特别提出的四点要求，不仅为新生代闽商指明了发展道路，也要求他们在推动企业增长的同时，承担起推动经济高质量发展、促进社会进步和推动共同富裕等社会责任。因此，新生代闽商不仅要把握时代机遇，推动产业升级，更要积极响应国家战略，通过创新与社会责任的落实，为实现社会主义现代化强国的目标贡献力量。在这一思想框架下，新生代企业家们面临前所未有的机遇与挑战：他们不仅需要在市场竞争中脱颖而出，还要在国家战略大局中找到与之共赢的路径。本报告拟深入分析新生代闽商如何在习近平总书记提出的四点要求指导下，发挥其在国家战略实施、区域经济发展中的关键作用。通过研究新生代闽商在推动经济转型升级、创新发展、履行社会责任等方面的具体实践，探讨他们如何在新时代背景下更好地履行历史使命，推动区域经济和社会的高质量发展。

二 新站位：听党话、跟党走，胸怀报国志

当前，民营企业尤其是新生代闽商正处于社会发展的前沿。新生代闽商在秉承传统的商业精神与家国情怀的基础上，积极融入国家的战略布局，不断提升政治意识与责任感，推动社会经济的全面发展。随着中国的经济与外交力量日益增强，如何在全球化浪潮中提高政治站位、服务国家战略，成为新生代闽商的重要责任。通过参与"一带一路"建设、乡村振兴、"双碳"目标等国家战略，新生代闽商不仅在商业领域取得突破，也在国家发展大局中扮演着越来越重要的角色。新时代闽商以实实在在的行动，深刻诠释了"听党话、跟党走"的坚定决心和"胸怀报国志"的赤子情怀，在新时代的浪潮中，积极响应国家号召，展现出闽商的新担当、新风采和新作为。

（一）政治引领与家国情怀

新生代闽商深刻认识到，作为国家经济体系中的重要力量，企业的发展不仅是经济层面的需求，更是国家战略的一部分。为了响应国家的号召，闽商积极参与"一带一路"建设、乡村振兴战略实践，为中国经济高质量发展贡献力量。作为福建省代表性企业之一的紫金矿业集团股份有限公司（以下简称"紫金矿业"）一直以来在国际化战略上走在前列，深度融入"一带一路"倡议。紫金矿业在塞尔维亚的博尔铜矿项目，是其在"一带一路"倡议下积极参与国际合作、助力当地经济社会发展的典型案例。2018年底，紫金矿业通过国际招投标成功中标博尔铜矿，同年12月份增资3.5亿美元，获得博尔铜矿公司63%的股份。紫金矿业接手博尔铜矿后，大力推行技术创新，向信息化、自动化、智能化转型，大幅提高生产效率，降低

生产运营成本。紫金矿业在博尔铜矿的环保上投入巨资，截至2023年6月，在环保上总投入达2.89亿美元。紫金矿业始终坚持"开发矿业，造福社会"的发展理念，持续加大社区帮扶力度。通过实施"紫金与博尔、马伊丹佩克共同发展"社区共建计划，公司在基础设施与公共服务、教育医疗、文化体育、公益扶贫等领域投入603万美元，开展了200余项捐赠活动，先后策划实施了"美丽社区"计划、"为了未来"教育发展计划、"健康卫士"医疗发展计划、"健康饮水工程"等一批有影响力的公益项目。

随着乡村振兴战略的深入推进，闽商群体迅速响应号召，积极投身农村地区的产业振兴与基础设施建设，为农民增收和经济发展注入了强劲动力。在这一进程中，福建圣农发展股份有限公司以前瞻性的战略眼光和务实的行动举措，发挥了举足轻重的作用。圣农集团紧扣乡村振兴的时代脉搏，先后在福建光泽、浦城、政和等地创办了18家乡村振兴工厂，创新采用"龙头带动乡（镇）企共建"的协同发展模式，助力当地村集体兴办、联合创办工厂。在光泽县，圣农集团不仅慷慨提供启动资金，还给予全方位的技术支持，助力多个乡镇成功建设了脱骨鸡爪厂、肉制品加工厂，为乡村产业发展注入了新活力。圣农集团巧妙地将白羽肉鸡全产业链深度融入乡村振兴链条之中，构建起一个紧密相连、互利共赢的产业生态系统。在光泽县，多个村的集体收入在圣农集团的带动下实现了大幅增长，均突破30万元大关，为乡村经济的可持续发展奠定了坚实基础。

（二）党建引领企业治理

在新时代企业治理的创新实践中，党组织建设已超越传统组织架构的边界，演变为集战略引领、文化塑造与社会责任践行于一体的综合性治理体系。以福建均和集团为代表的闽商企业，通过强化党组织的核心作用，开创了企业治理的新范式。均和集团党委深度融入企业战略制定与实施的全过程，精准把握国家战略导向与市场需求脉搏，确保企业发展航向与时代潮流同频共振。在"一带一路"倡议的引领下，均和集团党委以高瞻远瞩的战略眼光，推动企业深度参与国际合作项目，助力企业在国际舞台上实现跨越式发展。通过定期召开党建工作会议、组织专题研讨等形式，党委成员深度介入企业重大决策，为企业发展注入强劲的政治动能与思想活力。在文化建设方面，均和集团党委创新性地将党的先进文化理念融入企业血脉，精心培育出独具均和特色的企业文化生态。

同时，均和集团还深度参与社区共建与乡村振兴工作，通过投资兴建基础设施、创造就业岗位等方式，为地方经济发展与社会进步注入强劲动力。以均和云谷·东南科创总部项目为例，这一位于福州市闽侯上街"城市科创走廊"板块的重点建设项目，在集团党委的领导下，不仅确保了项目方向与国家战略、市场需求的高度契合，更在环保与生态修复方面投入巨资，实现了经济效益与生态效益的双赢。福建省工商联调研数据显示，全省建立完善党组织体系的民营企业，在ESG评级、员工留存率、品牌美誉度等关键指标上，平均超出行业水平28~45个百分点。这充分证明，党建工作与现代化企业治理的深度融合，不仅是制度优势的生动体现，更是企业实现可持续发展的必由之路。

（三）责任担当与国家使命

在构建新发展格局的时代背景下，闽商群体正以独特的战略智慧推动中国企业的全球化进程。作为连接中外经贸往来的战略枢纽，新一代闽商不仅重塑了中国制造的全球价值链地位，更通过系统性创新构建起"双循环"战略支点，在"一带一路"倡议的实践探索中开创出具有中国特色的跨国企业成长范式。

在制造业全球化竞争白热化、突围征程荆棘丛生的时代大背景下，福耀玻璃恰似一颗熠熠生辉的巨星，成功铸就了"技术品牌双驱动"的国际化发展典范模式。福耀玻璃领导层深刻洞察到，在全球化汹涌澎湃的浪潮中，唯有凭借强大的技术实力与响亮的品牌声誉，方能在激烈的市场竞争中站稳脚跟、实现突破。在美国俄亥俄州，福耀玻璃不惜投入巨额资金，精心打造起全球规模最大的汽车玻璃单体工厂。这座工厂宛如一座闪耀着科技光芒的现代化工业巨擘，内部汇聚了国际领先的生产设备和一批站在行业技术前沿的顶尖人才。工厂全面采用智能化、自动化的生产方式，从原材料的精准投放到产品的精细加工，每一个环节都实现了高效、精准运作，具备强大的柔性生产能力，能够敏锐捕捉并迅速响应北美市场瞬息万变的需求。通过在美国及全球其他关键区域的战略布局，福耀玻璃构建起了一个紧密协作、高效运转的全球运营体系，这个体系犹如一张精密的大网，将研发、生产、销售等各个环节紧密相连，极大地提升了福耀玻璃的全球运营效率和核心竞争力，使其在制造业全球化的舞台上绽放出耀眼的光芒。

在全球化服务体系建设领域，抖音作为短视频平台的领军者，以其非凡的成就和广泛的影响力脱颖而出。目前，抖音的业务版图已横跨150多个国家和地区，支持多达75种语言，坐拥近15亿的月活跃用户，其中在美国的月活用户数量更是突破1.7亿。如此庞大的用户群体，为抖音构建全球化服务体系奠定了坚如磐石的基础。抖音的决策者深刻认识到，不同国家和地区在市场需求和文化特色上存在着显著差异。基于此，抖音积极推行本地化运营策略，因地制宜地满足各地用户的独特需求。以印度市场为例，抖音创新性地推出了"Duet"功能，让用户能够轻松与其他用户合唱歌曲，这一功能迅速在当地用户中引发了热烈反响；在印尼市场，抖音采用先进的动态加密技术，保障跨国数据的安全流动，并与当地监管机构携手共建密钥管理系统，确保完全符合金融数据本地化的严格要求。

三 新动能：聚焦高质量发展，一心谋发展

当前，中国经济正迈向高质量发展的新阶段，产业升级、技术创新和精益管理已成为推动企业持续成长的重要动力。在这一背景下，新生代闽商不仅要紧跟国家发展战略，还需通过深化改革、优化管理和强化合作，不断提升核心竞争力。面对全球化竞争和市场环境的深刻变化，新生代闽商唯有坚持创新驱动，提升产品质量，才能在日益激烈的市场竞争中占据主动。与此同时，开放合作已成为企业发展的重要趋势，携手产业链上下游，共同构建高效协同的产业生态，将为企业创造更多发展机遇。

（一）产业升级与技术突破

随着中国经济步入高质量发展阶段，产业结构的转型升级已成为国家发展的重要战略任务。在这一过程中，民营企业特别是新生代闽商，积极响应国家号召，推动技术创新与产业升级，涉足半导体、新能源、数字经济等战略性新兴产业，展现出强大的发展动能。以半导体产业为例，作为当前全球科技竞争的核心领域之一，其发展直接影响国家经济的竞争力与安全性。中国政府早已将半导体产业纳入国家战略性新兴产业，并通过政策扶持、资金投入等措施大力推动其发展。作为民营企业的重要力量，新生代闽商在这一领域的布局已初具规模，并取得了显著成效。例如，闽芯科技（福建省半导体产业的领军企业之一）近年来加大了在半导体设计、制造及封装测试等环节的投资。该公司不仅参与了国内芯片的研发，还与国内外高校和科研机构建立了深度合作关系，推动了半导体技术的自主创新。通过持续的技术突破，闽芯科技已经成为国内市场一流的半导体设计企业之一，为福建乃至全国半导体产业的发展做出了积极贡献。

新能源产业，尤其是光伏、风能及电动车等领域，是实现"双碳"目标的关键支撑。近年来，闽商在这一领域积极布局，推动清洁能源的普及与应用，并展现出强劲的增长势头。宁德时代作为福建省新能源领域的龙头企业，成立于2011年，总部位于福建宁德市。公司专注于动力电池的研发、生产和销售，凭借领先的技术研发能力与产业链整合优势，现已成为全球动力电池行业的领军者之一。根据公司2023年财报，宁德时代的净利润突破了400亿元人民币，产品已广泛应用于全球多个国家和地区的新能源汽车领域。在全球绿色能源转型的浪潮中，宁德时代不仅推动了我国新能源产业的国际化步伐，还为中国实现碳中和目标提供了有力支持。此外，中闽能源旗下的新能源发电业务也逐步成为福建省新能源产业的重要组成部分。随着国内新能源市场的快速增长，中闽能源加大了对新能源发电设施的建设投入，为新能源发电提供了有力保障。根据2023年发布的统计数据，中闽能源风电业务实现营收16.14亿元。

（二）精益管理与质量攻坚

在全球化竞争新格局下，中国制造企业正经历从规模扩张向质量效益的深刻转型。新生代闽商群体以"精益管理"和"质量攻坚"为战略支点，构建起具有国际竞争力的生产管理体系，在先进制造领域走出独具特色的转型升级路径。

精益管理体系的数字化转型：基于日本丰田生产体系演化而来的精益管理理念，在新生代闽商手中实现了智能化升级。以三安光电为代表的闽商企业，将物联网、大数据等数字技术深度植入生产系统，构建起"智能感知-实时分析-自主决策"的精益管理闭环。2023年数据显示，三安光电在引入AI驱动的预测性维护系统后，年度产值突破200亿元，全球LED芯片市场占有率攀升至19.76%。这种将传统精益工具与数字技术深度融合的创新实践，正在重塑中国制造业的效率标准。

质量攻坚的体系化构建：在质量管控领域，新生代闽商突破了传统质检模式，建立起贯穿产品全生命周期的质量工程体系。福耀玻璃凭借创新智能化数据采集技术，生产效率提升了30.5%，产品不良率降低30%以上，能源利用率提升12%，新产品设计周期较同行友商平均缩短约25%。目前，福耀玻璃已实现核心技术100%自主可控。通过打破技术壁垒，进行产品创新升级，福耀玻璃为一片片透明的玻璃注入科技和智能，也为领跑行业注入澎湃动力。正是这种对质量极致的追求，使企业赢得包括奔驰、宝马在内的全球前十大汽车集团核心供应商资格，市场占有率达34%。这种"精益筑基，质量铸魂"的发展范式，不仅体现在生产效率和产品质量的持续提升，更形成了包括677项国内发明专利、11项国际发明专利的自主创新体系。当全球制造业竞争进入"精度革命"时代，闽商群体通过管理创新与技术突破的双向赋能，正在书写中国制造转型升级的新范本。

（三）合作共赢与发展共进

恒安集团作为全球最大的生活用纸企业之一，通过与福建本土供应商建立长期战略合作关系，构建起"绿色供应链共生圈"。例如，其与福建漳州的林业企业合作开发竹浆替代木浆技术，既减少了对森林资源的依赖，又帮助中小供应商实现技术升级。恒安集团将企业发展与社会责任深度绑定，开创"企业-政府-社区"三方共赢模式。在福建晋江，恒安投资建设"智能化环卫系统"，免费为市政提供垃圾分类处理服务，并联合政府开展"环保教育进校园"活动。这一项目不仅改善了当地生态环境，还通过提升居民环保意识间接促进产品市场接受度。此外，恒安推出"纸巾回收计划"，联合社区、便利店构建回收网络，累计回收废纸超5万吨，将其转化为再生纸浆用于生产线，真正实现"资源闭环"。

片仔癀深耕"公司+基地+农户+科研"合作模式，通过"寄养"等手段，切实解决了农户养殖"缺资金、少技术、无经验"的顾虑，有效降低了农户进入林麝产业的门槛。片仔癀药业利用科技和管理创新实现保护珍稀濒危林麝资源，逐步实现麝香可持续利用，同时增加农户收入，助推了国家乡村振兴战略的实施，社会效益和经济效益显著。因此，近年来片仔癀药业也获得"首批精准扶贫最具影响力企业"和"第二十九届全国企业管理创新成果奖二等奖"等多项荣誉。片仔癀跳出传统制药框架，与高校、医疗、文旅等领域企业合作，创造"大健康+"增值场景。例如与首都医科大学、闽南师范大学等高等院校展开合作，积极开展片仔癀治疗肝病等各种疾病的项目研究，这些研究工作的开展与宣传将有力推动片仔癀在疾病领域更多的应用。片仔癀与漳州市合作开发"闽南水乡片仔癀名医馆"，将老字号厂房改造为中医药体验馆、养生酒店，形成"工业旅游+文化消费"新业态。

四 新范式：合规经营筑基，传承中谋突破

随着全球化进程的加速，经济环境的变化和市场竞争的日益激烈，企业的成功不再仅仅依赖于传统的商业模式，而是越来越多地依靠现代化治理体系、合规经营以及能够顺应时代潮流的企业文化。在这一背景下，新生代闽商通过建立合规经营体系，推动家族企业的代际转型，以及在传统精神与现代商业模式的结合中探索新的发展路径，为未来的可持续发展奠定坚实基础。

（一）现代化治理与合规经营

在全球化竞争与制度型开放双重语境下，福建民营企业正经历着从传统治理范式向现代公司治理体系的深层转型。这种制度变迁呈现

显著的"双向建构"特征：既包含治理结构的科层化再造，又涉及合规性要素的系统性嵌入，实质上是企业组织形态适应制度环境变迁的适应性进化过程。通过解构福建民营企业的治理转型路径，可以发现其通过制度创新实现了三重突破——治理权威的法定化重构、合规框架的制度化延伸以及商业伦理的价值化升级。

在治理范式转型层面，样本企业呈现"结构性变革-功能性调适"的协同演进特征。民营企业治理架构的现代化改造主要体现在形成"三会一层"的制衡机制，即股东会、董事会、监事会、管理层。这种转型不仅体现为组织形式的合规性调整，本质上为决策权配置的理性化重构：通过引入独立董事制度、设立战略决策委员会等制度创新，传统家族企业的决策时滞较转型前有明显缩短，而决策失误率也有一定程度的下降。以福耀集团为例，福耀集团重视组织结构的优化，以适应公司模式扩张和业务多元化的需求。公司采取了扁平化的组织结构，使得决策速度和执行力得到提升。同时，福耀集团设立多个事业部，根据产品种类、销售区域等划分，使管理更为精细化。此外，公司的治理结构以股东利益为核心，实行董事会领导下的股东大会制度。福耀集团董事会注重决策的科学性和民主性，实行集体决策和个人责任相结合的原则。董事会下设战略、审计、提名、薪酬与考核等专业委员会，为董事提供专业意见和支持。专业委员会的委员均由外部专家和内部专家共同组成，保证了决策的专业性和准确性。

合规经营体系建设则展现出"制度约束-价值内化"的双重驱动逻辑。在制度约束维度，福建民营企业普遍构建了"三层合规防御体系"，也就是基础层、执行层、监控层。这种制度性安排使企业经营性诉讼发生率有了显著下降。在价值内化维度，通过将闽商"义利共生"传统伦理与现代 ESG 标准相融合，形成了独具特色的"闽商合规文化范式"：企业建立商业伦理培训制度，这种文化塑造机制使员工合规行为自觉性有了显著提升。调研数据显示，95.7%的企业将诚信经营纳入战略目标体系，将诚信经营内化于心、外化于行。

（二）家族企业代际转型

在制度变迁理论视角下，福建家族企业的代际转型本质上构成了"传统家族资本"向"现代组织资本"的创造性转化过程。这种转型突破了一般意义上的权力交接范畴，演化出包含治理结构重构、文化资本转化、人力资本升级的三重资本转化模型。代际传承成功的企业呈现"制度性断裂—创造性延续"的独特演进路径：既打破传统治理的路径依赖，又实现文化基因的迭代更新。

（1）在治理结构维度，新一代传承者通过"双重嵌套"机制实现制度创新，通过构建"家族理事会+战略委员会"的二元治理架构完善企业的治理结构。以福耀玻璃为例，构建了家族核心层与技术专家层共同协调的架构，使得企业研发和决策的效率得到了提高。

（2）文化资本的代际转化则展现出"解域化-再域化"的动态过程。传统闽商文化中的"家业永续"理念被重构为"组织韧性建设"理论框架，具体表现为三个转化机制：第一，信用资本转化，即将个人信用转化为企业信用评级；第二，关系网络转化，也就是将地缘网络升级为产业生态网络；第三，伦理价值转化，将"义利共生"伦理编码为 ESG 指标体系。这种文化转化机制使企业获得超额制度红利。

（3）在人力资本升级方面，形成了"π 型人才"培养体系。在福建省家族企业中，二代接班企业技术高管团队中具有跨国背景人员较一代管理时期有显著提高。同时，"职业经理人引进"呈现结构化特征：战略岗位增多外部引进，运营岗位进行内部培养，形成"外部智力注入-内部知识沉淀"的良性循环。

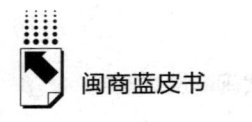

（三）传统精神与现代商业融合

福建家族企业在应对全球化商业挑战过程中，开创性地实现了传统闽商精神与现代商业范式的创造性转化。这一转型既非简单的文化符号移植，亦非被动的商业策略调整，而是呈现鲜明的双重特性：一方面体现为商业文明演进的历史必然性，另一方面彰显了区域经济主体对现代性挑战的主动回应。通过深度解构"敢为人先"的开拓精神与现代创新战略的耦合机制，重构"义利共生"价值体系与ESG框架的伦理对话，闽商家族企业构建了独具特色的转型升级范式。在数字化转型浪潮中，这种传统与现代的融合创新机制，不仅完整保留了文化基因的核心密码，更催生出突破性的商业实践。

作为传统制造业转型典范，福耀玻璃的迭代发展轨迹具有典型研究价值。企业创始人曹德旺通过垂直整合战略确立行业地位后，二代管理者曹晖实施的"双轮驱动"战略（技术革新+数字转型）推动企业完成全球化跃迁。2024年财报数据显示，福耀玻璃在全球汽车玻璃行业的市场份额为34%，国内市场占有率超过70%，其产品覆盖全球前20大汽车制造商，全球每4辆汽车中至少有一辆使用福耀玻璃。2024年，福耀玻璃研发投入16.78亿元，占营收的4.27%，累计申请专利超7.3万件，突破13项"卡脖子"技术，主导制定国内外标准53项。高强度的研发投入促使福耀玻璃推出众多创新项目，如全景天幕玻璃、HUD玻璃等。5G通信玻璃、可调光玻璃、超隔绝玻璃丰富了其智能玻璃产品矩阵，满足了不同客户的需求。其中5G通信玻璃实现了玻璃的天线功能，采用"隐藏式""透明式"设计，不影响车型外观和玻璃性能，满足了大宽带、低延时的要求，已经应用于特斯拉、比亚迪等头部车企。在数字化转型方面，福耀玻璃的一个关键词是"高度自动化"，其"灯塔工厂"是典型代表。在福耀绿色智慧工厂内，大规格天窗全自动生产线 24 小时运转，将以往繁重的劳动全部交由工业机器人，实现全线高度自动化生产。这一转变使产线人员减少近 20%，而生产效率提升了 200%。如今，每 30 秒即可生产出一套完整天窗，生产节拍远优于传统产线。

动力电池领军企业宁德时代的崛起则展现了另一种转型路径。宁德时代已建立了完备的研发体系，形成了以自主研发为主、外部合作为辅的研发模式。公司拥有电化学储能技术国家工程研究中心、福建省锂离子电池企业重点实验室，设有 21C 创新实验室、未来能源（上海）研究院、香港研究院、厦门研究院、江苏研究院、成都研究院等研究机构，同时与上海交通大学、清华大学、复旦大学、中国科学院等多所知名高校及科研院所在联合人才培养、科技攻关等方面开展深度合作。2021 年，宁德时代发布第一代钠离子电池，能量密度达全球领先水平；2023 年，宁德时代发布凝聚态电池，最高能量密度 500Wh/kg，开启了载人航空电动化的全新场景；同年，宁德时代自研一站式重卡底盘换电解决方案——骐骥换电，推动重卡行业转型升级；发布全球首款采用磷酸铁锂材料并可实现大规模量产的 4C 超充电池——神行超充电池，实现充电 10 分钟、续航 400 公里，开启新能源汽车超充时代；2024 年 10 月 24 日，宁德时代发布全球首款纯电续航 400 公里以上，且兼具 4C 超充的增混电池——骁遥超级增混电池，开启增混"大电量"时代。

除了这两家典型企业，福建省的许多民营企业也在积极推动数字化转型。它们是促进实体经济和数字经济融合发展的重要力量，在政策引导和市场驱动下，参与调查的大部分样本企业采取各种措施积极推动数字化转型。在采取的措施中，有 36.59%的企业评估数字化基础水平，36.59%的企业推动研发、生产、经营、销售等业务数字化转型，33.57%的企业制订数字化战略目标，29.7%的企业定期组织培训提升管理层和员工的数字技术应用能力，15.35%的企业打造一体化数字平台，13.06%的企业设立专门的数字化转型部门（见图1）。

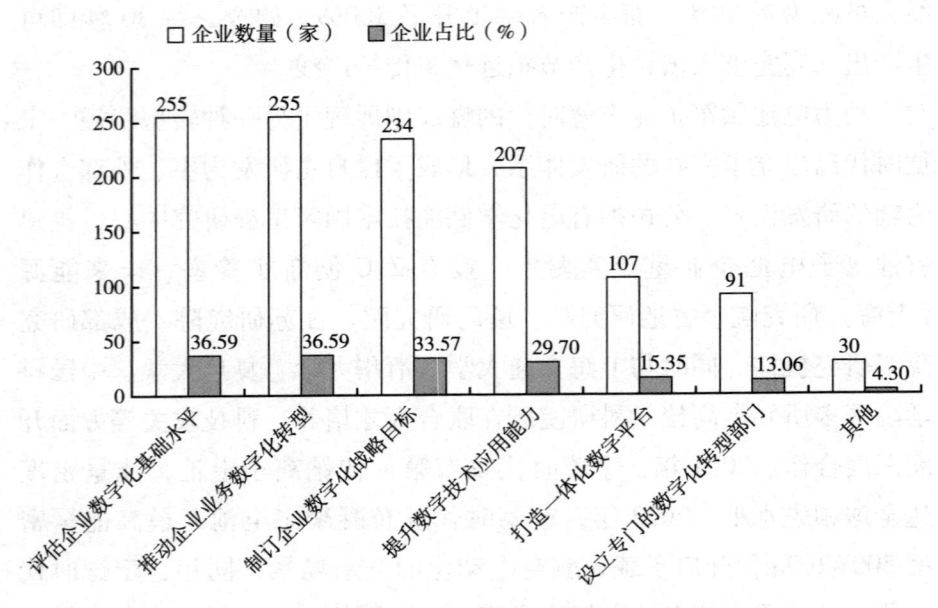

图1　企业数字化转型情况

数据（从左至右）：
- 评估企业数字化基础水平：255家，36.59%
- 推动企业业务数字化转型：255家，36.59%
- 制订企业数字化战略目标：234家，33.57%
- 提升数字技术应用能力：207家，29.70%
- 打造一体化数字平台：107家，15.35%
- 设立专门的数字化转型部门：91家，13.06%
- 其他：30家，4.30%

五　新价值：共享共赢，先富带动后富

随着中国社会的快速发展，经济增长不再是唯一的衡量标准，如何在实现经济发展的同时，促进社会公平与财富分配的平衡，成为新生代闽商发展的核心议题。特别是在"共同富裕"目标的推动下，新生代闽商积极响应国家号召，致力于探索并实践这一理念。通过乡村振兴、员工持股计划、普惠性供应链等多元化商业模式，闽商不仅为企业创造了可持续发展的动力，也为社会提供了更多的共同富裕机会。同时，许多闽商还通过可持续商业生态构建、公益创新与社会影响力的扩大，进一步推动了社会的和谐发展。

（一）共同富裕的闽商实践

福建省作为中国茶叶的重要产区，茶产业长期以来是福建经济的重要支柱。在乡村振兴的大背景下，许多闽商积极投身茶产业助农项目，推动茶产业现代化的同时，也促进了当地农村经济和农民收入的提升。长汀泳绿茶叶有限公司是福建长汀县茶产业振兴的典型代表。2016年台湾省"80后"青年张元豪接手企业后，推动"基地+公司+合作社+农户"的产业合作模式，向长汀县铁长村贫困户免费提供20万株优质茶苗，并签订保价收购协议，覆盖茶园面积500余亩。2023年，该模式直接带动12户贫困户参与采茶，人均日工资达80~100元，贫困户年收入提升至2万元以上。

在推动共同富裕的过程中，闽商还通过践行社会责任，增强员工归属感，激发内生动力，实现企业与员工的共同富裕。均和集团董事长何旗作为新生代闽商代表，在带领企业发展的过程中，始终将员工视为企业最宝贵的财富。除了商业领域的卓越成就，他更关注企业与员工的共同成长。通过持续投入公益事业，何旗在支教、助学、医疗、扶贫、慈善等领域累计捐赠资金超过5000万元，这些善举不仅提升了企业的社会形象，更重要的是增强了员工的归属感和责任感。当员工看到企业积极回馈社会，他们更加认同企业价值观，工作热情被充分激发，这种正向循环使得企业凝聚力增强，客户满意度和合作伙伴信任度也随之提升。企业稳健发展的同时，员工也共享发展成果，整体工作环境和福利待遇优化，真正实现企业与员工的共同富裕。

（二）可持续商业生态的构建

可持续发展已成为全球经济发展的核心理念之一，闽商在推动循环经济方面的实践为行业提供了宝贵的经验。通过绿色制造、资源再利用等方式，闽商不仅有效降低了生产过程中的资源消耗和环境污染，还为全球经济的绿色转型做出了贡献。根据2023年福建省工商联调研数据，有65.42%的企业采取节约水资源措施；52.51%的企业采取绿色办公、建筑物节能的措施；45.91%的企业积极改造设备或使用先进工艺；36.01%的企业着力提高原材料综合利用率；34.58%的企业对废旧产品进行综合再利用（见图2）。通过这些举措，企业不仅降低了运营成本，还助力企业向绿色、低碳、循环发展方式转变。

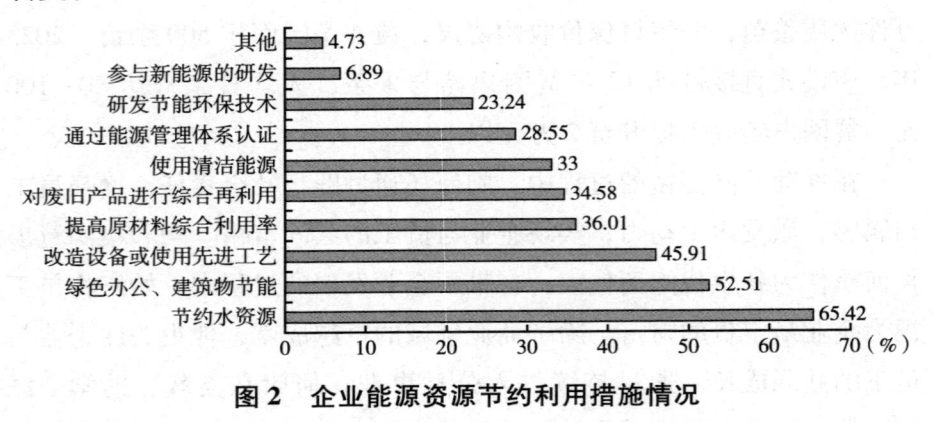

措施	百分比(%)
其他	4.73
参与新能源的研发	6.89
研发节能环保技术	23.24
通过能源管理体系认证	28.55
使用清洁能源	33
对废旧产品进行综合再利用	34.58
提高原材料综合利用率	36.01
改造设备或使用先进工艺	45.91
绿色办公、建筑物节能	52.51
节约水资源	65.42

图2 企业能源资源节约利用措施情况

福建省万禾节能科技有限公司致力于提供大机电和节能、环保、洁净、设计实施检测一体化解决方案，为众多央企、国企和知名企业服务。董事长王永鑫积极响应国家"双碳"目标，推动节能减排、绿色环保和可持续发展，以建设更美丽的中国为己任。例如，在大型公共建筑领域，万禾节能通过优化空调系统设计、采用高效节能设备、实施智能控制策略等措施，帮助客户实现能耗大幅降低。同时，公司还积极拓展新能源业务，如分布式光伏发电、储能系统集成等，为客户提供清洁、可靠的能源供应。王永鑫表示，"绿色发展是可持续发展的必由之路，我们将持续加大技术研发投入，提升产品性能和服务质量，为环保事业贡献力量。"在他的带领下，万禾节能已成长为福建省节能环保领域的领军企业，为福建省乃至全国的绿色经济发展注入新动能。

（三）公益创新与社会影响力

新生代闽商不仅在经济发展上取得了显著成绩，同时还注重履行社会责任，广泛参与公益事业。根据2023年福建省工商联调研数据，98.7%的企业积极参与公益慈善事业，其中70.9%的企业通过资金捐赠支持公益；52.6%通过物资捐赠；22.8%组织企业志愿者队伍；22.7%通过服务捐赠等方式回馈社会（见图3）。这些数据充分说明了闽商群体在社会责任履行方面的积极性和广泛参与度。例如，恒申控股集团董事长陈建龙，数十年来一直投身于公益慈善事业，截至2023年，恒申控股集团累计对外捐赠超过3亿元，覆盖救灾、扶贫、助医、济学、援建等多个领域。同时，厦门建发集团也在教育和扶贫领域做出重要贡献，设立多个公益基金会，资助贫困学生7100多人、贫困家庭3600多户，并开展各种扶贫活动，帮助贫困地区改善基础设施、提高教育水平。

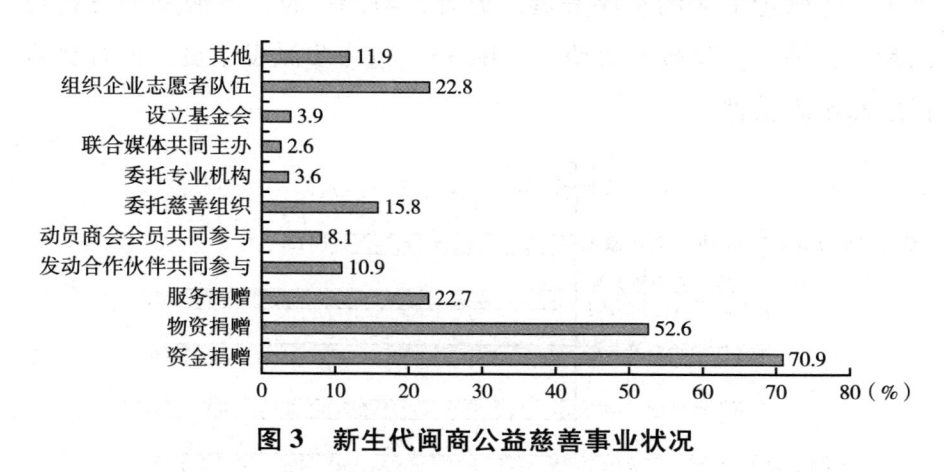

类别	百分比(%)
其他	11.9
组织企业志愿者队伍	22.8
设立基金会	3.9
联合媒体共同主办	2.6
委托专业机构	3.6
委托慈善组织	15.8
动员商会会员共同参与	8.1
发动合作伙伴共同参与	10.9
服务捐赠	22.7
物资捐赠	52.6
资金捐赠	70.9

图3 新生代闽商公益慈善事业状况

此外，许多闽商在灾后重建和应急保障方面也展现了强烈的社会责任感。抖音集团创始人张一鸣作为新生代闽商代表，在自然灾害救援中迅速响应，用实际行动诠释企业的社会责任。2023年，台风"杜苏芮"登陆我国，持续的强降雨在全国多地引发洪涝灾害。在这个危难时刻，张一鸣通过字节跳动公益基金会捐赠了1亿元人民币，联合多家公益机构，为受灾地区提供紧急救援。这些资金用于支持灾后学校重建、房屋修缮以及产业帮扶等，确保受灾群众的基本生活需求得到满足。与此同时，新生代闽商企业普遍重视应急管理能力，调查数据显示，样本中的694家新生代闽商企业，在应急保障方面采取了积极措施，占比高达99.6%，这充分说明了他们对于应急管理的重视程度。具体措施方面，67.7%的企业定期开展应急演练，通过模拟真实场景，提升员工的应急反应能力和协同作战水平；65.9%的企业配备应急物资及装备，确保在突发事件发生时能够迅速调配资源，有效应对；65.3%的企业组织防火、救助、抢险救灾等紧急救援技能的培训，不断提升员工的自救互救能力；65.1%的企业建立完善的应急保障和紧急救援机制，从制度层面保障了应急管理工作的有序开展。此外，41.5%的企业鼓励并支持员工参与救助、抢险救灾活动（见图4），进一步激发了员工的社会责任感和奉献精神。

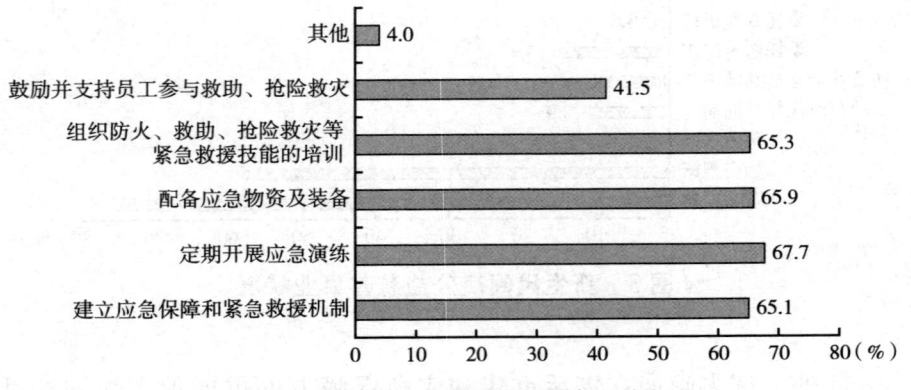

项目	百分比
其他	4.0
鼓励并支持员工参与救助、抢险救灾	41.5
组织防火、救助、抢险救灾等紧急救援技能的培训	65.3
配备应急物资及装备	65.9
定期开展应急演练	67.7
建立应急保障和紧急救援机制	65.1

图4 新生代闽商应急保障情况分析

六 结语

在中国经济迈向高质量发展的关键时期，新生代闽商正以崭新的姿态肩负起时代赋予的重大责任，成为推动国家经济持续增长和转型升级的重要力量。习近平总书记提出的四点要求，为他们提供了明确的发展方向和深刻的行动指南，尤其是"胸怀报国志、一心谋发展、守法善经营、先富促共富"的核心思想，为新生代闽商在面对全球竞争和市场挑战时，指引了正确的航向。这些要求不仅是对新生代闽商的精神召唤，更是对他们的责任与使命的深刻阐述。在新时代的大背景下，新生代闽商群体不仅要在市场竞争中求得生存和发展，更要在国家经济结构调整和高质量发展的进程中发挥积极作用。面对全球化的经济形势，闽商们正在以创新为驱动力，积极布局新兴产业和高端制造业，努力推动产业升级和技术突破。从传统产业的转型到新兴科技的开拓，他们通过创新的商业模式和前瞻性的战略眼光，为中国经济的转型和高质量发展贡献了源源不断的动力。而"守法善经营、先富促共富"的思想，则在引导新生代闽商追求商业成功的同时，赋予了他们更多的社会责任。闽商群体历来有着强烈的家国情怀，他们在积极扩展全球市场的同时，更加注重回馈社会，履行社会责任。在新时代的商业环境中，遵守法律和规范经营已成为企业赖以生存和发展的基石，而促进社会共同富裕和公平正义则是闽商们的历史使命。新生代闽商不仅在追求自身企业的增长和发展，更通过投资公益事业、参与扶贫项目、推动绿色发展等方式，推动社会公平、共享经济成果，努力缩小贫富差距，为实现共同富裕提供助力。

这一核心思想不仅要求新生代闽商们在全球竞争中勇于创新，赢得市场份额，更强调了他们在国家战略实施中应承担的责任。新生代闽商的成功，早已不仅仅是商业层面的胜利，更是对国家发展战略的积极响应。他们在推动区域协调发展、促进产业升级和加快创新发展的过程中，不仅为中国经济腾飞贡献了智慧和力量，也为全球经济的稳定与繁荣提供了中国方案。新生代闽商不仅是中国经济转型的积极参与者，更是全球市场中中国企业的杰出代表。在创新与责任的双重推动下，闽商们走向了一个全新的发展轨道。在全球化与本土化交织的时代，他们深知企业成功不能仅靠市场的竞争力，更多的是要承担起推动社会进步、促进国家经济高质量发展的责任。正是这种胸怀和担当，让新生代闽商在不断开创商业传奇的同时，也为实现社会和谐、推动国家现代化建设贡献自己的力量。因此，新时代的闽商不仅要继续在全球市场上力争上游，在技术创新和产业转型中处于前沿，更要深入践行社会责任，推动共同富裕和社会公平。习近平总书记的四点要求为新时代闽商的行动提供了明确的方向，而新生代闽商必将在新时代的历史舞台上，勇担使命、砥砺前行，成为推动中国经济高质量发展的中坚力量。

B.7 2025年闽商国际化发展报告

佘雪琼*

摘　要： 闽商凭借其深厚的文化底蕴和与国际化的天然亲和性，在全球化浪潮中展现出强劲的发展势头。本报告通过分析福建省出口贸易和对外直接投资的统计数据，概述了闽商国际化发展的总体情况，详细探讨了其主要发展方式、典型案例、未来趋势及建议。总体而言，过去十年间，闽商国际化程度呈增长趋势。闽商国际化的路径多样，包括外贸出口、跨境电商、海丝跨境产业园、境外上市和海外并购等。福耀集团、宁德时代、安踏集团是闽商企业国际化的典型，已发展成为全球化企业。展望未来，闽商国际化将呈现产业多元化与技术输出并行、跨境电商持续增长、区域经济一体化布局加深、品牌建设与文化输出互相促进、绿色转型驱动可持续发展等趋势。为推动闽商国际化进一步发展，建议政府从制度层面提供支持，企业提高运营和战略灵活性，并充分发挥华侨资源优势，助力闽商企业加速全球化布局。

关键词： 闽商　民营企业　国际化　走出去

闽商是历史悠久的海洋商帮，海洋文化的基因赋予闽商与国际化之间的亲和性。早在唐代，闽商便参与国际海洋贸易；近代闽商经营的侨批业是天然的国际化行业，侨批局自创立时起便是国际化企业。

---

* 佘雪琼，福州大学马克思主义学院讲师、硕士生导师，闽商文化研究院专职研究员，主要研究领域为闽商发展史、近现代经济史、企业史。

改革开放之初，福建被确立为对外开放的先行区，晋江、福州等地乡镇企业通过"三来一补"的方式率先发展起出口贸易。进入21世纪，随着"走出去"战略的全面实施以及中国加入世界贸易组织，众多闽商企业走出国门。

当前，我国已进入以高水平对外开放推动高质量发展的新时期。近年来，福建省通过出台"丝路投资"支持政策、建设中国-印尼"两国双园"、加强闽港澳台产业协同、深化金砖国家交流、优化境外安全风险预警服务等措施，助力闽商企业出海。闽商迎来国际化发展的新机遇。

本报告首先通过出口和对外直接投资两方面的统计数据来展现闽商国际化总体情况；随后概述闽商国际化主要方式，并介绍闽商国际化几个典型案例；最后，总结闽商国际化发展的几大趋势，并提出相应建议。

一 闽商国际化发展总体情况[①]

企业国际化，也称企业出海，指企业生产经营活动超过本国边界的过程，包括产品或服务输出、市场竞争、投资和融资以及管理活动等领域，涵盖出口、对外直接投资、国际合作和境外上市等方式，其中对外直接投资包括绿地投资、合资、跨国并购等方式。企业国际化的初级阶段以贸易为主，高级阶段的国际化是在全球范围内整合价值链，乃至成为全球化公司。[②]

本节通过福建省出口和对外直接投资的统计数据展示闽商国际化的总体情况。

[①] 本节数据除另外标注外，皆来自福建省统计局、国家统计局福建调查总队编《福建统计年鉴（2024）》，中国统计出版社，2024。

[②] 黄嫚丽：《中国企业新一轮出海：二元结构下的新路径》，《清华管理评论》2025年第1-2期。

（一）福建省出口贸易情况

图1显示了福建省2014~2023年的货物出口总额统计情况。可以看到，虽然有波动，过去十年间福建省出口贸易整体呈稳步上升趋势，从2014年的1134.52亿美元增长至2023年的1672.47亿美元，累计增长47.4%。

2021年出现爆发式增长，由2020年的1223.83亿美元增长至1660.68亿美元，增长率达35.7%。彼时正处于疫情期间，全球供应链中断，中国率先复工复产，福建出口激增。另外，2020年《区域全面经济伙伴关系协定》（RCEP）签署，促进了福建对东盟、日韩出口。

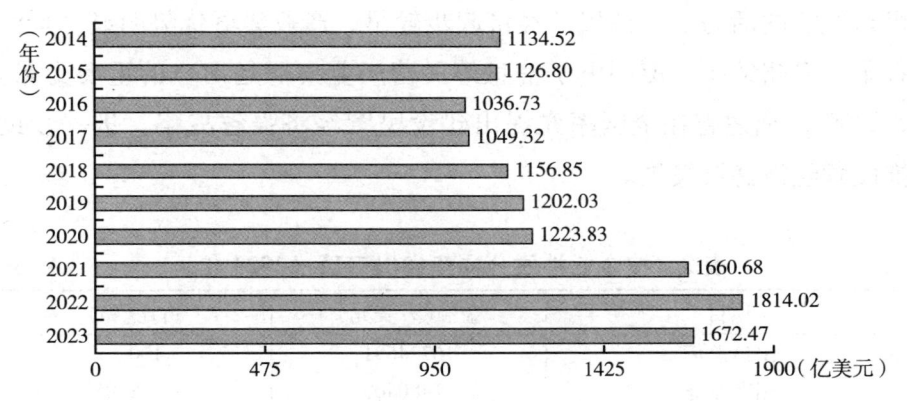

年份	出口总额（亿美元）
2014	1134.52
2015	1126.80
2016	1036.73
2017	1049.32
2018	1156.85
2019	1202.03
2020	1223.83
2021	1660.68
2022	1814.02
2023	1672.47

图1 福建省2014~2023年货物出口总额

从货物出口分类情况来看，福建省2023年出口货物中工业制品占比92.4%（见表1），远超全国平均水平（约85%），凸显福建制造业优势。其中，机电产品（44.0%）为最大单一品类，反映出电子设备、机械装备等产业竞争力；但高新技术产品出口占比10.8%，低于全国平均水平（约30%）。

表1 福建省货物出口主要分类情况（2023年）

项目	金额(万美元)	占比(%)
出口总额	16724691	100
初级产品	1277359	7.6
工业制品	15447332	92.4
机电产品	7364496	44.0
高新技术产品出口	1803344	10.8
外商投资企业出口	3263177	19.5
一般贸易出口	12623487	75.5
加工贸易出口	1809665	10.8

从企业性质来看，民营企业是出口贸易的主力军，出口总额占比超七成（见表2），显著高于全国平均水平（约60%），反映出福建民营经济的活力。福建民营经济起步较早，产业集群优势明显，晋江鞋服、泉州纺织、厦门电子信息等民营产业集群是出口的重要力量。2023年，福建省在全国率先提出建设民营经济强省战略，进一步助推民营经济持续发展。

表2 按企业性质分福建省出口额（2023年）

项目	金额(万美元)	占比(%)
出口总额	16724691	100
国有企业	1480408	8.85
民营企业	11975125	71.60
外商投资企业	3263177	19.50

（二）福建省对外直接投资情况

图2显示了福建省2013~2022年对外直接投资（非金融类）统计情况。可以看到，十年间，对外直接投资流量呈波动态势，从2013年的9.5亿美元增长至2022年的20.7亿美元，累计增长

117.4%，年均复合增长率约8.9%；对外直接投资存量从2013年的39.7亿美元增至2022年的258.1亿美元，累计增长550.6%，年均复合增长率约23.5%，海外资产快速积累。

2015年，国家制定并发布《推动共建丝绸之路经济带和21世纪海上丝绸之路的愿景与行动》。福建企业加速布局东南亚基建（如印尼产业园、越南港口等），2015年对外直接投资流量激增162%。2016年流量达历史最高（41.2亿美元），体现了资本出海热潮。

2020~2021年，通过供应链重组，推动医疗物资、数字经济领域投资（如福建药企在非洲设厂），福建对外直接投资实现逆势增长。

2022年，由于俄乌冲突推高海外投资风险，欧美审查趋严，以及国内资本管制加强、企业债务压力限制扩张能力等多重因素影响，对外投资流量大幅回调，下降48.7%。

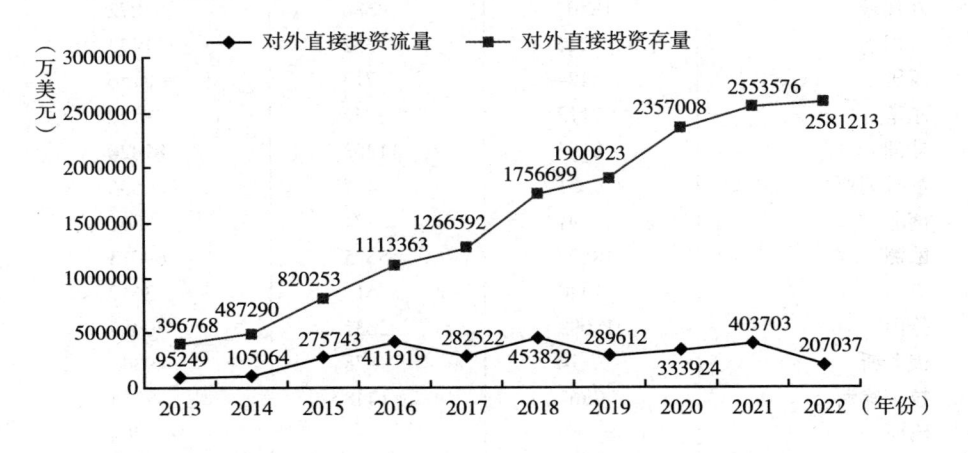

图2 福建省2013~2022年对外直接投资（非金融类）

从国别和地区分布来看，福建企业对外投资最主要区域是亚洲，存量占比超80%。福建是重要的侨乡，现有华侨华人1580多万，遍布全球188个国家和地区，主要分布在马来西亚、印尼、菲律宾、新加坡、美国等地，其中东南亚地区占80%以上。闽商企业对外投资

与其华侨网络密不可分，作为闽籍华侨最主要聚集地，东南亚成为闽商企业最主要的对外投资地。按主要国别（地区）分福建省非金融类对外直接投资可见表3。

表3 按主要国别（地区）分福建省非金融类对外直接投资

单位：万美元

国别（地区）	对外直接投资流量 2021年	对外直接投资流量 2022年	截至2022年对外直接投资存量
总　　计	403703	207037	2581213
亚洲	358716	208837	2124288
中国香港	321415	152535	1755024
印度	530	181	3303
印度尼西亚	-464	5504	90749
日本	73	588	3578
中国澳门	69	1719	3211
新加坡	18402	24680	93872
韩国	245	332	1472
泰国	1484	717	8156
越南	7173	5542	59749
非洲	8106	-11253	89820
尼日利亚	31	437	536
南非	91	34	861
欧洲	18497	5625	69013
英国	1440	614	3640
德国	15099	2831	40485
俄罗斯	14	-878	9341
拉丁美洲	7867	1448	97364
巴西	-65	31	704
开曼群岛	2114	2193	19643
英属维尔京群岛	5988	-2374	71335
北美洲	4366	4113	180704
加拿大	137	310	4735
美国	4229	3803	175969
大洋洲	6151	-1734	20024
澳大利亚	-132	476	6852
新西兰	696	1	1750

由表4可知，从行业分布来看，截至2022年福建省对外直接投资存量前三的行业为租赁和商务服务业（41.2%）、批发和零售业（24.2%）、制造业（18.9%），合计占比超84%，反映出闽商企业对外投资高度集中于服务与制造领域。

表4　按行业分福建省非金融类对外直接投资

单位：万美元

项目	对外直接投资流量 2021年	2022年	截至2022年对外直接投资存量	存量占比(%)
租赁和商务服务业	166655	84461	1063438	41.2
批发和零售业	144243	74804	625560	24.24
制造业	34766	34170	487998	18.9
建筑业	6606	-11408	120709	4.68
交通运输、仓储和邮政业	20834	23522	107968	4.18
采矿业	-2748	-7745	36098	1.4
农、林、牧、渔业	1954	2149	27845	1.08
信息传输、软件和信息技术服务业	4609	257	26471	1.03
房地产业	156	-5	22315	0.86
卫生和社会工作	18000	26	20413	0.79
居民服务、修理和其他服务业	2726	1801	12912	0.5
科学研究和技术服务业	3572	1570	10439	0.4
教育	1371	2000	9069	0.35
电力、热力、燃气及水生产和供应业	1028	1468	7870	0.3
住宿和餐饮业		-35	2048	0.08
文化、体育和娱乐业	-31		59	0.002
总　计	403703	207037	2581213	100

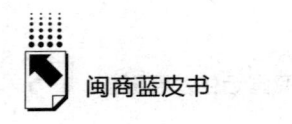

据统计，2023年末中国境内投资者在境外设立非金融类企业4.75万家，其中福建省1227家，占比2.6%。广东省设立境外企业达9024家（见图3），占境外企业总数19%。福建与广东相比，差距明显。

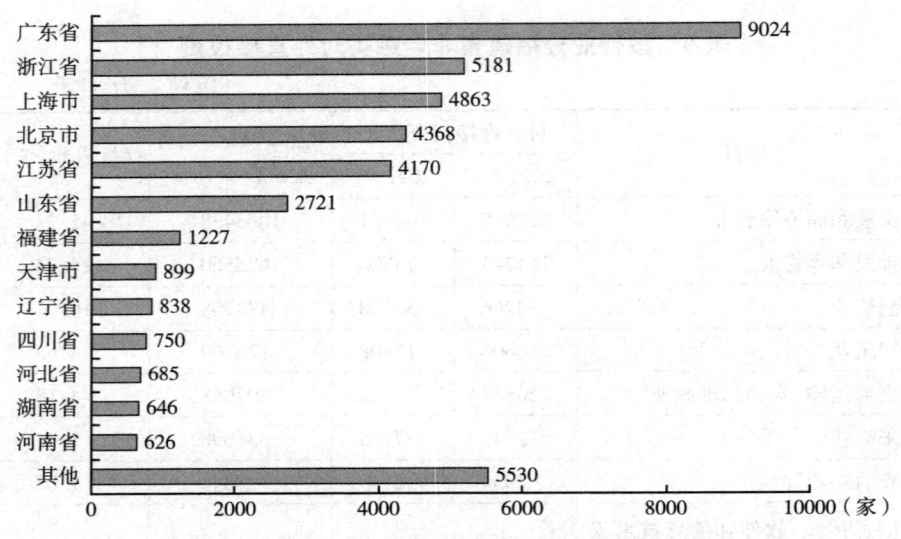

省份	数量
广东省	9024
浙江省	5181
上海市	4863
北京市	4368
江苏省	4170
山东省	2721
福建省	1227
天津市	899
辽宁省	838
四川省	750
河北省	685
湖南省	646
河南省	626
其他	5530

图3　2023年末中国主要省份设立境外企业数量

资料来源：中华人民共和国商务部、国家统计局、国家外汇管理局编《2023年度中国对外直接投资统计公报（汉英对照）》，中国商务出版社，2024，第45页。

二　闽商国际化主要方式

（一）外贸出口

福建外贸企业正处于从"制造出海"向"品牌+技术出海"升级的关键阶段，一批企业由传统贸易向高附加值贸易转型。以厦门笃正为代表的企业从单纯贸易商转型为研发生产一体化企业，产品涵盖锂电池、光伏追踪支架等新能源领域，供应链稳定性增强，覆盖50余国市场。代工企业向自主品牌跃迁，如斯巴特箱包从OEM代工转向自主品牌建设，通过斩获国际设计大奖（如德国红点奖）提升品牌价值，2024年出口额同比增长19.75%；佳浴智能卫浴通过高端品牌战略进军国际市场。

技术创新成为出口增长的重要驱动力。2024年厦门市民营企业百强研发费用达113.86亿元，同比增长17.82%。奥佳华推出搭载5D机芯的智能按摩椅，突破东南亚市场高端价格天花板；奥派运动与华为合作接入鸿蒙系统，开发AI/VR智能健身设备，出口年增长率为30%~40%。企业普遍融合AI、物联网等技术，如奥派智能跑步机实现场景化康复训练，产品含"新"量显著提升。[1]

外贸出口产业结构加速优化。2024年，福建省出台《外贸出口优势产业提升行动方案（2024~2025年）》，提出持续壮大电子信息、石化化工两大支柱产业出口规模，提升纺织鞋服、钢铁有色、特色农产品三大传统优势产业出口竞争力，积极拓展锂电池、新能源汽车、光伏装备、未来产业四大战略性新兴产业国际市场需求，充分挖掘国际服务贸易供给潜力，在更大范围、更宽领域上形成产业与外贸出口相互促进的新格局。[2]

（二）跨境电商

跨境电商是外贸出口领域的新业态。通过跨境电商，大量中小企

---

[1] 《找准赛道、把握机遇、塑造品牌——厦门民企乘势"出海"》，福建省人民政府，https://www.fujian.gov.cn/zwgk/ztzl/sxzygwzxsgzx/flsxkmh/202502/t20250214_6714517.htm，2025年2月14日。

[2] 《福建省发展和改革委员会等7部门关于印发外贸出口优势产业提升行动方案（2024~2025年）的通知》，https://fgw.fj.gov.cn/ztzl/fjys/yszc/sjzc/202501/t20250106_6610271.htm，2024年2月16日。

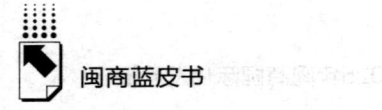

业得以以更低成本开展外贸业务，开拓国际市场。福建省跨境电商行业近年来呈现快速发展态势，已成为全国领先的跨境贸易中心之一，为外贸出口提供强劲增长动能。2024年，福建省通过跨境电商管理平台出口贸易额达1788.1亿元，同比增长17.8%，占同期全省出口总额的14.4%，出口额居全国第四。

福建的跨境电商企业不仅数量多，在质量上也不断提升。福建新时颖电子商务有限公司通过打造独立站和入驻电商平台，成功开拓了B to C业务，成为亚马逊平台上面向美国女装市场的前三大卖家之一。厦门俊亿供应链有限公司则通过精准选品和品牌化战略，成功打造了多个知名品牌，如Baleaf和Freeleaf，其产品在亚马逊等平台上销量领先。

福建省跨境电商行业的成功得益于多方面的优势。首先，福建省拥有成熟的境内电商生态和先进的信息技术，为跨境电商提供了坚实的基础。其次，福建的鞋服、快时尚等行业在国内的产业集群成熟，且更新需求大，其"小单快返"（即小批量多批次生产，再通过终端数据反馈，针对流行趋势进行快速返单和迭代）的供应链特性与跨境电商属性高度匹配，使得福建跨境电商企业能够绕开传统外贸的诸多线下环节，发挥自身优势参与市场竞争。

此外，福建还拥有完善的跨境电商生态圈，包括仓储、物流、财税、营销、软件、运营、金融等多个环节。纵腾集团成为中国最大的独立消费品出口物流服务提供商，其物流网络覆盖220多个国家和地区。福建米多多网络科技有限公司则通过提供数字化营销技术，帮助其他跨境电商企业定制营销方案，生成符合境外各地文化背景的促销内容。

福建省政府也积极支持跨境电商的发展，出台了一系列政策措施，如"跨境电商+产业带"模式，鼓励跨境电商平台深入福建特色产业带开展对接，为企业提供快速入驻审批、流量扶持等支持政策。

同时，福建每年举办跨境电商交易会，为跨境电商企业提供交流和合作的平台。①

（三）海丝跨境产业园

海丝跨境产业园又称"海跨园"，是福州市进出口商会在福州市商务局指导下设立的跨境产业园项目，旨在推动福建省企业出海，共建"一带一路"。海跨园总部在福州，园区在海外，遍及全球的闽籍华人华侨为海跨园的建设提供了基础。海跨园为中小企业提供了抱团出海机会，助推产业链协同出海。

海跨园项目通过跨境综合服务赋能企业"走出去"，通过易货贸易和双循环通道"引进来"，实现海外投资布局。项目依托福州市进出口商会强大的产业链资源，围绕打造招商、赋能、投资三个业务中心，强链延链补链，整合优质产业链服务商，赋能园区发展，推进海外仓新零售全球化布局。

海跨园为中小企业提供了基础设施支持，如厂房和销路，让后加入的合作者只需专注于生产环节。例如，尼日利亚海跨园从洽谈到投产仅耗时10个月。此外，项目还通过"前店后仓"模式和"先贸后厂"模式，帮助中小企业更快地进入海外市场，并提供清关、仓储、营销、收汇等一站式服务。

福建省商务厅、财政厅出台政策支持"丝路投资"，包括深化国际产业链、供应链合作，鼓励企业并购境外技术与品牌，牵头建设境外经贸合作园区等，为海跨园项目的招商和推进提供了有力保障。福州市商务局也针对海跨园项目出台了"闽商集采中心""易货贸易增

---

① 赖昊拓：《"跨"向品牌之路》，《福建日报》，https：//fjrb.fjdaily.com/pc/con/202503/17/content_437297.html，2025年3月17日；卢金福：《"爱拼才会赢" 闽籍跨境电商"军团"加速崛起》，东南网，https：//fjnews.fjsen.com/2025-03/20/content_31866689.htm，2025年3月20日。

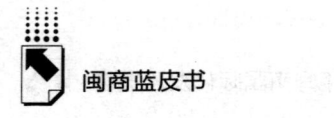

量"等奖励政策，助力企业拓展海外市场。

海跨园自2021年开园以来，发展迅速，已拓展至23个国家和地区，包括越南、印尼、俄罗斯、加纳、阿根廷、尼日利亚、菲律宾、泰国、日本、西班牙、墨西哥、安哥拉等国家，带动11大产业带蓬勃发展，2023年产值突破100亿元。项目计划未来实现进驻100个国家，建设100个海跨园，带动100个产业带，实现100亿美元增量的"四个一百"目标。①

（四）境外上市

闽商企业赴境外上市始于1990年代。1998年，恒安国际在香港主板上市，带动闽南企业赴港热潮；2000年，福州企业如超大农业等陆续登陆香港主板，累计上市企业超13家；2003年，扩展至新加坡等市场，如厦门三达膜科技在新交所成功上市，标志着闽企全球化布局深化。②到2010年，闽商境外上市企业超100家，覆盖中国香港、美国、新加坡、德国等地市场。③闽企境外上市历经数十年发展，已形成以中国香港、美国为核心，多元市场并进的格局。

近年来，随着A股IPO节奏趋缓，证监会明确支持境外融资，境外上市备案效率提升，越来越多的中国企业开始将目光投向境外资本市场，闽企也积极加入这一浪潮，成为境外上市的活跃力量。

---

① 江海：《福州"海跨园"年内将达20个》，福州新闻网，https：//news.fznews.com.cn/fzxw/20231112/TeL5703DgQ.shtml，2023年11月12日；莫思予、池远：《福州海跨园 借"侨"开新局》，福州新闻网，https：//news.fznews.com.cn/fzxw/20241215/e197a88HoV.shtml，2024年12月15日。
② 黄汉杰、陈敏：《闽企境外上市迎来第三浪》，新浪网，https：//news.sina.com.cn/c/2004-01-02/14361490860s.shtml，2004年1月2日。
③ 周昆、刘丰：《从民间借贷到环球融资 海外上市闽企数量全国第一》，福州新闻网，https：//news.fznews.com.cn/dsxw/2010-12-22/2010122283Pe2R8kZZ15181.shtml，2010年12月22日。

2024年10月17日，来自福建宁德的茶企闽东红成功在美国纳斯达克上市，股票代码为"ORIS"，成为中国茶企中第一家在纳斯达克上市的企业。[1] 厦门一品威客网络科技股份有限公司的实质控股股东EPWK HOLDINGS LTD.于2025年2月6日在纳斯达克成功上市。2025年3月，爱购控股有限公司正式获得中国证监会出具的境外发行上市备案通知书，为其后续在美国纳斯达克证券交易所上市铺平了道路。[2]

与此同时，香港仍是闽企境外上市的重要选择。2024年10月，香港证监会与港交所发布联合声明，宣布优化新股上市申请审批流程时间表，加快符合资格的A股公司审批流程，为内地企业赴港上市提供了便利。2025年2月容大合众（厦门）科技集团股份公司获得中国证监会的境外发行上市备案通知书，计划在香港交易所上市；乐口（厦门）科技有限公司也在与多家投行接触，计划赴港上市。[3] 2025年3月25日，宁德时代发布公告称，公司境外发行上市备案已获中国证监会批准，意味着其通过"A+H"股双融资平台布局国际化获得实质性进展。[4]

（五）海外并购

闽企在海外并购领域表现活跃，展现出强劲的国际化发展势头。

---

[1] 《福建茶企闽东红IPO登陆美股，募资700万美元》，IBM上市观察，https://xueqiu.com/8028125851/311657904?md5__1038=n4%2BxRD970%3DKGqDIqGNBmjDnDIOqf2xY5XpNmdx，2024年11月7日。

[2] 徐赐豪：《连续8年超25%增长，这家福州跨境企业赴美上市获批｜IPO直通车》，腾讯网，https://news.qq.com/rain/a/20250324A09ZQF00，2025年3月24日。

[3] 《厦企境外上市热度攀升 多家企业境外IPO备案获通过》，厦门网，https://news.xmnn.cn/xmxw/202502/t20250221_299654.html，2025年2月21日。

[4] 时娜、俞立严：《宁德时代H股上市提速 行业龙头借力"A+H"布局国际化》，《上海证券报》2025年3月27日第6版，https://paper.cnstock.com/html/2025-03/27/content_2041302.htm。

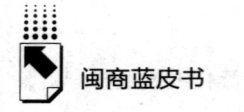

闽企的海外并购行为，是其在企业发展到一定规模后，根据市场需要、企业成长需要和行业发展需要，采取的必然战略选择。通过并购，闽企不仅拓展了国际业务，还获取了先进的技术和资源，推动了产业升级和竞争力提升。

泉州作为中国民营经济的发源地之一，孕育了众多具有代表性的民企。安踏、九牧、特步等企业通过海外收购，实现了品牌矩阵的布局和企业管理的现代化。安踏从2009年收购斐乐开始，逐步构建起多元化的品牌矩阵；特步则在2015年启动零售变革，从批发模式转向精细化零售管理，成功提升了品牌的专业底蕴和产品竞争力。

九牧在卫浴行业的海外收购，不仅推动了品牌全球化，还促进了科技研发的进步。通过收购法国THG和德国博德宝，九牧在厨房和卫浴领域实现了新的增长，并在全球设立了16个研发中心，主导制定多项国际和国家标准，累计获得超过20000项专利。

此外，恒安集团、泰禾集团、福耀玻璃等闽企也在海外并购方面表现突出。恒安通过收购马来西亚上市公司皇城集团，进一步拓展海外市场。泰禾集团在房地产领域声名鹊起后，积极向大健康行业拓展，通过收购医疗项目并与美国医疗机构合作，全面布局健康医疗领域。福耀玻璃通过收购美国PPG公司旗下工厂，开启了国际化进程，成为其全球化战略的重要标志。

闽企的海外并购不仅限于传统行业，还涉及高科技领域。例如，三安光电曾计划收购德国照明巨头欧司朗；福建宏芯也尝试收购德国爱思强，显示了闽企在技术领域的战略布局。①

---

① 《闽商掀跨境并购潮》，中国新闻网，https://www.chinanews.com.cn/cj/2017/06-07/8244739.shtml，2017年6月7日；林蔚：《探寻福建民企海外品牌收购之路》，企业家日报，https://www.entrepreneurdaily.cn/2023-06-11/1/2421330.html，2023年6月11日。

三　闽商国际化典型案例

（一）福耀集团

福耀集团是全球汽车玻璃和汽车级浮法玻璃设计、开发、制造、供应及提供服务一体化解决方案的领军企业。福耀于1987年在福州成立，1993年在上海证券交易所主板上市，2015年在香港交易所上市，形成跨境内外两大资本平台的"A+H"模式。福耀集团现已在中国18个省（区、市），以及美国、俄罗斯、德国、日本、韩国等12个国家建立现代化生产基地和商务机构，并在中、美、德、日设立10个设计中心和2个研发中心，全球雇员约3万人。[①]

福耀的国际化之路从产品出口起步，经历了数十年的发展历程。最初，福耀通过国内生产出口海外市场，利用中国低成本优势打开国际市场。1991年首次进入北美市场，1995年在美国设立销售中心，2006年在欧美设立服务网点，初步实现产品、市场、服务"走出去"。2010年随着国家"走出去"战略的实施及全球化发展的需要，福耀在海外布局生产基地，深度融入世界市场，打造集制造、服务、研发、销售于一体的全球化品牌。2011年福耀投资2亿美元在俄罗斯卡卢加州建立第一个海外工厂；2014年福耀启动美国项目，在美国5个州进行战略布局，总投资近16.5亿美元，具备了集玻璃原片、汽车玻璃制造、玻璃包边、设计服务、销售于一体的全流程、全供应链体系。[②]

[①] 福耀集团官网，https://www.fuyaogroup.com/about.html#c1。
[②] 《"走出去"的勇气与底气》，福建省工业和信息化厅，https://gxt.fujian.gov.cn/zwgk/xw/hydt/snhydt/202403/t20240311_6412121.htm，2024年3月11日。

福耀玻璃的国际化历程是中国制造业全球化发展的经典案例，其国际化战略的成功之处至少体现在市场国际化、人才国际化、技术全球化和前瞻性理念四个方面。

在国际市场拓展方面，福耀最初采取了"低价策略"和"配角定位"双管齐下的方式。一方面，福耀利用国内低廉的生产成本，通过价格优势打开国际市场；另一方面，福耀选择低调进入，避免引发目标市场的危机感。此后，福耀不断调整策略，通过设立销售处积累市场信息，并逐步在多个国家建立研产销中心。在美国经历了长达19年的积累后，福耀于2014年大规模投资建厂，最终实现了从销售到生产的全面本土化。

在国际人才使用方面，福耀采取本土化与国际化并重的策略。一方面，福耀大量吸收海外留学生，利用他们对当地市场的了解，加速企业在海外的融入；另一方面，福耀坚持招募当地人才，通过本土化管理克服语言和文化障碍。在美国俄亥俄州的工厂，福耀实施了"师带徒计划"，由中国技术骨干带领美国员工，培养本地管理和技术骨干。这种策略不仅提升了企业的运营效率，也增强了福耀在当地的竞争力。

技术是福耀国际化的核心驱动力。在企业发展的早期阶段，福耀通过引进国外先进技术，快速提升产品质量。例如，20世纪90年代初，福耀从芬兰引进了最先进的钢化炉，按照国际标准优化生产流程，成功解决了产品质量不达标的问题。随着实力的增强，福耀逐步从技术引进转向自主研发，并通过与国际巨头合作提升技术水平。1996年，福耀与法国圣戈班合作，学习其先进的管理经验和生产技术，完成了从汽车玻璃生产企业到设计企业的转变。近年来，福耀持续加大研发投入，研发费用占营收的比重长期保持在4%以上，远高于主要国际竞争对手。通过在美国、德国等地设立研发中心，福耀实现了与当地市场需求的深度链接，进一步巩固了其技术领先地位。

福耀的国际化成功还得益于其超前的战略眼光和稳健的布局。在同行盲目扩张、依赖价格战抢占市场时，福耀选择了更加理性和长远的发展路径。福耀在进入新市场前，会进行充分的市场调研，确保对目标市场的文化、政策和需求有深入了解。福耀坚持在多个国家实现本土化，从设计、生产到销售全面融入当地市场。例如，在俄罗斯，福耀经过17年的市场调研后才决定建厂，并通过雇用和培养当地人才，逐步实现生产和管理的本地化。福耀始终将技术升级作为国际化的核心战略。2014年，福耀提出"技术领先、智能生产"的战略目标，并于2015年推动"工业4.0"在企业内的落地。通过智能化和信息化的生产设备，福耀不仅降低了制造成本，还进一步提升了产品质量和竞争力。[1]

（二）宁德时代

宁德时代是全球领先的新能源创新科技公司，主要从事动力电池、储能电池的研发、生产、销售，以推动移动式化石能源替代、固定式化石能源替代，并通过电动化和智能化实现市场应用的集成创新。截至2024年底，宁德时代已在全球设立六大研发中心、十三大电池生产制造基地，并覆盖全球最广泛的动力与储能客户群体。目前，宁德时代境外营业收入占比达30%（见表5）。[2]

---

[1] 董庆前、牛骁：《福耀玻璃的国际化战略与启示》，载王辉耀、苗绿主编《中国企业全球化报告（2018）》，社会科学文献出版社，2018，第290~298页。

[2] 《宁德时代新能源科技股份有限公司2024年年度报告》，https://www.catl.com/uploads/1/file/public/202503/20250317094543_6ig9e0mwng.pdf，2025年3月。

表5　宁德时代营业收入情况

单位：千元，%

项目	2024年 金额	2024年 占营业收入比重	2023年 金额	2023年 占营业收入比重	同比增减
营业收入合计	362012554	—	400917045	—	-9.70
分行业					
电气机械及器材制造业	356519551	98.48	393182894	98.07	-9.32
采选冶炼行业	5493003	1.52	7734151	1.93	-28.98
分产品					
动力电池系统	253041337	69.90	285252917	71.15	-11.29
储能电池系统	57290460	15.83	59900522	14.94	-4.36
电池材料及回收	28699935	7.93	33602284	8.38	-14.59
电池矿产资源	5493003	1.52	7734151	1.93	-28.98
其他业务	17487818	4.83	14427171	3.60	21.21
分地区					
境内	251677045	69.52	269924895	67.33	-6.76
境外	110335509	30.48	130992150	32.67	-15.77

　　宁德时代通过海外收购、建设海外生产基地、全球研发中心等综合布局，迅速构建起全球化体系。近年来，宁德时代通过技术授权、扩大产能、拓展产业链等方式加速推进全球化战略。

　　宁德时代通过技术授权的方式与海外企业合作。2021年，宁德时代与现代汽车集团旗下汽车零部件供应商现代摩比斯签署了CTP技术许可与合作意向协议。通过该协议，宁德时代将授权现代摩比斯使用CTP技术，并支持后者在韩国乃至全球范围内的CTP相关电池产品供应。与现代摩比斯的合作开创了行业国际技术合作新模式，拓展了宁德时代电池创新技术的全球应用。2023年，福特汽车和宁德时代确定合作在美国密歇根州新建动力电池工厂，生产磷酸铁锂电池。福特拥有这座新建电池工厂100%的股权，包括建筑和工厂基础设施；而宁德时代负责运营工厂、提供电池技术和服务等，福特向宁德时代支付电池专利许可费。这种"技术出海"模式，不仅降低了宁德时代在海外直接投资建厂的风险，还能够借助合作伙伴的资源和市场渠道，快速进入当地市场，实现技术变现和市场拓展。

宁德时代在德国、匈牙利等地建立生产基地，实现本地化生产。2022年，宁德时代决定投资73.4亿欧元在匈牙利东部城市德布勒森建设一座规划产能为100吉瓦时的电池工厂，该工厂靠近奔驰、宝马、Stellantis、大众等客户的整车厂。2023年1月，宁德时代在欧洲的第一家电池工厂——位于德国图林根州阿恩施塔特的工厂（动工于2019年）正式投产，该工厂将为宝马、戴姆勒、博世等欧洲汽车制造商提供电池电芯[1]。本地化生产有利于更好地响应欧洲市场的需求，进一步完善全球战略布局，加速欧洲电动化与能源转型。同时，本地化生产也能够为当地创造就业机会、增强宁德时代在当地的社会影响力和品牌认可度。2024年12月，宁德时代与Stellantis集团宣布在西班牙成立合资企业，共同建设电池工厂。合资电池工厂预计总投资40.38亿欧元（约合308亿元人民币），动力电池年产能为50吉瓦时，所生产的磷酸铁锂电池将供应给Stellantis[2]。这种合作模式有助于宁德时代与当地企业建立紧密的合作关系，共同开拓市场。

在东南亚，宁德时代通过合作建厂向动力电池产业链上游兼容，实现纵向一体化。2022年4月，宁德时代控股子公司下属普勤时代与印尼ANTAM和IBI签署三方协议，共同投资建设动力电池产业链

---

[1] 森宁：《宁德时代德国工厂正式投运，"西欧首次大规模生产电池"》，澎湃新闻，https://www.thepaper.cn/newsDetail_forward_21703630，2023年1月28日。

[2] 庄键：《总投资超300亿，宁德时代官宣第三座欧洲电池工厂》，界面新闻，https://www.jiemian.com/article/12101777.html，2024年12月10日。

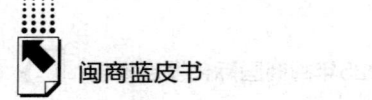

项目，包括红土镍矿开发、火法冶炼、湿法冶炼、电池回收、三元正极材料和三元电池制造①。

技术创新是宁德时代全球化战略的核心引擎。宁德时代每年将6%~7%的营收都投入到了研发中。动力电池在电动汽车总成本中占比约40%，技术创新是电池降本增效的主要抓手。宁德时代研发的麒麟电池，凭借其创新技术和优异性能，助推宁德时代的全球化发展。②

未来，宁德时代将不断推进全球化体系建设，包括海外产能建设运营、海外供应链布局、海外资源及回收布局等，广泛吸纳国际化人才，构建高效的跨国运营体系。③

（三）安踏集团

安踏于1991年创立于有"鞋都"之称的晋江。2007年，安踏体育用品有限公司在香港交易所主板上市，是著名的全球体育用品公司。安踏体育主要从事研发、设计、制造、营销和销售专业体育用品，包括鞋类、服装及配饰。2021年12月18日，在成立30周年之际，安踏集团发布了新的十年战略，从此前的"单聚焦、多品牌、全渠道"更新为"单聚焦、多品牌、全球化"，这标志着安踏在未来

---

① 《宁德时代与印度尼西亚携手打造近60亿美元动力电池产业链项目》，中国日报网百度百家号，https://baijiahao.baidu.com/s?id=17 30164161408226 880&wfr=spider&for=pc，2022年4月15日。

② 王林：《宁德时代海外业务布局提速》，《中国能源报》，http://paper.people.com.cn/zgnyb/html/2022-12/05/content_25953666.htm，2022年12月5日；胡嘉琦：《宁德时代技术出海，"新模式"下的机遇、争议与风险》，《商学院》，http://www.bmronline.com.cn/index.php?m=content&c=index&a=show&catid=27&id=9094，2023年6月12日。

③ 《宁德时代新能源科技股份有限公司2024年年度报告》，https://www.catl.com/uploads/1/file/public/202503/20250317094543_6ig9e0mwng.pdf，2025年3月。

十年里，将全力推进国际化战略，深化全球化布局①。

安踏的国际化路径可以归纳为"买进来"与"走出去"。通过"买进来"与"走出去"的双向布局、多品牌协同管理及全球化资源整合，安踏逐步构建起覆盖全球市场的品牌生态链，进而实现让国际优秀品牌的价值在中国落地、将安踏独特的商业模式赋能到全球、让开放与包容的安踏文化被世界认同的全球化目标。

在"买进来"阶段，安踏通过收购国际品牌，迅速提升公司整体的国际影响力，实现品牌的优势互补。2009年，安踏收购意大利品牌FILA大中华区业务，开启多品牌战略。通过重塑FILA、定位为高端时尚运动品牌，使其成为集团第二大增长引擎，2018～2023年FILA营收占比超40%。2019年，安踏联合财团收购亚玛芬体育（Amer Sports），获得始祖鸟（Arc'teryx）、萨洛蒙（Salomon）、威尔逊（Wilson）等高端户外品牌，填补专业运动与高端户外市场空白，提升全球供应链与技术整合能力。安踏通过收购迪桑特（Descente）、可隆（KOLON SPORT）等品牌，覆盖了滑雪、高尔夫等细分场景，形成差异化竞争优势。

进入"走出去"阶段，安踏主品牌开启全球化，与亚玛芬集团形成"双轮驱动"的全球化布局。安踏主品牌的全球化，主要瞄准东南亚、中东、欧洲、北美四个核心市场。安踏在2023年年初成立了东南亚国际事业部，主打DTC模式，以新加坡为中心，在泰国、马来西亚、菲律宾等国的核心商圈开展直营零售业务。在欧洲市场，安踏积极发展渠道合作伙伴，借助亚玛芬的品牌和渠道同时走出去。在美国市场，2023年7月，安踏签约了篮球巨星凯里·欧文，借助

---

① 乔启迪：《安踏三十而立：本土市场争第一，未来十年重点全球化》，界面新闻，https://www.jiemian.com/article/6929453.html，2021年12月20日。

其形象积极融入美国文化，以提升品牌的认知度。①

安踏的核心竞争力在于多品牌协同管理能力、多品牌零售运营能力以及全球化运营与资源整合能力。这三大能力围绕"品牌+零售"的商业模式相互依托，为安踏的全球化布局提供了坚实的基础。未来，安踏将继续强化这三大核心竞争力，推动全球化战略的深入实施。②

四 闽商国际化发展趋势及建议

2024年中央经济工作会议指出，要扩大高水平对外开放；稳外贸、稳外资；积极发展服务贸易、绿色贸易、数字贸易；推动高质量共建"一带一路"走深走实。闽商将迎来国际化发展的新高潮。

（一）闽商国际化发展的趋势

闽商的国际化发展可能出现以下几种趋势。

1. 产业多元化与技术输出并行

闽商将从传统的产品输出向产能、技术等多维度产业输出转型，特别是在新能源、人工智能、大数据等新兴领域，通过国际合资、并购等形式获取和提升技术能力，实现价值链的多层次提升。

2. 跨境电商持续增长

随着全球消费者购买习惯的转变，跨境电商行业将继续迅猛发

---

① 石维磊、李梦军：《安踏全球化方法论：从"中国安踏"到"世界安踏"》，中国经营网，http://www.cb.com.cn/index/show/bzyc/cv/cv135235891649，2024年11月2日。
② 《安踏集团发布未来三年发展规划 多品牌协同与价值再升级》，中国新闻网，https://www.chinanews.com.cn/cj/2023/10-18/10096004.shtml，2023年10月18日。

展，成为闽商国际化的重要渠道。闽商将利用这一平台拓展国际市场，优化供应链管理，提升运营效率，巩固国际市场地位。

3. 区域经济一体化布局加深

闽商将加强在东南亚、南亚、拉美等相对友好区域市场的布局和投资，利用区域经济一体化的有利条件，突破地缘政治限制，稳固全球制造和出口的枢纽地位，增强抗风险能力。

4. 品牌建设与文化输出互相促进

闽商将更加注重品牌建设，打造具有国际影响力的自主品牌。同时，通过文化IP串联产业生态，推动闽商文化的全球化传播，提升闽商品牌的国际影响力。

5. 绿色转型驱动可持续发展

闽商将加快绿色发展，推动传统产业向智能化、绿色化、融合化转型，积极参与"一带一路"等国际合作项目，推动绿色建材、光电材料等绿色产业的国际化发展，为全球可持续发展贡献闽商力量。

（二）闽商国际化发展的建议

针对闽商国际化发展趋势，有如下建议。

1. 政府从制度层面提供支持

与高等院校、法律机构合作，建立中小企业国际业务法务支持体系，为中小企业国际化经营提供法律服务，确保其经营活动的合规性。设立闽商国际化发展专项资金，为闽商企业提供财政补贴和税收优惠，减轻企业资金压力，支持企业在海外投资、市场拓展、技术研发等方面的投入。制定人才引进政策，吸引国内外高端人才加入闽商企业，为闽商国际化发展提供人才支撑；加强与高校和科研机构的合作，建立人才培养基地，为闽商企业提供定制化的人才培养服务。利用投洽会、进博会、数字峰会等重大经贸活动平台，发挥展会溢出效应，对接生成优质外资项目，为闽商企业搭建国际合作平台；进一步

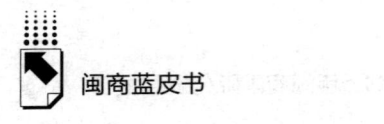

推动海外园区建设，支持闽商企业参与"一带一路"建设，促进中小企业产业链协同出海。

2. 企业提高运营和战略的灵活性

在进入新市场前，深入研究当地法规、文化习俗和消费者偏好，制定满足当地市场偏好的发展策略，以提高市场适应性和竞争力。利用大数据、云计算等先进技术优化供应链管理，构建智能供应链网络，提高应对不确定性的能力，降低运营风险。加强知识产权保护意识，确保企业的创新成果不被侵权，同时，通过专利布局提升企业的国际竞争力。

3. 充分发挥华侨资源优势，促进闽商企业国际化

华侨资源是闽商国际化发展的独特优势。通过系统性整合华侨资源，闽商可加速全球化布局。比如，鼓励华侨作为"本地合伙人"与闽商联合成立合资企业，利用华侨对当地政策、文化和市场的深度理解，降低闽商海外投资风险；支持华侨参与闽商主导的境外经贸合作区建设，提供土地获取、劳工招聘等本地化服务。

B.8 2025年中印尼"两国双园"发展报告

陈义 石荣亮 薛仪 杨宏云[*]

摘　要： 2023年1月，国务院批复同意设立中国-印度尼西亚经贸创新发展示范园区（以下简称"示范园区"），标志着中印尼"两国双园"正式落地。它是中国"21世纪海上丝绸之路"倡议与印度尼西亚"全球海洋支点"构想深化合作，大力开展贸易创新，共同打造"一带一路"建设旗舰项目的里程碑事件。"两国双园"自持续推动以来，在制度设计、投资合作、产业链布局、园区服务等方面成绩斐然。闽商在这种政策机遇中迎来发展良机。本报告总结了"两国双园"的建设成就，分析了现有发展的困难，包括政策协调与运行机制落实难度大、文化与法律差异影响企业运营、园区配套设施不足影响运作效率、金融汇率问题制约示范园区发展、两国之间人才与技术合作不够深入等，进而提出继续深化制度性开放、提升示范园区承载能力、延伸产业链、加强两国人才合作、进一步扩大金融领域开放合作、推动"两国双园"更广泛协同发展、深化民间合作、搭建对接平台等政策建议。

关键词： 闽商　中印尼"两国双园"　"一带一路"建设

---

[*] 陈义，福州大学马克思主义学院院长助理，副教授、硕士生导师，主要研究领域为闽商文化、思想政治教育理论等；石荣亮，厦门蓝石科技有限公司负责人；薛仪，福州大学经济与管理学院硕士研究生，主要研究领域为绿色营销、文化营销；杨宏云，福州大学经济与管理学院副教授、硕士生导师，主要研究领域为闽商文化与企业管理、企业史、文化与品牌营销。

一　引言

2023年1月，国务院批复同意设立中国-印度尼西亚经贸创新发展示范园区（以下简称"示范园区"）。这标志着中印尼"两国双园"正式落地，是中国"21世纪海上丝绸之路"倡议与印度尼西亚（以下简称"印尼"）"全球海洋支点"构想深化合作，共同打造"一带一路"建设新旗舰项目的里程碑事件，是两国经贸合作创新的重要表现。

中印尼"两国双园"是两个主权国家在对方境内互设园区、联动发展的一种创新型合作模式。其中，作为中方园区的福州市福清元洪投资区是时任福州市委书记的习近平同志于1992年亲自谋划、引进、奠基，牵头印尼著名企业家、福清籍侨领林绍良参与建设的全国第一个华侨投资建设的开发区。它将与印尼民丹工业园、阿维尔那工业园和巴塘产业园等对接，通过共同建设两国产业合作区，实现两国跨境产业互联、设施互通、政策互惠的结对合作。

"两国双园"项目是福州主动对接区域重大战略，深度融入高质量共建"一带一路"、深化中印尼经贸合作而打造的高水平开放平台，是福州对外开放的重要窗口。它以产业互补、双向投资、设施互通、海关互检为运行模式，全力打造跨国贸易区域合作的新标杆，力争实现"交易在元洪，交割在全球"的全产业链开放式平台。闽商闽企也在这种政策机遇中迎来发展良机。

二　建设成效

中印尼"两国双园"合作项目是两国领导人共同推动，开启经贸创新发展的一种新模式、新探索，承载着打造共建"一带一路"

新旗舰项目的重大使命。这种"引进来、走出去"的创新型合作已成为新时代福建改革者在习近平总书记重要论述中寻找新方法、新路子的主要路径。自项目启动以来，福建省奋力推进，在以下几方面取得了阶段性成效。

（一）园区推进的保障制度与机制不断完善

自创立以来，"两国双园"便以畅通两国经贸合作为目标，不断创新海关特殊监管措施，推动通关便利化，谋划产业政策创新、财税政策保障、跨境人民币结算等多项工作，以保障高效的贸易往来。国家级层面，积极探索突破11条首批优惠政策措施。[1] 在省级层面，福建制定了《中国-印度尼西亚经贸创新发展示范园区建设实施方案》，编制了中印尼"两国双园"产业合作规划。为推动资源向园区集聚，福建省、市政府研究出台15条专项政策举措、28条配套政策措施，并持续对接相关国家部委事权的政策。[2] 榕城海关也出台10项举措，[3] 旨在强化中印尼经贸合作，助力探索产业链、供应链、价值链深度融合的国际分工合作模式。

在工作机制健全方面，福建省成立了推进中印尼经贸创新发展示范园区建设工作领导小组，形成商务部、福建省和福州市多级联动工作机制；推动建立了商务部、福建省政府与印尼海洋投资统筹部联合工作委员会机制，并已召开两次联合工作委员会，协同推进双方园区

---

[1] 《把一颗椰子剥干用净　中印尼椰子产业园推动产业链深度协作》，投资福州，https://tzfz.fznews.com.cn/node/12242/20240819/66c2a1eb357ff.shtml，2024年8月19日。

[2] 《中印尼"两国双园"经贸成果展示区亮相第四届跨交会》，闽南网，http://www.mnw.cn/news/fz/2901638.html，2024年3月19日。

[3] 《把一颗椰子剥干用净　中印尼椰子产业园推动产业链深度协作》，投资福州，https://tzfz.fznews.com.cn/node/12242/20240819/66c2a1eb357ff.shtml，2024年8月19日。

建设。同时，在原有中印尼"两国双园"工作专班基础上，中方园区又组建了政策服务团队，对拟争取的 25 条国家级专项强化政策进行沟通和预期引导，并畅通服务通道，深化"企业问题清零"工作机制，及时响应需求，帮助企业解决产业链供应链遇到的堵点、难点问题。①

同时，福清市以创建福建省优化营商环境试点县为契机，立足"两国双园"实际，以进一步优化营商环境为目标，主动向上争取政策支持，并发布了《强化党建引领服务优化"两国双园"营商环境若干措施》。文件从制度层面提出 12 条措施，建立了园区政务服务"红色代办"机制、"三张清单"服务企业机制、定期会商通报机制、开展一线蹲点专项考核等配套机制，并推动"一园区一组"全覆盖。② 为进一步健全中印尼"两国双园"机制建设，推进园区管理制度化，政府还设立了经贸对接小组和"两国双园"投资促进中心，创新"指挥部+管委会+投资公司+产业基金+智库"开发运作模式，确保项目管理从招商准入到落地实施衔接有序、稳步高效。③

（二）吸纳投资、发展产业成效显著

自获批以来，"两国双园"建设持续提速，成为福建与东盟经贸合作拓展的一大亮点。园区现拥有元洪码头等国家一类开放口岸，建有亚洲最大的国家骨干冷链物流基地，配有食品检验检测实验室，以及进境粮食、肉类指定监管场地等，形成以粮油食品为主导的纺织化

---

① 《榕城海关出台 10 项举措 服务"两国双园"建设》，投资福州，https：//tzfz.fznews.com.cn/node/11698/20240204/65bee20eeb6fb.shtml，2024 年 2 月 4 日。
② 《福清发布〈强化党建引领 服务优化"两国双园"营商环境若干措施〉》，投资福州，https：//tzfz.fznews.com.cn/node/11696/20240819/66c301ff170a0.shtml，2024 年 8 月 19 日。
③ 《中印尼"两国双园"经贸成果展示区揭牌》，福州新闻网，https：//news.fznews.com.cn/fzxw/20240318/0a4844Olu4.shtml，2024 年 3 月 18 日。

纤、轻工机械、能源精化等四大优势产业，成为双向投资的热土。据不完全统计，到 2024 年底，"两国双园"已策划生成经贸合作项目 69 个，总投资 900 亿元。入驻商贸企业 714 家，100 多种产品远销全球 60 多个国家和地区，成为共建"一带一路"新旗舰项目和国际产业合作新示范。① 各项"首单"业务持续落地。自 2023 年以来，福州与印尼的渔业经贸合作项目已达 16 个，总投资达 141.4 亿元。② 至 2024 年 4 月，"两国双园"食品产业园（一期）动建，总投资 56.5 亿元，拟建设工业标准化厂房、食品电商中心、冷库、办公楼等。项目建成后，将进一步深化中印尼经贸合作，打造与东盟经贸合作交流的新高地。③ 示范园区举办了 49 场重大招商活动，实现签约项目近 380 项，总投资超 5300 亿元，云工厂、中船赛思亿等外地企业纷纷落地。依托"两国双园"、两岸融合发展示范区等国家战略平台，中印尼椰子产业园、亚通海洋养殖装备制造基地、光隆商务车零部件制造基地等重点项目快速推进，合同投资项目 300 项，总投资超 200 亿元。④ 中印尼"两国双园"已步入高质量发展的快车道。

（三）紧扣创新链布局，助力涉海闽企成长

在"两国双园"政策推动下，两国围绕海洋经济、食品制造、跨境贸易、装备制造、能源经济、冷链物流、新型建材、电子信息等

---

① 《福清大力建设东南航运枢纽港　让大物流联动全国沟通世界》，福州新闻网，https：//news.fznews.com.cn/fuqing/20241101/05A250H67H.shtml，2024 年 11 月 1 日。
② 《开放潮头勇争先　福州加速打造制度型开放新高地》，投资福州，https：//tzfz.fznews.com.cn/node/12242/20240715/669471e0731af.shtml，2024 年 7 月 15 日。
③ 《送鸡还是送蛋？福州的"创业搭子"这样做……》，福州新闻网，https：//news.fznews.com.cn/fzxw/20241214/Zcg5KOd37s.shtml，2024 年 12 月 14 日。
④ 《福州去年引进项目 728 个总投资超 3000 亿元》，投资福州，https：//tzfz.fznews.com.cn/node/11698/20240125/65b1b6552ac19.shtml，2024 年 1 月 25 日。

重点产业合作持续拓展。园区内海洋经济发展如火如荼，兆华、御冠、御味香等16家涉渔企业陆续入驻元洪投资区。元洪投资区已成为印尼大宗食材进入中国的精深加工基地和全球食品产业链、供应链重要合作平台。① 在资源充分保障下，涉海闽企发展迅速。2023年，园区102家规上工业企业实现规上工业产值302.98亿元，同比增长7.3%。新福兴、御冠等17家企业实施19项技改创新，推动产线升级、产能扩大与节能降碳。园区新增省级专精特新企业3家、科技"小巨人"企业3家、省级创新型中小企业6家。② 据福州市商务局透露，园区现已对接推进保罗（元洪）食品产业园等27个重点产业链项目，总投资332亿元。③

其中，两国海洋渔业产业链合作成效显著。一端连着福清加工厂，一端连着印尼捕捞场，中国和印尼携手打造"海上鱼仓"产业链，实现高效互动、合作共赢。2023年，福州境外远洋渔业综合基地数量、渔业产值、海洋经济生产总值领先，福州港货物吞吐量突破3亿吨。兆华水产提前布局，在印尼投资建设了6000亩南美白对虾养殖基地。对虾在当地养殖、捕捞后，运回福州精加工，既解决了企业生产虾类食品的原材料稳定供应问题，还大大降低了生产成本。④ 胜田（福清）食品有限公司是第一家入驻元洪国际食品产业园的企业，携手印尼三林集团打造了"全球印尼海洋渔业中心"，将印尼优

---

① 《16家涉渔企业入驻元洪投资区》，福州新闻网，https：//news.fznews.com.cn/fzxw/20241109/Ilt4zwrHvg.shtml，2024年11月9日。
② 《中印尼"两国双园"：奋力打造"一带一路"新旗舰项目》，中国（福建）自由贸易试验区，https：//ftz.fujian.gov.cn/m/article/index/aid/22066.html，2024年1月23日。
③ 《"两国双园"成福州扩大对外开放新引擎》，中国新闻网，https：//www.chinanews.com/cj/2023/03-02/9963637.shtml，2023年3月2日。
④ 《海交会30周年！让世界认识福州，让福州走向世界》，福州统一战线，https：//tzb.fznews.com.cn/html/21438/20240516/6645bb885d863.shtml，2024年5月16日。

质渔业资源引入国内，促进两国渔业资源的优势互补和深度融合。通过锁定知名管道品牌企业——亚通公司，以"国企+龙头"的双赢合作形式，建设亚通海洋装备产业园，采取"定制建设、租赁回购"的创新模式，规划建设用地258亩，总建筑面积34万平方米，总投资10亿元，拟开发建设成以海洋养殖装备为主的创新型产业园，实现产业项目的快速落地，预计年产值达20亿元。① 此外，园区已建成中印尼椰子产业园。

（四）助力企业出海效应显现

借助"两国双园"的政策支持，一批中方园区企业纷纷借船出海，投身跨国产业链建设，进行全球资源配置。

食品产业是中印尼"两国双园"的基础性、先行性产业。两国企业结对，打造"两国双厂"模式，加速福建企业走向海外，扎根当地，形成稳定的上下游产业链条。宏东远洋渔业和养殖加工基地、佳和印尼水电站等多个重点合作项目已在海外落地生根；胜田（福清）食品有限公司与印尼三林集团合作的首个渔业基地已投产，未来将形成捕捞、养殖、加工、仓储一体化的产业链。2024年6月，华港集团位于印尼三宝垄市的首个海外工厂项目正式破土动工。项目建成后可为印尼提供3000个就业岗位，同时填补印尼高端功能性弹性化纤面料制造的空白，提升印尼纺织业的国际竞争力。② 福建森天汇食品有限公司在印尼中爪哇省首府三宝垄市投资建设了白对虾养殖

---

① 《福清：中印尼"两国双园"食品产业园领跑高质量发展》，投资福州，https：//tzfz.fznews.com.cn/node/11708/20240408/66139fb047ca8.shtml，2024年4月8日。

② 《中印尼"两国双园"首批对印尼重大投资项目动工》，投资福州，https：//tzfz.fznews.com.cn/node/12242/20240627/667cd1dea465d.shtml，2024年6月27日。

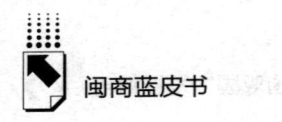

基地、鱼类加工车间和冷库等，为数百名当地人提供就业岗位。2023年以来，御冠食品高层三赴印尼、马来西亚、越南等东南亚国家，考察当地市场，并在印尼注册成立国际贸易公司。

一批中方园区企业在探索国际分工合作上已迈出坚实步伐。未来，中印尼双方还将聚焦海洋渔业、热带农业、轻工纺织、机械电子、绿色矿业等重点领域，深入推动双方资源、资本、市场、技术等嫁接，促进双边产业链、供应链、价值链深度融合。

（五）园区配套与功能服务日臻完善

"两国双园"在加快构建开放体制机制的同时，不断完善生产服务性配套和生活配套，提升园区承载力和吸引力。

在规划方面，园区目前已完成城市设计方案，规划"三脉四廊、海城五象"总体空间格局。同时，园区所在福清市政府正立足资源禀赋，加快基础设施建设，在交通配套方面，新增道路9公里，开工建设海城路拓宽改造工程，启动首溪河道改造等水利工程，实施7条道路配套提升工程。同时，福州长乐国际机场二期扩建工程正加速推进，建成后将实现"双航站楼、双跑道"模式运行，年旅客吞吐量保障能力达3600万人次。港口方面，元洪作业区1#、2#码头泊位已开工建设。元洪第一污水处理厂三期扩建工程以及配套尾水管道改造工程已基本完成。土地要素保障方面，园区已开展近10年来首次大规模征迁和征交地工作，征地3900亩，同步推动61宗、3574亩用地报批，极大缓解了项目用地紧张局面。① 空港、海港、公路港、铁路港实现与福州新区"海丝"互联互通；福州港松下港区与滨海新城、国际航空城、"两国双园"之间的联系更为便捷，园区承载力和

---

① 《携手共建新丝路　"两国双厂"成新模板》，福州新区管理委员会，http：//fzxq.fuzhou.gov.cn/xxgk/xqyw/tpxw/202401/t20240125_4767019.htm，2024年1月25日。

吸引力不断加强。这为园区企业提供了强大的基础保障。

其中，丰大集团投资建设的元洪国际食品展示交易中心是"国家骨干冷链物流基地""国家综合货运枢纽"，也是中印尼"两国双园"重要的设施互通配套。为提高效率，园区加大智慧布控等改革创新举措，推动建设了智慧云查检、进出口食品安全信息化工程、进境粮食后续监管智慧系统等项目；积极争取到智慧商检、智慧动植检、智慧口岸项目在园区先行先试，并以福建省"单一窗口"整合优化为契机，对与印尼开展通关信息交互开展可行性研究。[1]

在公共服务配套方面，示范园区继续完善医院、码头以及检验检测实验室等设施建设；启动元洪学校及幼儿园、元洪医院等项目，推进食品大学报批，加快搭建"产学研用"合作平台。为适应国际经贸园区基础建设需求，推动设立了进境肉类、粮食、水果、冰鲜等水产品指定监管场地，探索建设中印尼大宗食品食材交易、跨境电商印尼仓储等基地，构建集政务服务、技术共享、公共认证、金融服务、法务服务于一体的公共服务平台体系。[2]

在提升通关效率方面，示范园区积极推动海关采取"提前申报""两步申报"等通关便利化措施，持续落实"预约通关""绿色通道"等便企举措，保障农产品、冰鲜水产品、鱼糜、肉类及其制品等产品快速通关；在支持口岸扩大开放方面，示范园区指导元洪作业区进境粮食指定监管场地申请海关总署验收并正式启用；在加大信用培育力度方面，示范园区扎实推进 AEO 认证工作，持续培育园区内具有行业引领示范作用的优质企业成为海关高级认证企业；在加强贸

---

[1] 《榕城海关出台 10 项举措 服务"两国双园"建设》，投资福州，https：//tzfz.fznews.com.cn/node/11698/20240204/65bee20eeb6fb.shtml，2024 年 2 月 4 日。

[2] 《把一颗椰子剥干用净 中印尼椰子产业园推动产业链深度协作》，投资福州，https：//tzfz.fznews.com.cn/node/12242/20240819/66c2a1eb357ff.shtml，2024 年 8 月 19 日。

易信息服务方面,"两国双园"打造云擎统计模型,开展相关产业进出口情况监测分析,加强数据解读,为企业开拓国际市场提供信息支撑;在提升食品安全检测能力方面,园区食品进出口安全监管治理体系有序建设,推动共建"两国双园"食品农产品检验检测公共服务平台及国家级重点实验室。此外,园区还支持中方与印尼方法律法规、监管体制、经营资质、质量标准、检验检疫等法规政策的比对研究,推进构建检验检疫和追溯标准互认体系。①

与此同时,园区所在地福清政府实施民营经济人士培根赋能工程,联合党校、发改、工商联等部门,举办中印尼"两国双园"新生代企业家传承与创新发展研修班,不断提高现代化企业管理水平;搭建交流平台,组织园区企业开展路演推介、新品发布、主题论坛等活动,为企业创造更为多元的信息、技术、资金、产品等资源交互平台和项目合作对接渠道。②

(六)落实法商环境,为闽企闽商保驾护航

"两国双园"合作过程中,法律保障尤为重要。厘清两国之间的法律法规,保障企业合规经营也是推动闽商闽企健康经营的必要举措。

为此,示范园区设立了印尼法律查明研究中心,发布《印尼投资法律指引》,出台服务中印尼"两国双园"建设20条举措,组建中外专家智库等,以服务"两国双园"发展。尤其是"中印尼经贸创新发展示范园区司法服务中心"揭牌成立,为项目高质量发展注入强劲法治动能。16名中印尼专家、学者受聘担任福州市中级人民

---

① 《榕城海关出台10项举措 服务"两国双园"建设》,投资福州,https://tzfz.fznews.com.cn/node/11698/20240204/65bee20eeb6fb.shtml,2024年2月4日。
② 《中印尼"两国双园"企业研发生产功能性食品》,福州新闻网,https://news.fznews.com.cn/fzxw/20241101/5Yjab79n62.shtml,2024年11月1日。

法院"两国双园"智库专家。福州市中级人民法院还推出《福州市中级人民法院"一带一路"智库专家聘任管理办法（试行）》，通过分类管理的方式，根据智库专家的国籍、专业、专长等进行精细化管理，充分发挥国内外专家职能，为"两国双园"提供人才支撑。示范园区还建立1家经侦警务联络站、3家经侦警务联络点，采取"定点常驻、主动服务、全域帮助"工作模式，为园区内企业提供"点对点、面对面、全领域"警务服务。2024年以来，依托"两国双园"经侦警务联络站点，开展普法宣传活动24场，调处涉企矛盾纠纷23起，解决企业咨询求助28件。对标国际先进水平、创新体制机制、强化协同联动、完善法治保障，福州市营商办不断提高市场主体参与度、满意度，全力打造法治化营商环境引领区，为推动园区高质量发展提供有力支撑。①

三 存在的困难

（一）政策协调与运行机制落实难度大

"两国双园"项目推动建设以来，双方因战略契合度高、意愿强烈，建设成效明显。但因两国国情迥异，面临困难也在所难免。印尼的营商环境不佳，存在政策协调与运行机制不足等问题。囿于双方政治制度的差异，中印尼两国在政策法规、税收制度、投资准入等方面存在较大差异，这导致企业在投资和运营过程中面临政策协调难题。印尼的政策环境相对复杂，尤其是行政审批程序繁复，地方政府的协同和协调能力有限，程序性贪腐问题严重，导致项目

---

① 《福州优化营商环境 护航企业发展》，福州新闻网，https：//news.fznews.com.cn/fzxw/20250121/t9m53aewF9.shtml，2025年1月21日。

推进缓慢。印尼中央与各地方政策执行脱节较为严重,使得企业在落地过程中可能遇到审批流程烦琐、政策执行不一致等困扰。尽管中方已提出多项支持政策,如税收优惠、通关便利等,但这些政策在印尼方落地实施仍需持续跟进推动。例如,两国在海洋合作方面仍存在"谈得多,做得少"的现象,许多协议仍未能有效落实。印尼方园区的政策配套上存在较强滞后性。此外,印尼的政治经济环境存在一定不确定性,使得企业在投资过程中可能面临政策变动、汇率波动等风险。

(二)文化与法律差异给企业运营带来挑战

中印尼两国在文化、语言、风俗习惯等方面差异明显,致使企业在投资和运营过程中面临跨文化经营与管理的困难。例如,企业在印尼开展业务时,可能因对当地文化了解不足,导致沟通障碍或管理困难进而引发摩擦。另外,印尼法律体系较为复杂,企业在投资过程中或多或少面临合规管理风险,尤其在劳动法方面,印尼监管要求较高,对追求效率的中国企业运营带来较大阻碍。印尼的土地法律和制度更是烦琐,土地所有权私有,征地难度大,中企投资和项目的规模化建设面临现实障碍。此外,在知识产权保护和核心技术共享,以及数字经济等新兴领域的政策法规方面,两国在认知与监管方面存在显著差异,凡此等等,都是示范园区企业合规运营需要克服的挑战。

(三)园区配套设施不足影响运作效率

虽然"两国双园"强调设施互通,但在实际操作中,两国在港口、交通、电力等基础设施方面的互联互通仍存较大缺口。尤其是印尼一方,道路交通、港口设施等基建落后,海关商检技术不足,园区生产配套服务缺口较大,影响合作的成效。印尼为群岛国家,地理条件复杂,物流运输成本较高、效率较低等严重影响了园区企业向周边的辐射。尤其是在"两国双园"建设的海洋渔业重点领域，受限于印尼的港口、交通、人员技术以及冷链物流体系的不完善，或者说尚未完全建立，水产品在运输过程中损耗较大，使得两国产业链协同无法达到最高效率。

印尼产业基础相对薄弱，产业链不完善，导致部分产业项目难以落地或运营成本较高。基础设施的不完善，使得产业链与供应链无法达到最优整合效应。如中方企业在印尼投资资源开发时，因供应链配套不完善，本地化生产难度大。虽然多个项目已签约，但产业集群的规模效能未充分发挥。近年来，印尼立法又要求资源型企业在印尼加工，使得一些中国企业运营面临一定困难。

（四）金融汇率问题制约示范园区发展

"两国双园"强调两个主权国家之间的经贸往来、产业合作，不可避免地涉及两国之间金融货币如何助力交易等问题。中国与印尼金融主权规则差异较大，货币汇率政策也差之较远，债券、股权、基金等市场化工具在有效促进示范园区企业发展等方面，缺乏有效的协商交流与机制保障，显然阻碍了两国之间有效推动经贸互动和产业链构建。这种短板在调研之中各方反馈较多。如货币跨境流动的额定限制、双方之间资本投资、基金运作的规范要求以及汇率稳定等，这些都需要在实践之中去探索，并形成稳定的制度保障。

（五）两国之间人才与技术合作有待深化

深入推动"两国双园"合作，需要大量的技术人才和专业人才支撑。对比中印尼两国高等教育现状，印尼当前的高等教育明显无法有效支持园区发展。技术人才和管理人才缺口较大，特别是技能型人才教育不足，使得"两国双园"合作人才缺口较大。未来，两国高端制造业和数字经济领域合作的推进，以及双方在清洁能源、新型材料等领域的合作开展，明显的障碍就是人才供给不足，这对两国深化合作形成制约，是亟待解决的问题。

此外，在推动经济发展的同时，如何实现绿色发展和可持续发展，也是"两国双园"面临的重要问题。如在海洋渔业和矿业开发中，如何平衡经济效益与环境保护仍需进一步探索。

四 政策建议

为有效推动中印尼"两国双园"长效发展，构建战略协同，需要两国在实践中不断完善策略，为该项目高质量发展保驾护航。相关建议如下。

（一）继续深化制度型开放

巩固发展成果，打造长效机制是保障"两国双园"可持续发展的关键。接下来，示范园区应贯彻习近平总书记指示，打造市场化、法治化、国际化的一流营商环境，进一步扩大高水平对外开放，深化制度改革。围绕产权保护、市场准入、公平竞争、社会信用等领域，持续完善政策体系，着力在提升营商环境上不断以创新促改革。

首先，示范园区可积极对标以"全面且进步"为目标的CPTPP，坚持制度创新撬动改革深化。一方面，对照CPTPP要求，认真梳理政策堵点与难点，稳步扩大规则、规制、管理、标准等制度型开放，推动双向投资、公平竞争、知识产权、国际贸易等领域与国际经贸规则相衔接；另一方面，立足沿海开放的基础，选好试点区域，以点及面，探索CPTPP政策创新落地的改进措施，为全面推广提供参考。其次，着眼强化要素保障，对照生产要素畅通流动、各类资源高效配置、市场潜力充分释放等要求，从优化政务服务入手，持续深化"放管服"改革，营造开放包容、公平竞争的市场环境，为对外开放提供高效稳定的营商环境。再次，进一步深化联席协作机制，强化联合服务机制，落实问题解决机制，拓宽服务广度，加大合作力度，推动项目管家服务提标扩面、提质增效、提档升级，打造多方合作共治新格局。最后，积极推动外国机构、企业、资本依法合规参与园区的运营共建，打造高端产业集聚区、科技创新示范区、对外合作先行区和绿色生态样板区，加速推进中国印尼城、特殊监管区、国际渔业合作基地三大重点支撑项目，为中印尼"两国双园"项目开发建设释放更多政策红利。

（二）提升示范园区承载能力

围绕福建省正在开展的新一轮园区标准化建设，中印尼"两国双园"建设以此为契机，紧扣新型工业化发展要求，坚持发展新质生产力，着力提升示范园区承载能力，增强对外开放的平台支撑。

过程中，围绕园区产业发展需要，抓好"硬项目"落地，推动园区电、热、气等配套建设；加快用地报批做增量、盘活低效用地做存量，实施标准用地转让，落实要素保障；坚持"提质增效"和"持续扩容"并行，积极申报新增专项债储备项目、全力争取中央预算内资金支持，用足用好银行项目融资授信，保障园区开发建设资金需求；提升港口效率，健全海铁联运、水水中转、中欧班列等常态化运行机制，扩大港口辐射腹地，带动开放空间拓展。

同时，示范园区应积极探索突破开发建设中的"软项目"问题，着力完善居住、教育、医疗、商业服务配套设施及户籍制度等，科学统筹生产、生活、生态，进一步优化开发区功能布局，充分吸引国内外一流大学、国内外知名科研院所、大型企业到园区建设联合实验室、跨国公司研发中心和世界顶尖科学家工作站等高端研发机构，推动开发区融入全球创新网络。鼓励开发区企业与跨国公司建立技术战略联盟，加强与跨国公司研发中心或国际前沿技术机构的科技合作，为园区产业集群发展赋能。

（三）延伸产业链，打造国内外循环互动的新高地

中印尼"两国双园"所属企业，应充分利用好政策优势和区位优势，深化"以侨招商""以商招商"，吸引更多境外闽商回乡投资创业。聚焦园区海洋渔业、热带农业、轻工纺织、机械电子、绿色矿业5条跨国合作产业链，探索构建"5+5"产业合作联盟。围绕两国资源禀赋、人才结构以及企业能力，着力构建"一个主题型产业园带动一个产业链"的发展模式，发挥链主企业的龙头效应，完善构建产业链，建设贸易、物流（冷链）、产能、金融、人文与健康5个国际合作平台，更好地吸引资本、技术、人才等要素集聚，形成产业立足、服务全面、制度创新的现代化经贸合作园区，形成以龙头为带动、以链条为纽带、以集群为支撑的现代化产业生态。探索产业链、供应链、价值链深度融合的国际分工合作模式，帮助企业拓展海外市场，做大做强，也可将海外产业链与国内产业链形成互补同构，形成协同效应，努力将园区打造成中国—东盟经贸合作新高地。

其中，海洋渔业经济是园区发展的重点产业链之一，未来将进一步形成捕捞、养殖、加工、仓储一体化的产业链，实现双方渔业全产业链发展的显著提升。立足食品产业基础，重点培育特色绿色食品产业园区，围绕国内外龙头企业，拓展上下游相关产业，持续打造产业集群等。积极推动园区跨境电商发展，打造"跨境电商+开发区产业链"新模式，推动共建跨境产业链供应链建设。鼓励从事跨境贸易的开发区企业通过物流合作等方式，在共建"一带一路"国家、RCEP成员国、中欧班列沿线国家通过合建、租赁共建共享公共海外仓，加快在新兴市场国家深度布局仓储网点。积极探索搭建大宗商品交易中心、全球集散分拨中心等载体，努力构建"交易在福清、交

割在全球"的开放格局。未来，立足数字产业发展需要，应积极推动"两国双园"数字融合发展，探索建立"两国双园"数据中心基础上的中印尼数字产业合作模式，建立健全数字产业互联机制，实现两国企业之间的数据交流与合作。

（四）加强两国人才合作

为进一步深入推动"两国双园"发展，需要把人才集聚放在核心位置，具体可采取以下举措。①积极引进高端人才。以龙头企业和各类创新平台为依托，围绕产业发展需求，加快高层次科技人才团队引进，引进或培育科技领军人才、青年科技人才、科技产业组织人才、卓越工程师、高素质技术技能人才、杰出工匠，实行"一人一策"。面向海内外招才引智，设立留学人员创业园，以集聚留学回国人才创新创业。②激发人才创新创造活力。完善人才激励与评价机制，健全以创新能力、质量、实效、贡献等为导向的科技人才评价体系，构建充分体现知识、技术等创新要素价值的收益分配机制。完善人才落户、医疗、住房、子女就学、配偶就业等配套政策，探索建设国际人才社区，为人才提供良好的后勤保障服务。弘扬科学家精神，营造创新文化氛围。③畅通人才输送渠道。深化与印尼华人社会的合作关系，加大海外人才合作站建设力度；依托在闽高校与印尼高校的合作，推动建立两国园区人才培训中心，设立人才培养实训基地、一站式人才服务中心等，为园区企业提供针对性的技能培训，以满足园区对专业人才的需求；鼓励园区引进省内高校、科研院所的科研人员到园区内企业兼职创新或在职创办企业、离岗创办企业，促进高校、科研院所选派科研人员到企业工作或参与项目合作。④利用中国侨智发展大会平台优势，紧扣示范园区重点产业，布局人才链，探索打造"侨海人才云端直通车"，让海外侨界人才了解双园引才举措、人才需求，同时提供线上产业对接、人才对接服务，促进"离岸"孵化。

（五）进一步扩大金融领域的开放合作

为强化金融支持"两国双园"建设，应坚持开放合作、先行先试，加强金融创新，探索海外投资资本自由流动路径，为中国深化金融改革提供动力。积极争取更多国家在园区进行金融业对外开放相关试点；探索人民币跨境使用、外汇管理体制改革等金融管理创新方式。尤其是支持出海企业持有的金融资产在本币与主要国际货币之间进行兑换，需要探索"资金流动自由"方式，进一步扩大金融开放，建设以跨境金融和离岸金融为特色的国际金融中心核心承载区，为人民币国际化和资本项目完全可兑换提供国际化实验场景和有效的实施路径。

应进一步探索数字人民币应用、优化跨境金融服务等的创新试点，在科技金融、绿色金融、普惠金融、养老金融、数字金融等方面深化对接，携手开创金融高质量发展新局面。鼓励园区设立产业投资、创业投资、股权投资、科技创新、科技成果转化引导基金，适时扩大基金规模。鼓励商业银行、保险公司和科技金融服务专营机构加大对园区科技企业信贷投放和风险保障支持力度。支持园区打造中小企业融资创新服务示范平台、区域科技型企业征信平台、政企资源对接和交流平台等科技金融服务平台。支持示范区探索多途径融资模式，通过运用多维度金融手段稳链、固链、强链，实现订单交易、仓储物流等基础数据交互，有效提升供应链上下游协作黏性，推动供应链、产业链和创业链深度融合发展，真正将供应链变为共赢链，[1] 提升供应链整体竞争力。

---

[1] 《冻品加工类供应链业务落地中印尼"两国双园"》，投资福州，https：//tzfz.fznews.com.cn/node/11696/20240402/660bcef904523.shtml，2024 年 4 月 2 日。

（六）推动"两国双园"更广泛协同发展，探索"两国双园+"模式

作为共建"一带一路"的创新项目，"两国双园"不仅为中国与印尼合作构建了新高地、新平台，也应以深化东南亚区域合作，进而打造出可复制、可推广的协同发展新模式为目标。一方面，应积极推动示范园区与更多境外投资园区互联互通，建构"多国多园区联盟"联合体，鼓励园区内企业与相关国家机构合作，参与建设境外经贸合作区、产能合作区等；支持示范园区开展海外科技孵化投资，推动与欧美等发达国家和地区建立海外创新服务综合体，吸引高端项目与高层次专家团队，打造产业相互循环、合作共赢的国际化示范园区。另一方面，推动示范园区扩大福建省优势产品向印尼以外的东盟国家市场出口，复制开发区成功模式，联合外资共同开发第三方市场，深化园区国际化发展。大力支持示范园区对接中欧班列，促进园区企业依托物流大通道拓展跨境市场，提升规模效益；探索"丝路海运+产业园"合作模式，深化与东盟的产业合作对接，打造贯通南北、连接东西、通江达海的示范园区，努力在国内国际双循环中发挥集聚、辐射、服务等重要功能，进而形成"两国双园+"的协同发展新模式。

（七）深化民间合作，搭建对接平台，助力闽企出海

在深化"两国双园"跨国合作同时，为营造两国经贸合作的良好局面，双方应充分让民间力量在"两国双园"建设中发挥能动性。第一，借助印尼闽籍华商的优势，从建立特定产业链快速对接的机制和平台入手，实现福建与印尼建立产业互联、设施互通、政策互惠的结对合作机制，推动两国间海洋产业、食品产业深化合作。第二，借助海外闽商网络，积极推动中方园区和印尼方园区共同成立一个高级别合作交流机构，常态化规范开展各级会谈和协商工作，加强两国园

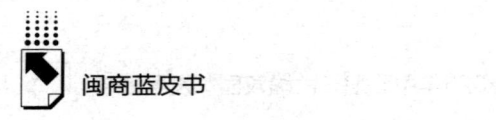

区在通关政策和流程方面的交流与合作，及时掌握企业在投资经营中遇到的难题，确保各项政策的高效对接。第三，推动两国高等院校围绕"两国双园"，打造"研究+服务"的新型智库建设，加强企业合规化运营管理以及税务、法律规范等课题研究，搭建更多的经贸活动平台和项目信息平台，提供投资指南，为企业出海落地提供对策服务，如项目选址、对接洽谈等。第四，大力提倡和弘扬闽商特色的企业家精神新内涵，打好国际闽商牌，营造开放包容的营商环境，调动海内外闽商创业投资的热情，为建设民营经济强省做出贡献。

园区所在的福清更应立足自身丰富的侨力资源，传承习近平总书记"大侨务"观念，以世界福清同乡联谊会等海外社团和重点融商为纽带，引侨海之资、聚侨海之力、汇侨海之智，为园区合作开辟新格局。发挥商会行业协会等在地组织的纽带作用，促进产业链、供应链和生产链的双向延伸，积极有效推动园区发展。

推进中印尼"两国双园"建设，打造产业相互循环、合作共赢的示范园区，努力在国内国际双循环中发挥集聚、辐射、服务等重要功能，探索产业链、供应链、价值链深度融合的国际分工模式，此举是福建对外开放发展的创新举措，更是打造中国与东盟国家经贸合作交流新高地的创新性探索。未来，各方需进一步完善示范园区各项建设，不断深化改革，努力将园区打造成为"一带一路"高质量建设的新标杆。

B.9 2025年闽商企业党建工作发展报告

游璐妍 黄佳欣 张婷枫 黄轩昊*

摘　要： 高质量党建是推动闽商企业发展壮大的重要保证。闽商企业党建工作经历了初步探索、规范完善、全面发展三个阶段，根植于闽地深厚的红色文化基因，也引领着闽商企业的高质量发展。当前，闽商企业的党组织数量与覆盖率不断提升，基层党建工作持续推进，企业将党建工作要求纳入公司章程，从资源支持和制度设计上强化组织基础，充分发挥党组织决策指导作用。福建省工商联所属商会立足"党建领航、亲清铸魂、高质发展"的"三位一体"商会党建理念、落实"五项机制""五个同步""四大举措""三个结合"的"5543"商会党建工作机制，助力商会党建工作取得成效。代表性闽商企业党建工作各具特点，以创新的党建工作机制与模式，建设形成特色党建品牌，传递了党建工作与业务融合的宝贵经验，展现新时代闽商企业高质量党建工作。未来，闽商企业将继续坚持和加强党的全面领导，推动党建与企业经营深度融合，完善党组织管理水平，优化党建人才队伍培养，围绕"闽商精神"加强党建品牌建设，以高质量党建推动闽商企业与国家发展同频共振。

关键词： 闽商　党建　工作机制　红色基因

---

* 游璐妍，福州大学经济与管理学院硕士研究生，主要研究领域为公司治理；黄佳欣，福州大学经济与管理学院硕士研究生，主要研究领域为政策绩效评价；张婷枫，福州大学经济与管理学院硕士研究生，主要研究领域为资本市场理论与实务；黄轩昊，福州大学经济与管理学院副教授、硕士生导师，主要研究领域为公司治理与政策绩效评价。

2025年2月17日，习近平总书记在出席民营企业座谈会时强调，广大民营企业和民营企业家要"坚定做中国特色社会主义的建设者、中国式现代化的促进者"。党的二十大报告指出，中国式现代化是"中国共产党领导的社会主义现代化"，因此，加强党的建设为中国式现代化的实现提供根本保证，高质量党建是高质量发展的引擎和保障。民营企业是社会主义市场经济的重要组成部分，其特殊地位决定了民营企业的党建工作意义重大。党的十八大以来，习近平总书记对推动民营企业高质量发展做出一系列重要指示，民营企业通过深入贯彻习近平总书记重要指示精神，对加强党建工作进行不断探索，推动新时代民营企业党建工作取得新成效、实现新突破。

一　闽商企业党建工作历史发展与演进

（一）初步探索阶段：厚植红色基因，探索组织建立

福建作为中国革命的重要发源地之一，有着丰富的红色文化资源和深厚的革命传统。在福建红色文化熏陶下，闽商在创业过程中深受红色基因影响，秉持艰苦奋斗、敢为人先的精神，为企业发展拼搏，也为党建工作中红色基因的传承奠定了精神基础。

改革开放初期，随着市场经济逐步建立和完善，闽商企业开始崭露头角。此时，党组织多存在于国有企业或集体企业，非公有制经济组织的党建工作存在党组织覆盖率低、党组织的作用发挥得不好等问题[1]。而在这一时期，恒安集团、福耀玻璃等闽商企业陆续尝试建立党组织，开启了闽商企业党建工作的有益探索。

---

[1]《关于印发〈关于在个体和私营等非公有制经济组织中加强党的建设工作的意见（试行）〉的通知》，中组发〔2000〕14号，2000年9月13日。

（二）规范完善阶段：组织发展壮大，融合文化建设

进入21世纪后，闽商企业党建工作规范化、系统化日渐提升。2000年《关于在个体和私营等非公有制经济组织中加强党的建设工作的意见（试行）》出台，福建省出台相应的配套政策。在政策推动下，闽商企业中的党组织数量不断增加，一些规模较大的闽商企业开始建立党支部，党组织在企业中的政治核心作用和党员的先锋模范作用开始凸显，党建工作与企业经营管理的融合度快速提升。

晋江恒安集团、七匹狼等企业成立党委，探索"党建+企业文化"模式，推动"党建与企业发展双赢"[1]。这一时期，闽商企业在发展过程中，更加注重企业文化建设，开始将红色基因中的爱国、奉献、拼搏等精神融入企业文化，通过组织员工参观红色教育基地、开展红色主题活动等方式，增强员工的凝聚力和归属感。党建工作的内涵也不断丰富，不仅在企业内部开展常规的党员教育、组织生活，还开始将党建与企业文化建设、社会责任履行相融合，例如，组织党员参与公益活动、助力地方扶贫等，让党建工作成为闽商企业展现良好形象、回馈社会以及提升自身竞争力的重要助力，党组织在企业决策、稳定发展等方面发挥着越来越重要的作用。

（三）全面发展阶段：组织优势凸显，创新实践发展

党的十八大以来，全面从严治党向基层延伸，对非公有制经济组织党建工作提出了更高要求和标准。福建省委、省政府高度重视非公有制经济组织党建工作，出台了一系列更加具体、更具针对性的政策措施，闽商党建工作迎来了高质量发展的新阶段。

---

[1] 人民日报客户端福建频道：《福建晋江：党建引领民营经济高质量发展》，人民日报客户端，https://www.peopleapp.com/column/30035355607-500000408208，2023年8月4日。

2012年，福建成立省委非公企业工委，2016年升级为两新工委，形成"纵向到市县、横向到行业"的党建管理体系①。2017年起，泉州、晋江等民营经济活跃地区率先推进"党建入章"，将党组织嵌入企业治理架构②。

2017年以来，福建开展党建强企"联合行动"。2019年发布了深入开展助推民营企业"强党建、促发展"联合行动方案，通过整合涉企部门资源，建立民营企业党组织与涉企部门对接机制，发挥党组织优势，落实强企惠企政策，解决营商环境问题，实现民营企业党建与发展双强③。

2021年，福建省市场监管系统推进非公党建工作，以习近平新时代中国特色社会主义思想为指导，通过加强党员教育管理、提升党建"两个覆盖"、落实"五项制度"等方式，深化党建创新，不断提高党建工作的质量和水平，促进党员发挥先锋模范作用，推动企业创新发展，为闽商持续发展提供坚实的政治保障和组织保障④。

福建省工商联紧扣"两个健康"工作主题，创新打造"党建+闽商引领""党建+闽商发展""党建+闽商回归""党建+闽商兴村"工

---

① 郑育红：《[喜迎二十大　建功新福建·基层党建篇之六]福建两新组织党建：推动民企党建和发展"双促进、双提升"》，央视网，https://local.cctv.com/2022/08/28/ARTIqYZ8GxWNjfzEPtXMGxkC220828.shtml，2022年8月28日。

② 刘时安、陈雨桐：《闽山闽水映"红心"——写在中国共产党建党100周年之际（福建篇）》，人民网-党建频道，http://dangjian.people.com.cn/n1/2021/1008/c117092-32247364.html，2021年10月8日。

③ 《关于深入开展助推民营企业"强党建　促发展"联合行动实施方案》，福建基层党建，https://mp.weixin.qq.com/s/vWpN8l06Dn 2F5Rx Qne-8AQ，2024年11月28日。

④ 《福建省市场监督管理局关于印发非公党建工作2021年工作要点的通知》，福建省市场监督管理局，https://scjgj.fujian.gov.cn/zfxxgkzl/xxgkml/ghjh/ghxx/202104/t20210416_5575794.htm，2021年4月9日。

作模式①。发挥福建红色资源丰富和改革开放前沿的优势，开展特色教育活动，培育高素质的民营企业家，在营造优质高效的营商环境和促进共同富裕方面都取得实质性进展。

近年来，党建工作更加注重创新性和实效性，运用互联网、大数据等现代信息技术手段创新党建工作的方式方法。福建省工商联创新商会党建工作体制机制，通过搭建"闽商讲堂"网络学习平台等方式，深入学习习近平新时代中国特色社会主义思想，依托福建省"党企新时空·政企直通车"等平台，推动惠企政策落实等，对闽商企业党建工作起到明显的推动作用。截至2024年，全省工商联所属商会党组织覆盖率达97.9%，增强了党对民营经济的领导力和民营经济人士的凝聚力。②

纵观闽商企业发展党建工作的历史进程可以发现，其发展与演进既受到国家与福建省重要政策的强力驱动，又根植于闽地深厚的红色文化基因，同时与民营经济的历史变迁紧密相连。通过发展党建工作，加强了闽商企业员工对党的政治认同，也畅通了政企沟通桥梁。例如，福建省工商联创新搭建"党企新时空·政企直通车"平台，健全问题诉求收集办理流程、促进惠企政策落地。实践表明，完善党建工作不仅强化了政治引领，确保闽商的政治思想正确，还促进了政企高效互动，助力闽商企业高质量发展。

---

① 《福建：省工商联"党建+"提质增效促发展　创新构建"闽商引领　闽商发展　闽商回归　闽商兴村"工作模式》，中华全国工商业联合会，https://wap.acfic.org.cn/gdgslgz/fj/bjgslgz/202208/t20220829_111508.html，2022年8月29日。

② 《福建省工商联：创新实践"334"党建工作体制机制　打造"先锋商会　红耀森林"党建品牌》，福建支部生活微平台公众号，https://mp.weixin.qq.com/s?__biz=MzI1NDc5Njg5Ng==&mid=2247542312&idx=1&sn=c62007e13e030c0a d8a66f4b8e60e270&scene=0，2024年8月28日。

二 闽商企业发展党建工作的主要成效

（一）闽商企业党建工作总体情况与成效

1. 党建引领筑牢企业根基

福建省民营企业持续深化党企融合发展格局，不仅致力于将党建深度融入企业战略规划、文化建设、生产经营等多个领域，同时表现在党建引领公司治理建设与社会责任履行。福建省工商业联合会《2024福建省民营企业社会责任调研分析报告》显示，在参与调研的697家民营企业中，396家企业已建立党组织，覆盖率达56.8%，其中党支部占比79.3%（见图1），成为基层党建的核心力量。企业为党建工作提供的支持方面，83.8%成立党组织的企业为党建工作专项配置经费以及场地支持，72.7%配备专门的党员活动室，43.7%的企业将党建工作要求纳入公司章程，从资源支持和制度设计上维固组织基础。[①] 在党组织发挥的作用方面，调研显示，党组织能够充分发挥对工会、团组织的指导作用，并且推动党建工作与企业生产经营活动的紧密结合。

闽商企业党组织有效推进党建工作、发挥引领作用，根据调研显示，其核心作用集中体现在两个方面：首先是充分发挥对工会、团组织的指导作用；其次是将党建工作与企业的生产经营活动紧密结合。这反映出闽商企业党组织不仅具备传统的指导监督功能，同时能够为企业价值创造发挥作用，既夯实了基层组织建设根基，又助力了企业的高质量发展。

---

① 福建省工商联：《2024福建省民营企业社会责任调研分析报告》，2024，第24页。

党支部
79.3%

已建立党组织
56.8%

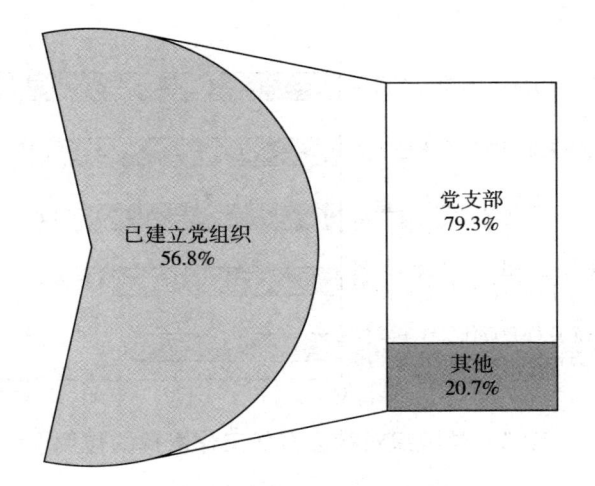

其他
20.7%

图 1　闽商企业党组织建立调研情况

2. 多元赋能深化社会责任

通过完善党组织领导下的党建工作，闽商企业强化了企业责任意识，将社会责任理念贯穿企业各层面，将社会责任实践融入企业活动。根据调研分析报告显示，41.2%的企业党组织将社会责任纳入企业党建的重要工作内容，37.3%的企业党组织支持企业开展社会责任活动，31.8%的企业党组织促进公司董事会重视企业社会责任工作，28.9%的企业党组织推动企业将党建、现代企业制度与社会责任相结合，探索完善中国特色现代企业制度，24.8%的企业党组织在企业社会责任工作中发挥方向引领和指导协调作用（见图2）。通过将社会责任融入企业党建工作，强化了企业有效识别社会责任事项、积极履行社会责任。

3. 驱动ESG实践，推进高质量发展

闽商企业在党建引领下深化社会责任，将ESG建设融入发展实践，推动可持续发展。调研分析报告显示，14.5%的企业把ESG纳入战略规划，10.8%的企业设立专门的ESG管理部门，7.6%的企业及时披露ESG相关信息，6.2%的企业定期发布ESG报告（见图3），

闽商蓝皮书

党组织作用	百分比
将社会责任纳入企业党建的重要工作内容	41.2
支持企业开展社会责任活动	37.3
促进公司董事会重视企业社会责任工作	31.8
将党建、现代企业制度与社会责任相结合，探索完善中国特色现代企业制度	28.9
在企业社会责任工作中发挥方向引领和指导协调作用	24.8

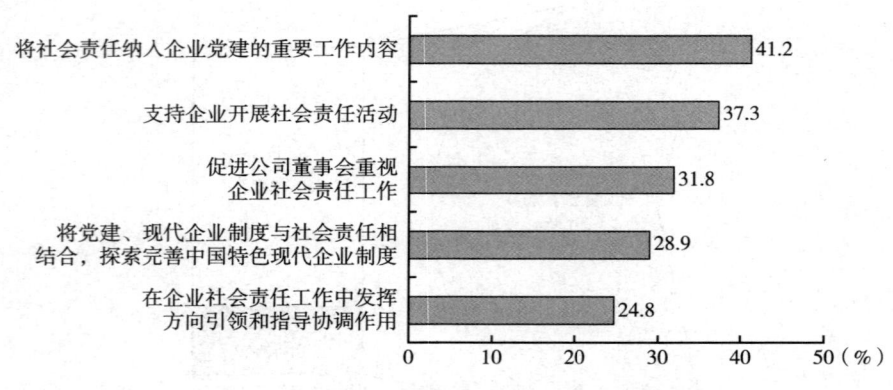

图 2　党组织对社会责任工作发挥的作用

提高管理透明度。还有一些企业通过强化 ESG 实践提升了风险管控能力，优化了决策机制，降低了融资成本，进而逐步构建起持续发展的能力体系，助力企业向更高质量转型。

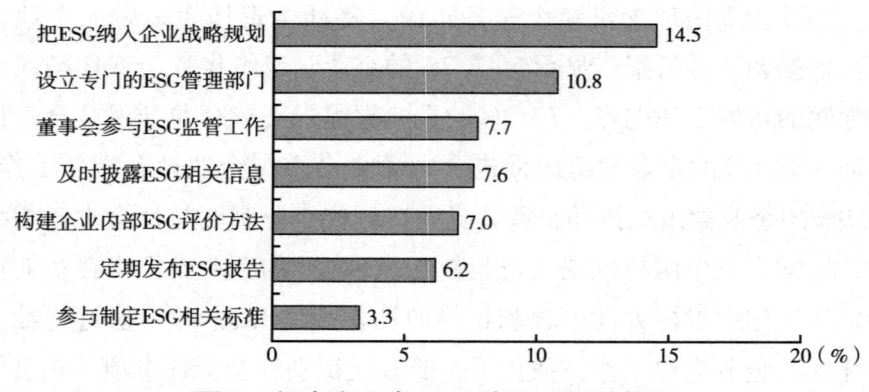

ESG 措施	百分比
把ESG纳入企业战略规划	14.5
设立专门的ESG管理部门	10.8
董事会参与ESG监管工作	7.7
及时披露ESG相关信息	7.6
构建企业内部ESG评价方法	7.0
定期发布ESG报告	6.2
参与制定ESG相关标准	3.3

图 3　闽商企业在 ESG 方面采取的措施

（二）商会党建建设工作情况

我国商会组织是社会主义现代化建设的重要力量、党的工作和群众工作的重要阵地。根据中央和省委的决策部署，福建省工商联党组落实对所属商会党建工作全面从严治党主体责任，探索和形成有效体制机制，促进商会党建工作不断推进与持续完善，取得了一系列实践成效。

1. 特色体制机制促党建

（1）"三位一体"商会党建理念

福建工商联提出"党建领航、亲清铸魂、高质发展"的"三位一体"商会党建理念。党建领航是方向，亲清铸魂是规矩，高质发展是目的。这一理念把所属商会党建与构建亲清新型政商关系、非公有制企业高质量发展融为一体，相互促进发展。所属商会党组织在省工商联社会组织行业党委领导下，全面构建新时代商会党建新格局。一是突出政治引领，通过深化理想信念教育引导商会会员厚植为民情怀，推动构建"亲不逾矩、清不疏远"的新型政商关系；二是强化发展赋能，指导商会会员企业贯彻新发展理念，从追求规模增长转向创新驱动发展，加快产业转型升级步伐；三是坚守精神阵地，将商会打造成红色精神家园、诚信经商家园、创新创业家园、服务会员的家园。[1]

（2）"5543"商会党建工作机制

"5543"商会党建工作机制是指"五项机制""五个同步""四大举措""三个结合"，"5543"机制推动了商会党建工作有效落实、发挥成效。

① "五项机制"保障规范运行。"五项机制"涵盖运行机制、联动机制、考核机制、工作机制与经费保障机制。第一，采取"一方隶属，多重管理"的模式运作，健全商会党建工作领导机构和办公室设置，明确社会组织行业党委的工作职责，确保商会党

---

[1] 福建省工商联：《商会党建工作的探索》，《中华工商时报》2022年8月4日第3版。

支部建在商会决策监督管理层，充分参与商会管理。第二，建立社会组织行业党委与机关党委工作联席会议制度，行业党委与机关党委机构平行运作、党委办人员交叉任职，划分不同联系片区对应党支部，并以机关与商会党支部开展"1+N"的结对共建形式，实现共同发展。第三，在此基础上，每个片区认定1个牵头党组织，负责该片区商会党建工作的协调和考核，同时将商会党建纳入省工商联领导班子和党员干部实绩考核体系，形成党组织书记负总责，党委委员、党支部书记抓党建指导员和支部党员，一级抓一级、层层抓落实的工作局面。第四，完善各项制度，选派机关在职和离退休党员干部担任党建指导员，引导推进自谋职业的退役军人进入商会承担具体党建工作，指导企业完善党建工作。第五，明确商会要为党组织活动提供的支持与保障，健全党建经费经常性投入保障机制。

②"五个同步"增强党组织工作覆盖面。福建工商联创新建立商会党建"五个同步"，包括商会年检（注册）审查与党建调查同步、组织组建与管理同步、成立党组织与成立商会同步、考察商会领导班子与考察党组织领导班子同步、谋划商会工作与谋划党建工作同步，确保商会党组织工作有效开展与稳步推进。

③"四大举措"提升党建质量。福建工商联并行多项举措推进商会党建工作，促进党建质量持续提升。首先，强化学习教育机制，通过组织专题学习、领导班子成员进商会和企业宣讲、专题培训班、理想信念实践活动等提升成员政治素养；其次，从专项资金扶持和人才培育等方面加大帮扶力度，筑牢组织发展根基；再次，通过出台《党建工作指导员工作制度》《社会组织行业党委工作制度（试行）》等文件，结合行业党委工作例会制度、挂钩联系商会制度等，明确党建工作标准，优化制度管理；最后，以党支部"达标创星"活动为抓手，着力培育党建示范点和闽商廉洁文化示范点，凝练特色

亮点。

④"三个结合"发挥党建引领作用。在党建工作中推动"三个结合",即将党建工作与商会建设相结合、将党建工作与企业文化建设相结合以及将党建工作与社会服务相结合,能够提升党建引领下企业的整体发展效能。

2. 实践探索成效显发展

近年来,福建省工商联秉持"三位一体"商会党建理念,坚持实施"5543"商会党建工作机制,在党建工作中取得了一定实践成果。

（1）党组织数量与覆盖率不断提升

截至2022年6月,省工商联所属商会已成立党组织87家,建成实体党支部4家,党的组织覆盖率达96.6%,党的工作覆盖率为100%。[①] 省级商会中有11家商会获评5A级商会,16家与12家分别获评4A和3A级商会；另建成全省非公有制企业党组织示范点3家,省级先进基层党组织8家,成立13个省级商会党建示范单位、15个省级闽商廉洁文化示范点。同时,95%的商会党组织书记进入商会中高级管理层,激发了商会的活力,党建已成为福建商会组织和非公有制经济发展的"红色引擎"。

（2）服务经济质效双升

在省工商联的领导下,党建工作有效培育区域经济韧性,实现产业升级赋能。2023年,全省民营经济增加值达3.7万亿元,同比增长4.3%,占全省GDP的68.3%,贡献了全省70.6%的税收。[②] 同

---

① 俞凤琼：《福建省工商联"党建+"提质增效促发展》,《中华工商时报》2022年8月29日第5版。
② 《优化营商环境工作典型经验之福建省实施新时代民营经济强省战略促进民营经济发展壮大》,福建省发展和改革委员会,https：//fgw.fujian.gov.cn/zwgk/xwdt/bwdt/202406/t20240612_6465431.htm,2024年6月7日。

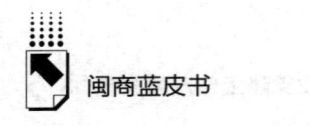

年,在福建省第十三届民营企业产业项目洽谈会上,集中签约了 50 个重点项目,总投资达 1213 亿元。①

(3) 推动社会共同进步

福建商会党组织立足于促进全社会共同进步的出发点,积极参与社会治理,引导企业积极履行社会责任,加快建设"机制活、产业优、百姓富、生态美"新福建的进程。截至 2023 年 7 月底,在"万企帮万村"精准扶贫行动中,全省 1853 家民营企业(商会)与 2425 个贫困村签订结对帮扶协议,实施"兴村"项目 2963 个,经营类项目投入 100.02 亿元,公益捐赠类项目投入 94.34 亿元。②

三 代表性闽商企业党建工作典型实践

(一)宁德时代党建工作实践

1. 公司背景

宁德时代新能源科技股份有限公司是全球领先的新能源创新科技公司,成立于 2011 年,总部位于福建省宁德市。公司专注于动力电池系统、储能系统的研发、生产与销售,致力于为全球新能源应用提供高效解决方案。

作为全球新能源产业的领军企业,宁德时代在推动技术创新的同时,始终将党建工作作为企业发展的核心动力,积极探索非公企业党建与生产经营深度融合的实践路径。2022 年,宁德时代党建案例入

---

① 徐志南、俞凤琼:《福州市工商联锚定民营经济高质量发展》,《中华工商时报》2023 年 8 月 10 日第 1 版。
② 徐志南、俞凤琼:《福建"万企兴万村"行动铺展美好画卷》,《中华工商时报》2023 年 8 月 15 日第 5 版。

选福建省新时代"党建品牌""优秀案例"。①

2. 党建工作主要成效

宁德时代先有党支部后成立公司，创业团队中13名党员在公司创立初期就组建了党组织。② 在公司发展的不同阶段，党建工作重点不同。初创期，党建工作围绕厂房建设和发展规划展开，党员骨干发挥了重要作用；发展期，基层党支部通过创新工作机制、开展党建共建等方式，助力解决人才问题，推动业务发展；上市后，公司扛起社会责任，开展多项公益项目并参与可持续发展工作。从宁德时代的党建工作中可以发现，宁德时代党委将党的创新理论转化为企业发展方法论，推动党建机制与管理制度深度融合，形成了独具特色的党建品牌和组织建设经验。

（1）发展"一建四联"，优化党建工作机制

宁德时代借鉴"支部建在连上"的历史经验，提出"支部建在部门上"的党建理念，通过深化"支部建在部门上，推进党企联席、党群联动、支部联建、党员联带"为主要内容的"一建四联"党建工作机制，将党组织覆盖市场、研发、运营、集团四大体系，并首创"荣誉书记"制度，由党员高管兼任党支部书记，采取"书记+委员+党办专员"的"三驾马车"模式，推动党建与业务深度融合。③

宁德时代处于技术快速迭代的行业环境中，人才是其保持技术领先的关键。宁德时代党委通过"双向进入、交叉任职"等机制，培养和任用了一批既懂党建又懂业务的党员人才，并通过"党员联带"

---

① 《福建省新时代党建品牌、优秀案例征集活动初选名单公布》，人民网-福建频道，http：//fj.people.cn/n2/2022/0317/c181466-35178849-4.html，2022年3月17日。

② 《宁德时代：将支部建在部门上》，中国汽车报网，http://www.cnautonews.com/djpy/2021/05/12/detail_20210512334794.html，2021年5月12日。

③ 《宁德时代：将支部建在部门上》，中国汽车报网，http://www.cnautonews.com/djpy/2021/05/12/detail_20210512334794.html，2021年5月12日。

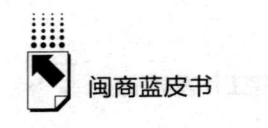

引进高端人才，增强了党组织在企业中的话语权和影响力，形成了党企融合共建的良好局面。

（2）联动群团组织，维护职工利益

宁德时代党委积极发挥工会、妇联、共青团等群团组织的作用。一方面，通过召开党企联席会议等各级会议，制定人事、后勤等政策，保障职工利益；另一方面，通过创办兴趣协会、志愿者服务队等，丰富员工文化生活，构建"党群一体化"工作新格局，凝聚青年力量。

宁德时代党委还搭建"党委心愿墙"等沟通平台，倾听员工诉求，维护员工权益。同时，通过"一月多主题"党日活动等给予员工关怀和福利。在新冠疫情期间，公司党委迅速行动，组建管理机制，保障员工安全和公司正常运营，获得省级荣誉。

（3）加强党员教育，促进文化建设

宁德时代党委高度重视提高党员的思想觉悟，利用高科技手段强化党员学习教育。在党员人数增多后规范党建工作，开展了"两学一做"等一系列学习活动，制定学习计划，建立党委微信公众号、党委官网、党员邮件群等线上学习平台，开设"党员大讲堂""微党课"等，方便党员们利用碎片化时间学习。[1]

同时，宁德时代党委积极参与企业文化建设，宣传企业文化核心价值观，将党建文化与企业文化相结合，并与公司行为准则委员会配合，抓好党员作风纪律问题。

（4）党建联建共建，创新合作模式

宁德时代积极与不同单位的党组织通过资源共享、优势互补、活动共办等方式开展合作共建活动。

2021年，宁德时代等20家产业链上下游企业及相关部门党组织联合

---

[1] 张文奎：《宁德时代新能源："四联"党建，红色引擎》，宁德网，https://www.ndwww.cn/xw/ndxw/2017/0620/51149.shtml，2017年6月20日。

发起成立了福建宁德市锂电新能源产业链党建联盟，旨在通过党建引领推动锂电新能源产业高质量发展，打造"宁德样板"。通过推行"理论联学、资源联享、活动联办、队伍联建、工作联动、纪律联抓"的"六联"模式，形成"1+1>2"协同效应，探索党建引领产业集群发展的实践路径，打破要素保障部门、国企与非公企业间的体制机制障碍，增强产业链企业抱团发展能力，强化了宁德时代在全球产业链中的竞争力。①

2024 年，宁德时代党委与宁德师范学院附属宁德市医院签订党建共建协议，以"党建+医疗"为切入点，双方进行党建共建成果交流座谈，探索医企合作新机制，期望通过党建与业务融合，实现医企合作共赢，为宁德经济社会发展提供医疗保障。②

通过党建联建，各党组织可以相互学习借鉴党建工作的先进经验和做法，有效打破业务壁垒，实现信息共享和资源整合，提升双方人才综合素质。

（5）履行社会责任，打造公司党建示范阵地③

对于上市企业而言，良好的企业形象以及较高的品牌知名度至关重要。宁德时代在公司党委的有力引领之下，始终将履行社会责任视为企业发展的重要使命，积极承担社会责任，提升自身品牌的美誉度与影响力。

在乡村振兴方面，成立了"闽东时代乡村振兴基金"，认缴 5 亿元支持宁德市集体经济薄弱乡村发展，并定向投入下党乡"定制茶园"、霍童镇茶园改造等项目；在公益事业方面，结对帮扶 57 名困

---

① 《福建宁德市：党建联盟赋能锂电新能源产业》，平顶山党建网，http：//www.pdsdj.gov.cn/contents/18880/415165.html，2021 年 5 月 10 日。

② 《党建共建促融合，医企共筑健康路——我院赴宁德时代新能源科技股份有限公司开展党建共建暨义诊活动》，宁德师范学院附属宁德市医院，https：//mp.weixin.qq.com/s/wopgI3_SU-OOF9rISOM_gw，2025 年 3 月 6 日。

③ 陈元太：《"一建四联"聚力党建工作机制》，《董事会》2021 年第 6 期。

难学生，并投入1000万元支持西藏教育医疗事业，疫情期间还捐赠1000万元支援武汉；在可持续发展方面，党委引领企业制定零碳战略，推动社区经济与生态协同发展。

在打造党建示范阵地方面，宁德时代党委利用宁德作为习近平新时代中国特色社会主义思想实践地的优势，组织党员学习《习近平在宁德》等书籍，并依托寿宁下党等红色资源开展现场教学。同时，建立桃花溪红色教育基地、党建成果展览馆、党群活动服务中心等实体阵地，通过可视化展示强化党员教育。

3. 总结

宁德时代的党建工作通过扎实的组织建设、特色的品牌打造以及创新的党建模式，实现了党建与企业发展的同频共振。它不仅为企业自身在新能源领域的持续领航提供了坚实的政治保障和强大的精神动力，也展现了闽商企业党建对推动生产发展的核心作用，激励着更多闽商企业在党建引领下不断奋进。

（二）"晋江经验"下的七匹狼集团与柒牌集团党建实践

习近平总书记在福建考察时强调，坚持"两个毫不动摇"，创新发展"晋江经验"。[①] 在民营经济蓬勃发展的晋江，党建工作成为民营企业高质量发展的"红色引擎"。晋江市作为中国民营经济重镇，涌现出七匹狼、柒牌集团等一批党建与经营深度融合的标杆企业。

1. 七匹狼集团党建工作

（1）党建机制创新发挥引领作用

七匹狼公司党委通过推行"双向融入、交叉挂职"机制，深度

[①] 林蔚、潘抒捷：《讲好"晋江经验"的民营经济好故事》，《福建日报》2024年11月23日第4版。

整合党组织与企业高层管理，并设立了《党企联席会议制度》。① 在该制度下，企业的党建工作、经营管理事务和重大决策活动，均需通过党企联合会议深入研讨。这一机制极大地促进了党群组织与企业管理层之间的信息交流，确保了党委在企业发展规划与战略决策中充分发挥政治引领的核心作用。

（2）"党建+人才"培养机制助推员工发展

七匹狼公司党委构建"党建+人才"培养机制，充分发挥党组织战斗堡垒和党员先锋模范作用，组织开展人才系列活动，培育"狼人"梯队，组建了"党员科技攻关小组"和"党员项目申报小组"，组织党员及员工参与研发工作，党员员工在各级多项比赛中取得佳绩，公司设计中心也获评国家工业设计中心。②

（3）"红色战狼"党建品牌融入红色文化基因

2021年6月18日，七匹狼"红色战狼之家"党建馆正式开馆，打造了"红色战狼"党建品牌，将党的红色文化基因融入企业的狼性文化，通过"狼首、狼道、狼魂、狼锐、狼群、狼风、狼爱"七个板块，展示党群组织与公司融合发展的成果。"红色战狼"非公党建馆见证着七匹狼企业党委与企业相互融合形成的特色党建工作成效，通过提升党建工作的质量，紧密团结了广大职工群众。同时，"红色战狼"精神成为推动企业健康发展的重要动力源泉。七匹狼先后荣获"泉州市先进基层党组织""泉州市非公企业党建工作融入企业治理示范点""福建省民营企业党建工作先进单位"等称号。

（4）党建铸廉体系护航企业前行

在公司党委的领导下，公司纪委携手法务部门，共同推进廉洁文

---

① 《七匹狼："红"狼力量 破浪前行》，《晋江经济报》2021年7月1日第14b版。
② 《党建馆记录三十一载七匹狼，七个板块突出党性》，中华经济发展网，https://baijiahao.baidu.com/s?id=1703520011988743334&wfr=spider&for=pc，2021年6月25日。

化建设与反腐败纪检工作，致力于营造一个清正廉洁的工作氛围，为企业的稳健前行提供坚实保障。为此，他们制定并实施了《七匹狼企业廉洁准则》，组织签署《廉洁从业承诺书》，并正式颁布了《七匹狼反腐败管理制度》，还精心编纂了《法务指南》等法律教育资料，以增强员工的法律意识。公司定期举办关于打击与预防企业职务犯罪专题讲座，成立内部审计稽核小组，这一系列举措赢得了国家监察委员会的高度认可，并被指定为"全国非公有制企业反腐倡廉工作联系点"。

（5）党群共建工作模式促进良性互动

七匹狼公司党委持续深化对新经济组织党建与群建工作的创新探索，充分发挥群团组织的重要作用，以此激发党建工作的蓬勃活力。通过不懈努力，逐步构建了一个以"党建引领群建，群建反哺党建"的"大党建"工作模式，实现了两者间的良性互动与共同提升。七匹狼企业获得全国"安康杯"竞赛活动优胜单位、"职工教育培训优秀示范点"、福建省"五一劳动奖状"、"工人先锋号"、"五四红旗团委"等奖项，这些都与企业党群共建工作模式带来的整体提升密切相关。

2. 柒牌集团党建工作

（1）打造党建特色品牌，融合企业治理发展

柒牌集团作为晋江市党建入章试点单位，在"形式上"完成"党建入章"后，进一步贯彻落实泉州市党建融入公司治理机制要求，以"中华立领"品牌文化为根魂，通过具体的制度抓手、项目载体为企业党组织授权赋能，打造"立领党建"特色品牌，走上"立"足企业实际需要、"领"航公司发展的效益党建之路，有效推动党建工作与企业治理深度融合、同频共振。[①]

[①] 《"党建入章"引领企业高质量发展——柒牌集团"立领党建"融入公司治理的实践探索》，非公企业党建网，http://www.fgdjw.com.cn/sq/202211/t20221124_25102227.shtml，2022年11月24日。

（2）探索党企共建新模式，落实强化党建新路径

柒牌集团成立了党企共建委员会，紧密贴合企业行政架构的特点，积极探索并实施党企挂钩、结对共建的新模式，旨在确保企业党建工作与企业生产经营目标保持一致、步伐协同。通过这一模式，柒牌集团不仅推动了企业制度建设的持续优化和完善，还有效构筑了党企联合的引领力量，为企业的长远发展注入了强劲动力。柒牌集团创新引入ISO9001党建质量管理体系，成为福建省首家党建工作通过ISO9001体系认证的非公企业，形成一条独特的党建发展标准路径。①

（3）营造特色"家文化"，强化职工群众关怀

柒牌集团党委深切关注员工福祉，全力营造柒牌特色的"家文化"，以推动企业的和谐共进。柒牌集团为员工创立基金会，进一步优化帮扶制度，完善申请资助审批流程。为解决双职工家庭子女暑期看护难题，集团党委特地在暑假期间举办针对不同年龄段儿童的夏令营，并提供丰富多彩的特色课程。同时，与晋江市总工会合作开展"金秋助学"项目，有效缓解员工子女入学困难，细心呵护柒牌员工家庭的幸福与温馨。企业每年定期召开职工代表大会，商讨工会建设，真心实意为职工群众办实事、做好事、解难事。

（4）党员高管双驱动，人才培训显成效

柒牌集团始终遵循并践行"把企业主管发展为党员、把党员发展为企业高管"的党建思路，由企业中高层管理、业务骨干担任班子成员，通过党企交叉任职实现双向进入，不断选优配强党组织班子成员。在校园招聘过程中，同等条件下优先考虑党员应聘者，此策略

---

① 《调研｜党建工作如何融入现代企业制度》，非公有制企业党建微信公众号，https://mp.weixin.qq.com/s/X1UYNiovjLVzsx8kJAuEkQ，2019年6月11日。

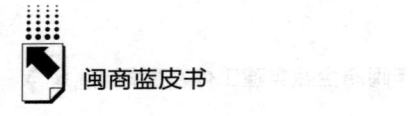

既强化内部党组织的建设,又确保人才梯队的培养与发展并进,实现"双轮驱动"。①

(5) 丰富文化融合模式,注入企业文化新活力

柒牌集团通过党建活动载体有效引领公司先进企业文化,活跃公司党建氛围,不断激发党建工作活力。柒牌集团不仅设立了中心学习组,定期召集党委班子及决策管理层共同学习新思想,还充分利用柒牌大学和工会大学等平台资源,成立"党员文宣志愿服务队",并举办"柒牌讲坛",精心设计了一系列与生产实践紧密结合的学习与培训课程。公司坚持"党建引领团建"的原则,持续开展"青年在成长之路"与"职业梦想翱翔"等主题活动,旨在激发青年的热情与活力,鼓励他们发挥创业创新的想象力。柒牌还推出了"女性素养提升工程"培训项目及"巾帼权益保护行动"等活动,致力于构建柒牌独特的"巾帼建功文化",展现女性员工的卓越风采。

(6) 高度重视廉政建设,党建宣教筑防线

柒牌集团纪委为晋江市非公纪检联系点,上级纪委监委、检察院、公安局等经常莅临指导工作。2017年,柒牌集团成立风控中心并加入中国企业反舞弊联盟,建立审计"七不准"制度,设立风控专班会,开辟匿名举报渠道等完善企业风控体系,始终把廉政建设渗透到企业生产经营管理全过程,促进企业健康快速发展。除了从制度上加强内控,柒牌还高度重视廉政宣教,不仅持续建设"柒牌廉政在线"微信公众号、组织员工拍摄《柒牌廉政情景剧》、编辑出版《企业文化报——廉政专刊》,而且还开展廉洁文化知识有奖测试等活动,推动廉洁文化入脑入心。

---

① 《泉州晋江:创新发展"晋江经验"非公党建力量大》,金台资讯,https://baijiahao.baidu.com/s?id=1668533257321543116&wfr=spider&for=pc,2020年6月4日。

3. 总结

"晋江经验"下的民营企业党建实践，是以"双向融入"为核心，通过党企共建、党建品牌赋能、人才双轮驱动等机制，将党组织嵌入公司治理结构，实现党建与战略决策、生产经营、企业文化深度融合。以制度创新构建廉洁防线，以党群共建凝聚发展合力，形成党建引领下的高质量发展路径，为民营经济注入"红色生产力"，彰显了党建工作在实体经济中的引擎作用。

（三）福耀集团"三抓三促"工作法促进党建与业务深度融合

福耀集团于1987年成立于福州，是专注于汽车安全玻璃的大型跨国集团。福耀集团多年蝉联《财富》中国500强、中国民营企业500强，积极投身公益事业，主动履行社会责任，是极具代表性的闽商企业。党建方面，福耀集团党委通过"抓机制、抓队伍、抓载体"的"三抓三促"工作法，构建了党建与企业发展的深度融合机制。

1. 抓机制，促合力凝聚，党建工作与企业战略协同共进

福耀集团执行的是党委、工会、管理层双向交叉任职的企业管理模式，由集团高层和业务部门管理层兼任党支部书记和党委委员，从决策层形成党建工作与企业战略相辅相成、同频共振的局面，加强党组织在企业中的影响力和号召力。依托交叉设置的立体化组织架构，福耀集团构建了党建工作、群众工作、企业工作深度协同的治理生态，形成组织上下同部署、同节拍、同管理的工作节奏。每年年初，集团党委会根据董事会制定的年度发展目标与发展战略，确定当年党建工作目标和工作计划；在党工团年会、党组生活会、评先评优等重要党建活动中，邀请企业管理层与工会、团委代表列席；在干部选

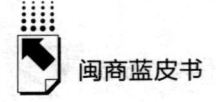

拔、人员调整等重要党内决策中，主动吸纳党外人士意见作为考量因素。①

同时，福耀集团落实"三先六参与"的党员参议机制。"三先"指的是企业重大事情党员先知道、先讨论、先行动，"六参与"则是指党员参与经营管理、决策筹划、建言献策、绩效考评、制度制定、检查督查六项活动。通过民主恳谈会、党员听证会等机制形成良性沟通，推动党员党性融入企业决策全过程。

2.抓队伍，促基础夯实，人才储备与培养持续推进

在培育人才方面，福耀集团始终以高要求、高标准的原则培养新进党员，将"坚守本色、专注本业"的品质作为发展党员的重点考核标准，选拔优秀党员放到急、重、难、险的工作岗位进行实践培养，通过实战历练储备人才，充实集团的中坚力量。

为落实党建工作责任，福耀集团推行党支部、党员"两级目标"管理——党支部与集团党委签订年度党支部目标责任书，党员与党支部签订党员年度目标责任书，落实党组织自身建设和企业生产经营发展的双重任务，为企业完成年度经营目标和各项工作任务提供组织保障。

福耀集团还将信息化手段融入党建，构建"线上+线下"智慧党建体系。集团建立了网络 e 支部，依托 OA 网、微信、QQ 群等线上平台覆盖异地党员和年轻群体，实时发布党建资讯与学习资料。通过使用多媒体宣传开设"福耀先锋"栏目，定期报道党建动态和"一先两优"先进事迹；在企业内刊《福耀人》上开设党建专栏，作为党建工作展示平台。集团还在线下成立企业党校，与人事部门共同开展新员工"雏鹰计划"、党员"熔炉计划"、"ifuyao 爱福耀"等主题

---

① 邱陵、刘堃、李伟：《如何让党性的光辉在非公企业发展中绽放？——福耀集团党委积极探索"三抓三促"非公党建新模式》，福州新闻网，http://m.fznews.com.cn/node/18485/20210628/60d98a29e05c1.shtml，2021 年 6 月 28 日。

教育培训，建设福耀党群活动中心，定期举办主题演讲、红歌合唱比赛等党建文化主题活动。①

3. 抓载体，促活力激发，社会责任履行创佳绩

福耀集团在各部门、班组、车间划定党员责任区，落实党员"三先三无三联"的具体责任，即工作技能先掌握、岗位职责先做到、急重任务先行动；党员身边无事故、无次品、无投诉；每位党员联系一名技术骨干、一名入党积极分子、一名困难员工。通过党员先行做示范带动责任区全体员工爱岗争优，建设集团。

同时，集团党委以创新活动、节能减排和公益事业为载体，激发企业内部活力，积极履行社会责任。在创新方面，集团围绕企业技术研发、生产制造、经营管理等工作任务组建党员创新小组，并开展党员创新项目竞赛，评选党员技术精英，引导党员带动全员创新。

在节能减排方面，福耀集团党委围绕"简行、俭能、捡扔、减用、拣食"五个维度推行"每日5事"节能减排活动，将节能减排融入员工日常生活。同时，将节能减排的理念与企业日常生产运营相结合，从新技术、新材料、新工艺等方面挖掘"节能减排"潜力。在公益事业方面，集团通过各支部建立"书记接待日"制度，开通"书记邮箱""书记热线"，收集了解员工需求，解决员工困难，建立困难员工档案，并成立员工爱心基金进行帮扶。同时，集团组建了多支党员义工团队，启动党员带头、员工参与的"爱心抱团"行动，推行爱心积分制度作为评优评先的考核指标，进而开展了多项公益活动。

4. 总结

福耀集团将党建工作与企业业务发展相互融合，通过"三抓三促"工作法，增强了企业凝聚力，推动企业战略落实，加强了人才

---

① 《树立全球化企业的员工典范——福耀集团党委开展"党员典范力量"建设的探索》，中国共产党新闻网，http：//dangjian.people.com.cn/n1/2016/0721/c399425-28573726.html，2016年7月21日。

队伍的储备与培养，并履行了社会责任，不仅为地区的经济与社会发展做出贡献，也展现了闽商企业的特色党建实践。

四 闽商企业党建工作的未来发展

近年来，闽商企业通过完善党建工作，推动闽商企业与国家发展同频共振。习近平总书记高度重视民营经济的健康发展，并为民营企业党建发展指明了方向。站在新的历史起点上，立足新发展阶段，闽商企业应当继续努力以高质量党建促进高质量发展，进一步深化企业党建制度改革，加强对闽商企业家和党员的思想政治教育，落实"三会一课"、民主评议党员等制度，倾听企业职工对组织的意见，丰富各类专题培训形式，为福建从民营经济大省向民营经济强省实现跨越突破提供坚实保证。[1]

（一）推动党建与企业经营深度融合，党建引领闽商企业发展方向

闽商企业应当将党建工作与企业生产经营、社会责任履行有机结合，推动企业党建与企业战略目标协同，持续提升党建工作效能。从本发展报告研究发现，不少闽商企业已经推进"党建入章"，并采取"双向进入、交叉任职"领导机制，因而将党的领导深度嵌入公司治理决策、执行、监督全链条，使企业治理符合国家政策要求，增强了企业治理与决策的科学性。未来，闽商企业应当继续通过制度创新增强党建与企业经营深度融合，引导企业发展顺应国家战略。闽商企业

---

[1] 《中共中央办公厅印发〈关于加强社会组织党的建设工作的意见（试行）〉》，中共中央社会工作部，https://www.zyshgzb.gov.cn/n1/2024/0930/c459388-40331697.html，2024年10月1日。

可以通过强化党组织建设，推动企业积极参与扶贫、公益、环保等社会责任项目，提升企业社会声誉。例如，促进闽商企业践行社会责任，助力福建乡村振兴工作，引导闽商企业参与"万企兴万村"行动，通过产业投资、消费帮扶等方式，带动乡村经济发展。[①]

（二）以完善党组织建设为抓手，提升闽商企业党建管理水平

闽商企业应当继续加强党组织建设，健全党员工作机制，严格执行组织生活各项制度，做好发展党员和党员教育管理服务工作。以优化基层党组织设置为抓手，深入推进党支部标准化、规范化建设，着力强化基层党组织的政治引领作用和组织动员能力。同时，创新运用数字化手段，将"三会一课"、主题党日活动与现代信息技术深度融合，充分发挥"互联网+"平台、多媒体技术等优势，通过创建"智慧党建"创新民营企业党建工作方式方法，形成线上线下联动的闽商企业党建工作新格局。同时，在实践中继续践行商会党建理念，健全"五项机制"，规范运行保障，落实"四大举措"，推进质量提高，不断提升党建管理水平，促进闽商企业党建发挥示范引领作用。

（三）加强党建品牌建设，展现闽商精神与特色文化

通过创建一批有特色、可复制的党建和业务工作融合品牌，可以传递并推广闽商企业党建工作成效。闽商企业应积极加强党建品牌建设，将闽商的"诚信、团结、拼搏"等精神融入党建内容，进一步升华闽商文化、增强闽商企业软实力，这有助于闽商企业家形成正确的价值观，服务福建省民营经济高质量发展和民营经济人士高素质成长。同时，闽

---

① 俞凤琼：《创新构建"闽商引领　闽商发展　闽商回归　闽商兴村"工作模式　福建省工商联"党建+"提质增效促发展》，《中华工商时报》2022年8月29日第5版。

商企业的党建品牌建设应紧密围绕企业文化的核心价值与发展战略规划，确保党建理念与企业精神内涵的高度契合，使之成为展现企业独特风貌的重要载体。① 鼓励有关部门为闽商企业党建工作的探索创新提供全方面支持，培育创建一批有特色、可复制的党建品牌。

（四）优化人才队伍培养机制，打造复合型闽商人才

在闽商企业中探索党务干部与业务干部双向培养，促进党务干部学业务、管理干部学党建的培养机制②，打造闽商企业内部政治素质与专业能力双过硬的复合型人才梯队。③ 健全理论学习和教育培训长效机制，提供个性化培训模式，增强企业职工的党员意识与政治意识。企业应特别注重年轻党员的培养，通过建立导师制，由经验丰富的党务干部结对指导新人，并且提供专项经费、培训以及场地等资源保障，在重要项目上鼓励年轻党建人才带头攻坚。增强闽商企业党员的理想信念教育，通过专题研修、红色研学等方式，深化企业员工对党建工作价值认知，强化责任担当，推动闽商人才各展所长、发挥价值。

---

① 《党建红引领青春绿——省青商联"红树林"党建品牌正式发布》，福建省青年闽商联合会，https：//www.fjsqsh.com/？list_1/241.html，2024年7月9日。
② 《坚持"四同"路径 推动国有企业党建与业务深度融合》，党建网，http：//www.dangjian.cn/djpl/2024/11/18/detail_202411187002907.html，2024年11月18日。
③ 福建省工商联：《商会党建工作的探索》，《中华工商时报》2022年8月4日第3版。

B.10
闽商光彩事业十年发展报告（2014~2024）*

林扬千**

摘　要： 光彩事业是引导非公有制经济人士健康成长的一面旗帜，也是先富带动后富的成功实践。过去十年，广大闽商群体强化政治担当，善于利用省光彩会这一平台，进行自我学习、自我教育、自我提高，充分开展思想政治建设，展现了开拓进取、引领时代的闽商形象；积极参与同心光彩活动，将"同心·光彩助学""同心·扶危济困""光彩·粉红丝带""光彩·就业创业"等光彩品牌发扬光大；踊跃投身乡村振兴伟大实践，通过开展"万企兴万村"行动，以产业促发展，以就业促增收，以文化促新风，以公益促和谐，助力提升农业农村现代化水平；热心参与公益事业，助力疫情防控、参与抗震救灾、积极改善民生，彰显了闽商爱国爱乡、乐善好施的精神面貌；发扬为党分忧，为国尽责的精神，以产业带动和公益帮扶双轮驱动的形式助力共同富裕，推动区域协调发展向更高水平迈进。展望未来，广大闽商群体要坚持以家国情怀为引领，以光彩精神为担当，以创新发展为动力，以诚信经营为根本，为实现中华民族伟大复兴的中国梦做出新的更大贡献。

---

* 感谢福建省委统战部经济处、省光彩会对本文写作的大力支持。本文所有数据及案例分析来源于上述机构的工作报告和统计年鉴。
** 林扬千，福州大学马克思主义学院副教授，主要研究领域为闽商文化、思想政治教育理论与实践。

闽商蓝皮书

关键词： 闽商　光彩事业　乡村振兴　公益事业　共同富裕

　　光彩事业是在中央统战部、全国工商联组织推动下，于1994年为配合《国家八七扶贫攻坚计划》而发起实施的，以我国民营经济人士为参与主体，以促进共同富裕为宗旨的社会事业。[①] 1997年9月24日，时任福建省委副书记习近平在福建省光彩事业促进会成立暨第一届会员大会上发表重要讲话指出："光彩事业是引导非公有制经济人士健康成长的一面旗帜，是新时期统战工作为经济中心服务的新创举，是实现先富帮后富、最终达到共同富裕目标的桥梁，是我国社会主义物质文明和精神文明建设相结合的有效形式。我们要满腔热忱地继续扶持和推动光彩事业的发展。"[②] 过去十年，广大闽商群体在深耕企业的同时，强化政治担当，承担社会责任，积极投身光彩事业，扎实推进共同富裕，广泛参与"万企兴万村"行动、"同心·光彩助学"、"同心·扶危济困"、"光彩·粉红丝带"等公益光彩事业，在乡村振兴、深化东西部协作、促进区域协调发展、助力疫情防控、参与抗震救灾、改善民生等方面取得了显著成效。

一　政治担当：十年履责，闽商赤心映山河

（一）商脉传承铸丹心

　　自古以来，福建地区就有着深厚的商业底蕴。从海上丝绸之路的

[①]《光彩事业简介》，中国光彩事业网，http://www.cspgp.org.cn/gywm_7180，2025年4月26日。

[②]《广纳百川入海　画好同心大圆——习近平同志在福建工作期间关于统战工作的探索与实践》，《福建日报》2022年7月26日第3版。

196

扬帆起航，到近代商业的蓬勃发展，闽商凭借着敢为人先、爱拼会赢的精神，闯荡四海，在国内外商业领域留下了浓墨重彩的一笔。同时在历史的长河中，闽商作为一支重要的商业力量，始终与国家的发展紧密相连，与民族的命运紧密相依。1994年11月，福建省15位闽商代表向全省非公有制经济人士发出投身光彩事业的号召，时任省委副书记的习近平多次听取光彩工作专题汇报，协调解决实施光彩事业发展中遇到的困难和问题。1997年9月，福建省光彩事业促进会成立（以下简称"省光彩会"），习近平亲自担任第一届省光彩会荣誉会长，他以身作则，身体力行，积极推动光彩事业蓬勃发展。党的十八大以来，中国阔步踏上了全面建设社会主义现代化国家的崭新征程。与此同时，以习近平同志为核心的党中央始终高度重视光彩事业的发展，并寄予殷切希望。2016年3月4日，习近平总书记在看望出席全国政协十二届四次会议民建、工商联界委员并参加联组讨论时指出："广大民营企业要积极投身光彩事业和公益慈善事业，致富思源，义利兼顾，自觉履行社会责任。"[1] 回顾过往十年，广大闽商群体在省光彩会的支持引导下积极响应党的号召，以坚定的信念、扎实的行动，将企业的发展主动融入国家发展战略，在光彩事业的舞台上展现出独特的精神风貌，用责任与担当谱写了一曲曲壮丽的赞歌。

（二）红心向党立潮头

广大闽商群体利用省光彩会这一平台，进行自我学习、自我教育、自我提高，充分开展思想政治建设，持续兴起习近平新时代中国特色社会主义思想学习热潮。通过积极参与"不忘初心、牢记使命"报告会、学习贯彻党的二十大精神培训班、"学习宣传贯彻党的二十

---

[1] 《习近平谈治国理政》第二卷，外文出版社，2017，第264页。

大精神，促进企业高质量发展"线上培训班等活动，不断增进对中国特色社会主义的政治认同、思想认同、理论认同和情感认同。同时，省光彩会积极利用智媒时代丰富的宣传手段，开展"光彩之星"宣传推介等活动，深入报道圣农集团董事长傅光明的光彩事迹和福建春伦集团"情牵三农茶共享，乡村振兴花为媒"的光彩产业帮扶典型案例，生动展示了闽商群体为光彩事业发展做出的社会贡献。为引导年轻一代闽商企业家参与光彩事业，省光彩会携手福建省青年闽商联合会共同开展"同心党建　结对互促"主题党日活动，各市、县、区青商会踊跃参与扶弱济贫各项光彩事业，牢固树立富而有德、富而有爱、富而有责的新财富观。2018年10月20日，习近平总书记在给在"万企帮万村"行动中受表彰的民营企业家的回信中，对民营企业踊跃投身脱贫攻坚予以肯定，勉励广大民营企业家坚定发展信心，踏踏实实办好企业。随即100多位闽商企业家代表就通过积极参与深入学习"习近平总书记给民营企业家的回信精神"专题培训，实地参观毛泽东才溪乡调查纪念馆、古田会议会址等活动，深切感受乡村振兴的丰硕成果，进一步增强了民营企业家的使命感和责任感。

（三）春风化雨树标杆

榜样的力量是无穷的。过去十年涌现出了一大批优秀的闽商代表，省光彩会抓住中央统战部开展"光彩事业发起30周年集中宣传"的有利契机，积极推荐九牧集团、盼盼集团作为集中宣传典型民营企业，推荐恒安国际集团有限公司董事局副主席许连捷、福建天守集团董事长蔡天守作为集中宣传典型民营企业家代表，在全国范围作重点宣传推介。2022年，省光彩会推荐的圣农集团董事长傅光明荣获中国光彩会年度"光彩之星"年度人物称号，福建春伦集团"情牵三农茶共享，乡村振兴花为媒"项目荣获"光彩之星"年度项目，生动展示了福建民营企业家对光彩事业的贡献，营造"当光彩人、立光彩业、干光彩事"的浓厚社会氛围，进一步坚定了广大闽商群体投身光彩事业、履行社会责任的信心。与此同时，新大陆科技集团有限公司董事长胡钢、福建春伦集团董事长傅天龙等创一代企业家，融汇（福建）集团有限公司总裁黄丹青、福建奋安实业集团有限公司董事长黄奋等新生代企业家受邀参加"闽商好故事"宣讲活动，先后走进福州大学、福建农林大学、福建理工大学等高校分享创业经历，举办4场宣讲活动，近1000名大学生参加聆听。通过系列宣讲活动，展现了开拓进取、引领时代的闽商形象，弘扬了敢为人先、爱拼会赢的新时代闽商精神，激发了青年学生创新创造、昂扬向上的蓬勃活力。

二　同心光彩：十载善举，闽商大爱满人间

（一）积极参与"同光·光彩助学"活动

百年大计，教育为本。广大闽商群体群策群力，光彩助学，鼓舞莘莘学子深耕梦想的沃壤，直面生活的挑战。闽商企业通过省光彩会捐赠9329余万元支持教育事业。如泰禾集团、香缤集团、阳光城集团、盼盼集团、正荣集团共捐赠3000万元用于宁德市民族中学发展教育基金会与学校建设发展；海南中城建南药开发集团有限公司捐赠1000万元用于福州大学泉港石化学院图书馆建设；福建财茂集团有限公司捐赠100万元支持福建对外经济贸易职业技术学院兴建运动场；厦门强力巨彩光电科技有限公司向福州大学捐赠户外液晶屏；三棵树集团共计捐赠240万元，为莆田市10所中小学颁发教育强区先进集体奖，向1545名优秀教师和170个先进集体发放奖教金，并资助30名大学新生，同时修缮莆田第九中学教学楼，消除学校安全隐患，惠及5700多名师生，有效促进当地教育教学质量的提升；恒申

集团面向福州大学、福建师范大学、福建农林大学、福建工程学院、闽江学院、福州职业技术学院6所高校，三明、南平、龙岩、宁德，西藏昌都、西藏阿里、新疆昌吉州和宁夏5个国家乡村振兴重点帮扶县，省委统战部挂钩联系的莆田市仙游县、省工商联挂钩联系的南平市建阳区，共计捐助279名困难大学生，总计139.5万元；中兴资产评估房地产土地估价有限责任公司捐赠3万元用于开展助教助学，改善教学环境、关爱留守儿童等光彩助学公益项目。此外，402家闽商企业、商会组织通过福州市光彩会平台，利用寒暑假、六一儿童节、教师节等契机，捐赠近1500万元用于奖教助学、捐建校舍、完善设施，弘扬尊师重教社会风尚，鼓励2147名优秀困难学生勤学奋进。金湖酒业携手三明市光彩会连续七年联合开展"光彩助学奖学奖教"活动，资助565名大学生491万元。宁德市福州商会等商会和企业通过宁德市光彩会捐赠27.9万元助学金资助97名困难大学生。据不完全统计，仅2023年福建省民营企业家捐资助学助教累计达3.54亿元。

（二）持续开展"同心·扶危济困"活动

一方有难，八方支援。广大闽商群体在灾难面前总是挺身而出、奉献爱心，帮扶困难群众渡过难关，展示闽商大爱情怀。近十年来，泰禾集团、福耀集团、信和集团、阳光城集团、名城地产集团、永同昌集团、恒安集团、盼盼食品集团等共捐资4001.8732万元，用于四川雅安、甘肃定西地震灾后重建，延川县梁家河，福建"尼伯特"台风、连城"7.22"特大洪灾、三明"5.19"洪灾等灾后重建工作。2023年台风"海葵"登陆福建，给我国东南沿海地区造成严重灾害。榕圣建设、融旗集团等12家企业第一时间集结600余人组成抢险队伍，紧急调用挖掘机、装载机、抽水泵、皮划艇等各类应急救灾设备，分赴仓山、台江、福清、连江、永泰等地，帮助受灾点开展清淤排涝、道路清障、群众转移、隐患排查、堤岸修复以及灾后清洁工作，助力当地群众尽快恢复生产生活秩序。此外，广大闽商群体还积极携手省光彩会共同开展爱心助残、公益温暖活动。2018年以来，累计捐资273万元，为18000名残疾儿童送去爱心书包及学习用品、为8名困难失聪人士安装"人工耳蜗"、为福州市聋哑学校19名教师、福州市盲校的44名教师发放奖教金并改善学校教学条件；开展关爱留守儿童行动，为松溪县、建瓯市、柘荣县、武平县2207名留守儿童送去爱心红书包，为留守儿童增加课外阅读量提供精神食粮和必备学习用品；三棵树集团捐赠188万元实施"因病返贫专项救助"项目，为34户大病患者家庭实施救助、为27名事实无人抚养的困难大学生提供专项助学金、设立"心生命·白求恩心脏外科爱心救助公益项目"、设立助学奖教基金等，助力拓展和巩固脱贫攻坚与乡村振兴有效衔接；弦德集团、厦门强力巨彩光电科技有限公司捐赠90万元，用于帮助遇到生活困难的退役军人；22家商会和企业参与"百商万人献血公益行"活动，累计970人献血24万余毫升。

（三）倾情投入"光彩·粉红丝带"活动

柔肩担重任，巾帼绽芳华。广大闽商群体持续关注女性健康问题，近年来联合省光彩会累计捐赠45.98万元，为省内2020名农村妇女进行免费"两癌"筛查，提高了农村妇女的健康意识，也为她们提供了及时的医疗帮助。此外捐资301.1万元，帮助493名贫困乳腺癌患者进行治疗，举办了5次"乳腺癌预防知识"宣传活动，组织协和医院、省肿瘤医院医务人员走进企业，为500多名企业女职工进行义诊。

（四）合力搭建"光彩·就业创业"平台

就业是最基本的民生，事关人民群众切身利益。广大闽商群体携手省光彩会开展光彩就业培训活动，共培训8000多名劳动者。如南平开展茶农、茶艺师公益培训活动，共有1200名贫困茶农参加培训，帮助学员掌握种茶技术、提高了种茶技能，100名茶艺师获得中级茶艺师证书；三明开展沙县小吃烹饪公益培训，帮助500多名贫困家庭子女、闲职青年农民掌握技能；霞浦开展种植养殖及加工技术培训，2200人参加培训，增强农民增收致富的内生动力和造血功能。此外广大闽商群体还响应"大众创业、万众创新"的号召，开展"光彩·助推大学生创新创业"行动。捐赠100万元在福州大学设立"光彩·创业咖啡""光彩·众创空间"，作为贫困大学生创业培训、创新交流分享平台；会同省教育厅建立"福建省大学生创新创业导师库"，推荐298名企业家作为创新创业导师；会同福州大学选聘21名优秀民营企业家作为创业导师，发挥创业导师传帮带作用，有效指导大学生创新创业；联合主办的"放飞梦想　共创未来"巾帼闽商高校创业分享会，组织9家企业建立"福州大学生创新创业教育实践基地"，为贫困学生提供创新创业指导，传授创新创业经验。

三　乡村蝶变：十年耕耘，闽商筑梦乡村兴

党的十九大报告明确提出乡村振兴战略，实现农业强、农村美、农民富是全面建成社会主义现代化强国的应有之义。截至2024年，全省共有2009家民营企业和商会组织参与"兴村"总数2640个，实施"兴村"项目3248个，投资经营类项目共投入116.85亿元，公益捐赠类项目共投入94.53亿元，认定首批省级"万企兴万村"示范项目66个。通过开展"万企兴万村"行动，以产业促发展，以就业促增收，以文化促新风，以公益促和谐，助力提升农业农村现代化水平，为全面推进乡村振兴注入强大动力。

（一）助力乡村产业振兴

以产业帮扶作为主攻方向，围绕"一乡一品、一村一品"产业体系，充分发挥闽商企业资金、技术、管理、市场等优势，帮助乡村培育一批富民产业，实现乡村发展、企业盈利和农民富裕"三方共赢"。德化县祥山大果油茶有限公司引进优良油茶品种和先进栽培技术，建立高产油茶林示范基地，打造健康油茶全产业生态链，先后带动5个相关专业合作社发展，为农村3000多人提供劳动就业岗位，带动村民增收致富；上杭县润农农业开发有限公司与才溪镇荣石村结对帮扶，带动荣石村种植食用菌黑皮鸡枞3.5万袋，每年可为参与种植的农户人均增收1万元，村财政收入增加8万元；三棵树集团捐赠70万元助力海峡两岸乡村振兴（乡建乡创）合作基地的培育，深化闽台农业融合；30多家商协会携手厦门市光彩会开展助力家乡茶产业振兴"茶王赛"、家乡特色农产品直播、大学生就业直播带岗等多场活动，收到了良好的社会反响。

（二）加强基础设施建设

永同昌集团捐赠200万元支持永泰县同安镇污水管网改造提升、节点绿化提升、云台村道修建等基础设施建设项目；宝龙集团捐赠100万元、世茂集团捐赠92万元用于福安市穆云乡科后村后舍村凤凰台修缮提升工程，有效解决当地水土流失严重问题，消除潜在安全隐患，受益群众260多人；大东海集团捐赠100万元助力长乐区松下镇首祉村道路建设，受益人数达3000人；金源集团捐赠20万元用于福安市穆云乡中岙村道路基础设施建设，受益群众300多人；香缤集团捐赠300万元支持莆田市仙游县龙华镇同心街环境提升工程，捐赠100万元帮扶南平市建阳区麻沙镇毛店村等5个村改善生产、生活基础设施，持续提档农村基础设施；九牧集团捐赠160万元用于莆田市

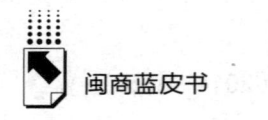

仙游县大济镇溪口村建设农用桥，捐赠20万元用于武夷山市洋庄乡四渡村建设农副产品仓储厂和茶叶初加工厂的配套设施项目，改善村民生产生活条件；永荣集团捐赠500万元用于福州市长乐区景观亮化项目，提升了城市美观度；天守集团捐赠300万元在晋江市东石镇梅塘村建设敬老院，有效保障农村弱势群体的基本生活，为老人提供舒适的居家养老生活环境；龙川集团捐赠50万元用于福州市长乐区六林村河道护栏建造等项目，打造美丽宜居乡村，不断擦亮乡村振兴底色。

（三）合力推进乡村振兴示范县建设

仙游县作为福建省委统战部挂钩的乡村振兴示范重点县，是"共同富裕光彩基金"支持的重点地区。其中，香缤集团捐赠320万元，用于仙游县龙华镇建设同心街环境提升工程，进一步优化金溪村宜居宜业环境，提升茶产业发展潜力和营商环境，直接受益群众112户336人，间接受益群众1526户5818人，并为仙游县钟山镇南兴村建设"同心·爱心书屋"和龙华镇金溪村金溪小学建设录播教室、观摩室、会议室，在教室里安装鸿合教学一体机和空调，更换了课桌椅等教学设施和办公设备；天守集团捐赠200万元，按照"四区、八有"规范化在仙游县大济镇溪口村建设嵌入式养老院，配备文体娱乐、康复护理、供暖降温等生活设施和基本设施设备；九牧集团捐赠160万元，用于仙游县大济镇大济村溪口村建设农用桥，为村民生产生活提供了便利；万利达集团捐赠30万元用于仙游县龙华镇龙华中学图书馆建设项目；省太阳能光伏储能商会在仙游县龙华镇灯塔社区捐建同心光伏充电站。此外，建阳县作为省工商联对口帮扶的乡村振兴示范重点县，也是"共同富裕光彩基金"支持的重点地区。其中，香缤集团捐赠150万元帮扶建阳区麻沙镇毛店村、黄坑镇三峡民族村、书坊乡贵溪村、崇雒乡上洋村、将口镇回潭村等村改善生产生活基础设施和书坊乡贵溪村1.8公里生产道路硬化项目；大东海集团捐赠50万元用于南平市建阳区贵溪村机耕路修复硬化项目，晋江市品质陶瓷建材有限公司董事长王文质捐赠10万元用于南平市建阳区麻沙镇毛店民族村茶山道路水毁修复项目，帮助当地基层民众改善基础设施状况。

（四）以体教融合助力乡村振兴

安踏集团推出"苗壮成长公益计划"，累计投入现金及装备超6.6亿元，帮助475万名欠发达地区青少年参与体育运动，助力竞技体育人才振兴。劲霸男装通过劲霸公益基金会全额捐资建设英林中心小学新校区，总投资超2亿元。学校的建成，将让英林镇的孩子在家门口享有与城市先进学校一样的优质教育，以吸引各类外来人才，为中国休闲服装名镇汇聚更多精英力量。

（五）构建常态化可持续帮扶机制

闽商企业通过订单农业、吸纳就业、入股分红等方式与农民群众之间建立紧密的利益联结机制。福建虎妈一家生态农业有限公司与太拔镇结对帮扶种植洛神花，采用"公司+基地+农户"模式，免费为种植户提供种苗和全程技术指导，带动全镇16个村333户农户（其中低收入农户188户、残障农户46户）种植700多亩洛神花；福建省卢峰茶业依托自身800亩茶叶基地独特的地理位置，发展茶旅产业，将观光体验、购物娱乐、休闲度假融入农业产业链，通过三产融合发展，不断扩大生态产品价值转化效应，让村民们获得相对稳定的收入。恒申集团捐赠100万元在建阳区麻沙镇水南村助力花境产业（43亩5万株杜鹃花），探索"花卉+旅游"模式，将5万株杜鹃花向游客展示销售，提升了水南村楠木林景区对游客的吸引力，实现"产业景观化"与"景观经济化"；大东海集团捐赠18万元在建阳区书坊乡贵溪村帮扶发展吊瓜产业，丰富了当地特色产业业态；福建省青年闽商联合会捐赠20万元用于购买寿宁县下党乡精准帮扶定制茶叶1000斤，推动下党乡农业产业品牌化发展。

（六）帮助乡村群众就业增收

龙岩海峰实业公司为当地村民提供150多个就业岗位，带动农户种植名优特果树，解决了200多个困难农户和50多个计生户的就业问题。飞毛腿电子、星云电子专门对接宁夏固原市原州区接收以脱贫人口为主的务工人员，进行专业技能培训和岗位培训，让他们快速形成技术能力实现稳岗增收。此外，不少闽商企业为了更好满足寿宁县下党乡群众的致富需求，主动亲赴下党乡考察调研。福建春伦集团有限公司、福建沈郎油茶股份有限公司、福建惠泽龙酒业有限公司分别与下党乡政府签订助推乡村振兴协议，并派技术员到下党乡开展茶叶、油茶种植、酿酒技术培训等，助力乡村发展特色产业，实现农户增收。

四 社会责任：十载践行，闽商担当暖民心

近十年来，广大闽商群体始终不减对家乡、对乡亲、对弱势群体的大爱之情，热心参与光彩公益事业，彰显闽商爱国爱乡、乐善好施的良好品质。

（一）持之以恒开展助学助教活动，为教育事业添砖加瓦，共筑教育强国梦

广大闽商企业与各地市工商联、光彩会积极联动，形成了踊跃参与助学助教的良好氛围。福州市光彩会捐赠150万元资助2100

名困难学生；三明市光彩会开展"大金湖·光彩助学""燕山书院助学"活动，捐赠63万余元资助139名困难学生；龙岩市光彩会举行"红土同心·光彩助学"捐赠仪式，捐助50.15万元帮助103位困难学生；宁德市光彩会捐助92名新入学困难大学生共计45.55万元；厦门市光彩会捐赠新疆吉木萨尔新地乡小学助学金30万元、支持安溪第十五幼儿园建设10万元。香缤集团捐赠50万元帮助惠安一中改善办学条件；腾新投资公司捐赠30万元支持泉州轻工职业学院针对休闲食品与鱼糜制品预制菜科研与竞赛及奖助学金项目；永同昌集团捐赠6万元、福建中兴资产评估公司捐赠3万元分别用于永泰三中发放助教助学金和江夏学院奖励优秀毕业生。

（二）协同联动办好扶残助困实事，用暖心关怀筑牢弱势群体的生活保障线，共促和谐社会

广大闽商企业携手省光彩会与省残疾人福利基金会共同向福州、三明、龙岩、南平、宁德等苏区、老区、山区的3~18岁残疾儿童或出身残疾人家庭的儿童发放2500份"爱心礼包"；开展关爱留守儿童行动，为松溪县9所小学651名留守儿童送去爱心红书包；携手福建省浙江商会开展庆"六一"光彩助学捐赠活动，为福州聋哑学校师生量身定制346套夏季高品质校服；开展"党旗耀光彩 爱心助儿童"公益行动，向福州儿童福利院捐赠儿童生活用品、玩具等；启动关爱自闭症儿童项目，把积极履行社会责任贯穿在商会各项工作中，将社会爱心和温暖传递到需要更多人关注和帮助的特殊群体。

（三）多元并举推进民生普惠行动，全心全意服务群众，共创美好生活

天守集团捐赠100万元在漳平市永福镇龙车村和桂林街道瑞都村建立幸福院，为两个村430位60周岁及以上老人提供固定娱乐活动场所；恒申集团捐赠60万元支持宁化县中沙乡下沙畲族村老年人日间照料中心建设，为老人提供舒适的居家养老生活环境，辐射受益周边四个村共5000人；鱼人海洋产业发展集团捐助南平市松溪县祖墩乡"长者食堂"，让乡里的老年人有了干净温馨的用餐环境；宁德市光彩会开展"爱过年·温暖宁德"活动，慰问43名困难群众、残障人士。

（四）众志成城落实同心抗疫部署，筑起守护生命健康的坚固防线，共聚磅礴伟力

在抗击新冠疫情的斗争中，广大闽商群体胸怀家国，挺膺担当，上百家福建省内外闽商企业、商会团体踊跃通过省光彩会捐款捐物驰援抗疫一线，累计金额30多亿元。其中，阳光城集团捐赠2000万元用于武汉市疫情防控、圣农集团捐赠1000万元用于福建省和湖北省宜昌市疫情防控、三棵树集团捐赠1000万元用于福建省和湖北省疫情防控、永同昌集团捐赠500万元用于福州市永泰县和南平市松溪县疫情防控、中庚集团捐赠500万元用于南平市建阳区、宁德市寿宁县下党乡、温州市瓯海区疫情防控。各地闽商企业纷纷响应省光彩会号召，发挥专业优势，积极有序参与，星夜驰援疫区，为防疫救治、遏制疫情蔓延做出应有的贡献。例如，宁德市光彩会组织宁德市福州商会、福清商会、江西商会、泉州商会等累计捐赠医用口罩、手套、防护服、防护面罩等防疫物资及各类食品总价值264万元，参与抗疫志愿行动100多人次。又如，汇力兴业置业公司、天守集团、河南省福建商会、泉州东亮集团通过省光彩会捐款200万元支援泉州市疫情防控。

（五）携手并肩汇聚抗灾救援力量，团结一心抵御灾害侵袭，共建美好家园

一方有难，八方支援。在自然灾害面前，广大闽商群体总是挺身

而出，奉献爱心，彰显大爱情怀。例如，在龙岩市连城县、南平市顺昌县等地发生特大洪灾时，广大闽商企业第一时间驰援灾区，支援救灾及灾后重建工作，共计捐赠109万元。又如，泰禾集团、福耀集团、信和集团、阳光城集团、名城地产集团、永同昌集团、恒安集团、盼盼食品集团等共捐资4000余万元，用于四川雅安、甘肃定西地震灾后重建，以及福建"尼伯特"台风、连城"7.22"特大洪灾、三明"5.19"洪灾等灾后重建工作。

（六）发展壮大光彩事业"蜂巢式"专项基金，有效整合各方力量，共享社会资源

广大闽商企业通过省光彩会设立专项基金，用以开展促进乡村振兴、推动共同富裕的光彩公益项目。例如，2023年5月，天守集团在省光彩会设立2000万元的"天守乡村振兴光彩基金"，用于促进乡村振兴、支持中西部协作、关爱弱势群体、重大自然灾害救助等光彩公益项目。截至2024年，共有11家民营企业在省光彩会设立冠名基金，采用"定向+非定向"的方式，积极实施光彩公益项目。分别是永同昌光彩基金、香缤共同富裕基金、种子光彩基金、国镜光彩基金、碧桂园光彩基金、恒申光彩基金、选苗光彩基金、九牧共同富裕基金、三棵树共同富裕基金、永荣共同富裕基金以及天守乡村振兴光彩基金。

五 区域协作：十年携手，闽商助力共富裕

共同富裕是社会主义的本质要求，是中国式现代化的重要特征。广大闽商群体发扬为党分忧，先富带后富的精神，以产业带动和公益帮扶双轮驱动的形式助力共同富裕，推动区域协调发展向更高水平迈进。

（一）深化东西部对口协作

近十年来，大东海集团、永同昌集团、恒申集团、九牧集团、正荣集团、汇力集团、均和集团、宝龙集团、腾新集团、和顺碳素有限公司、龙川集团、乔治白服饰有限公司、美臣星河发展集团、福建省女企业家商会、福建省青年闽商联合会、福建省江苏商会、福建高科技商会共捐赠3275万元助推宁夏、新疆、西藏、云南、贵州、甘肃等地开展"百家闽商塞上行""光彩南疆行""光彩怒江行""光彩临夏行"等光彩公益、产业帮扶、扶危济困活动。典型项目包括：九牧集团捐赠200万元帮扶新疆、西藏、宁夏三地，其中，50万元支持新疆昌吉州玛纳斯县9422亩农田提升改造项目，巩固和提升粮食生产能力，满足现代农业发展需要；50万元支持西藏昌都开展帮助村集体、农牧民增收等项目，结合昌都市地理位置和交通运输，在主干道村建设洗车厂，带动片区群众持续增收；100万元用于宁夏原州区4个村太阳能路灯安装项目和红寺堡区2个村农机合作社车库建设项目，完善村内基础设施，为村集体经济带来了直接可观的经济效益。省青年闽商联合会、省浙江商会、省江苏商会、省高科技商会、龙川集团有限公司、美臣星河发展有限公司、上海均和集团有限公司7家商会和企业分别捐赠10万元，帮扶西藏阿里地区普兰县普兰镇西德村、札达县达巴乡曲龙村等7个村开展耕地灌溉水渠、新建旱厕等乡村振兴项目。恒申集团捐赠200万元助力宁夏、西藏昌都、新疆昌吉州乡村振兴项目，捐赠宁夏100万元用于建设新饲料加工车间、日光温室大棚、水电基础设施等，带动大河乡麻黄沟村200余户养殖户养殖滩羊7200只，每年为村集体增收3万元；支持玛纳斯县六户地村5000只鹅养殖项目，实现年收益80万元，户均增收3000元；捐赠西藏昌都50万元支持察雅县烟多镇如给村建设新时代文明实践站，为63户275人提供科普知识类书籍；助力洛隆县马利镇夏玉村发展车厘子种植业，预计种植户户均增收 1500 元以上。除了资金帮扶外，闽商群体同样注重产业扶持，提升帮扶地区的造血致富能力。其中，262 家与宁夏产业关联度强、匹配度高、合作潜力大的民营企业，对接宁夏"六新六特六优"产业，一批企业达成投资意向，涉及投资金额 3.11 亿元。通过产业对接，不仅有效促进了宁夏特色产业的发展，也为福建民营企业拓展了发展空间。

（二）助力革命老区、苏区、民族地区经济社会发展

闽商企业通过省光彩会加大云南、甘肃、贵州等贫困地区支持力度。永同昌集团捐赠 2000 万元用于支持云南东川医疗卫生与教育事业，改善当地医疗和教学条件，捐资 120 万元用于资助甘肃定西市、平凉市的教育事业；盼盼食品集团、名城地产各捐资 100 万元资助定西贫困家庭 1~12 岁先天性病患者治疗，开展医疗扶贫等。世纪金源集团捐赠 100 万元支持福安市松罗乡后洋村提升人居环境，将闲置的 12 栋老旧民房流转收购，打造畲族特色民宿，让"老民居"摇身变成"新民宿"，预计每年为后洋村增加村财收入 20 万元，受益村民 300 多人。恒申集团捐赠 70 万元在宁化县湖村镇店上村新建戏台、老年活动中心、红色休闲文化广场，焕发乡村文明新气象，受益村民达 1400 人；捐赠 40 万元支持武夷山市上梅乡上梅村景观整治项目，完善旅游基础设施，改善了当地 1700 多村民的居住条件。此外，福州市光彩会组织闽商企业赴宁夏固原市考察，促成 2 家企业与当地签订商贸采购协议，11 家企业与固原市 11 个乡村结对帮扶，捐赠 51 万元用于当地公益事业。厦门市光彩会和理事企业共同捐赠 100 万元用于闽宁镇六村一居的教育提升、医疗保障和人居环境改造，厦门捷能通光电科技有限公司在闽宁产业园投资 1000 万元建设健康教育装备项目。

闽商蓝皮书

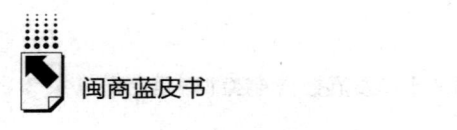

六　未来征途：展望新程，闽商破浪启宏图

新时代，新征程，民营经济发展前景广阔、大有可为，广大闽商企业和闽商企业家大显身手正当其时。2025年2月17日，习近平总书记在民营企业座谈会上强调："广大民营企业和民营企业家要满怀创业和报国激情，不断提升理想境界，厚植家国情怀，富而思源、富而思进，弘扬企业家精神，专心致志做强做优做大企业，坚定做中国特色社会主义的建设者、中国式现代化的促进者。"[①] 这为新时代推动民营经济高质量发展和促进光彩事业跨越式提升指明了前进方向，提供了根本遵循。

（一）坚守初心使命，厚植家国情怀

广大闽商群体始终与国家和民族同呼吸、共命运。回顾往昔，陈嘉庚先生将"实业"与"家国"高度融合，倾其所有兴办教育，支持革命，为国家的独立和发展做出了卓越贡献。步入新时代，广大闽商群体更应以先辈为榜样，坚守初心使命，厚植家国情怀，把企业的发展与国家繁荣、民族兴盛紧密相连。积极投身"一带一路"建设，利用自身在国际贸易领域积累的经验与资源，拓展海外市场，推动中外企业合作，促进文化交流，在国际舞台上展示中国企业的良好形象；踊跃参与国家重点项目，在西部大开发中的基础设施建设、东北老工业基地振兴里的产业升级，以及在高新技术领域的科研攻关等，都有闽商施展拳脚的广阔空间，以实际行动支持国家发展，在创业报国的道路上书写新的篇章。

[①] 《习近平在民营企业座谈会上强调：民营经济发展前景广阔大有可为　民营企业和民营企业家大显身手正当其时》，《人民日报》2025年2月18日第1版。

（二）践行光彩事业，助力共同富裕

光彩事业是闽商社会责任感的生动体现，也是先富带动后富的成功实践。广大闽商群体应强化与省光彩会的公益合作，发挥自身优势，整合社会资源，持续开展"光彩助学""万企兴万村""闽宁对口帮扶"等光彩品牌活动，巩固提升帮扶成效，助力共同富裕。在产业扶贫方面，通过投资建厂、发展特色产业等方式，为贫困地区创造就业机会，促进经济发展；在教育扶贫领域，资助贫困学生、改善教育设施，为贫困地区培养优质人才，阻断贫困代际传递；在乡村振兴过程中，挖掘乡村特色资源，发展乡村旅游、农村电商等新产业新业态，促进农村一二三产业融合发展，实现农业增效、农民增收、农村繁荣。

（三）强化创新驱动，实现跨越发展

在全球经济格局深度调整、科技革命浪潮汹涌澎湃的当下，创新已成为企业实现高质量发展的核心动力。对此，闽商企业应强化创新驱动，加大基础研究投入，全力打造研发中心，不断提升自主创新能力；吸引和培养高端创新人才，加强与高校、科研机构的产学研合作，构建协同创新生态；推动传统产业转型升级，引入先进技术和管理经验，提高生产效率和产品质量，实现从传统制造向智能制造、绿色制造转变；敏锐捕捉发展机遇，积极布局新兴产业，如数字经济、新能源、生物医药等，抢占未来发展的制高点，培育新的经济增长点。同时，要加强品牌建设，提升产品品质和服务水平，以优质的品牌赢得市场认可和消费者信赖，实现跨越式发展。

（四）筑牢诚信根基，勇担社会责任

诚信作为企业发展的基石，是闽商在长期商业实践中传承下来的宝贵精神财富,也是企业赢得市场信任、实现可持续发展的根本保障。未来,广大闽商群体应始终坚守诚信经营理念,严格遵守国家法律法规和行业规范,将其贯穿于企业生产、经营、管理的全过程,以实际行动维护公平竞争的市场秩序,树立闽商企业的良好形象。在履行社会责任方面,广大闽商群体要积极践行绿色发展理念,为建设美丽中国贡献力量;牢固树立安全生产红线意识,确保生产经营活动安全有序进行;切实维护员工合法权益,构建公正合理的劳动关系,在促进社会和谐发展中展现闽商担当。

展望未来,闽商必将在新时代的舞台上继续闪耀光芒。以家国情怀为引领,以光彩精神为担当,以创新发展为动力,以诚信经营为根本,在全面建设社会主义现代化国家新征程中乘风破浪,为实现中华民族伟大复兴的中国梦做出新的更大贡献,向着更加灿烂的明天奋勇前行。

B.11
福建老字号闽商品牌发展报告

郭娅妮 郑云坚*

摘　要： 本报告聚焦福建老字号海盐生产企业——福建省盐业集团，以其代表性品牌"闽盐"为核心，介绍福建海盐作为地方特色产业的资源优势、生产技艺的历史传承，新中国成立后盐业经历的发展变迁，以及盐业体制改革给福建省盐业集团带来的挑战与机遇。福建省盐业集团在面临市场化竞争加剧与消费需求变化的挑战下，在坚守传统技艺的同时实现转型升级，通过生产管理、生产工艺优化、品牌创新、市场渠道拓展等方式，实现福建老字号"闽盐"品牌价值与市场竞争力的提升，推动"闽盐"品牌的持续发展。同时，福建省盐业集团时刻在"闽盐"产品的生产中以保护人民身体健康为己任，认真贯彻落实国家消除碘缺乏病的方针、政策，保证合格碘盐供应。

关键词： 闽商　老字号　福建省盐业集团　盐业体制改革

一　福建海盐产业发展的资源优势

福建是中国南方主要海盐产区之一，得天独厚的地理环境和气候

---

* 郭娅妮，福建农林大学经济与管理学院博士研究生，主要研究领域为产业发展、经济管理；郑云坚，闽江学院新华都商学院教授、硕士生导师，主要研究领域为企业战略、组织行为学、管理案例、商业模式创新。

条件使其成为我国海盐生产的重要基地。福建全省岛屿众多,海岸线曲折绵延,长达3752千米;沿海滩涂资源丰富,拥有海岸滩涂2095平方千米;海水平均浓度2.5°~3.2°Be′(波美度)。福建省位于中国东南沿海,靠近北回归线,属于典型的亚热带海洋性季风气候,平均年降水量1000~2000毫米,蒸发量1100~1400毫米,年平均气温17.3℃~21.3℃,相对湿度保持在77%~83%。福建沿海地区大多为半日潮区,许多港湾的平均潮差达到5米,是全国少有的大潮差海区。福建的自然条件、滩涂资源均有利于产盐,这是福建海盐生产所具有的独特优势。

从气候资源看,滩晒海盐作为一种露天作业方式,依靠太阳能和风能蒸发浓缩海水析出氯化钠,因此生产情况与天气、气候密切相关。连晴天长、降水相对集中、灾害少的年份,就是海盐生产的丰收年,而连晴天短、阴雨日数多、灾害频发的年份,即为海盐生产的欠产年。每年2~6月是福建的雨季,这一时期降水量大、湿度大、日照时间短、蒸发量小,是福建海盐生产的淡季,产量仅占全年总产量的15%左右。7~9月是福建高温酷暑与热带气旋活动并存的时期,这一时期晴天较多,蒸发量大,是福建海盐生产的旺季,产量可占全年总产量的50%左右。10月至次年1月,是福建干燥少雨时期,连晴天较长,但气温逐渐降低,是福建海盐生产的平产季节,产量占全年总产量的35%。福建沿海的气象条件使福建海盐生产呈现明显的半年旺产型特征。

福建海区的海水盐度受到外海水和沿岸水的双重影响,其盐度分布规律表现为终年远岸高于近岸,南部高于北部,随季节又有明显变化。春季受外海高盐影响,全省海区海水盐度达到最高,除闽江口、南澳—东山和金门湾有三个范围不大的低盐区外,其他区域盐度维持在33‰~34‰(即1千克海水中含盐量为33~34克)。秋季闽浙沿岸流开始南下,福建海区海水盐度下降,大部分海区表层盐度在28‰~

32‰。这种盐度变化不仅影响海洋生态系统，也对海盐的质量和产量产生一定的影响。

总体上看，福建海湾是断裂构造控制并受海水侵没形成，地壳运动的差异塑造了福建复杂的海底地貌，为海盐生产提供了特殊的地理基础。同时，福建海盐生产是利用海水的潮汐规律，涨潮时纳入海水作为生产的原料，落潮时排出盐滩中的积水。福建沿海潮汐分为半日潮、全日潮和混合潮三种类型，大部分海区属于正规半日潮，即半天时间内有一次涨潮和一次落潮过程。南部海区潮差较小，中部和北部海区潮差较大，平均潮差可达 4.0~4.5 米，其中部分港湾的潮差甚至达到 5 米左右，是全国少有的大潮差海区。这一潮汐规律决定了海盐的产量周期，对福建海盐的产量和质量具有重要影响。

二　福建海盐生产技艺的历史传承

福建海水制盐的历史源远流长。20 世纪 50 年代，福建出土的文物中就有煎盐器具。唐宋时期，福建海水制盐已有相当规模。宋代，煎盐业有较大发展，煎盐由几个盐户合用一副盐灶锅，时称"盐亭"。那时，惠安境内设有 129 所盐亭，主要利用浅海滩涂地淋卤制盐，凡近海皆可煎制，形成了颇具规模的盐业生产体系。

宋朝时期，福建海盐生产工艺迎来革命性变革，由煎煮析盐法转变为日晒析盐法。据民间传说，此法由莆田人陈应功偶然发现，既节约成本，又可大量生产，很快在莆田得到推广。《莆田县志》记载："宋代，采用晒盐法后，产量大增"。据《宋史》记载，理宗宝庆二年（1226 年），御史梁成大称："盐产于福州、兴化，而运于建、剑、汀、邵四郡，二十二县之民食焉。"至元代，《元典章》载："切缘（福建运司）所辖十场，除煎盐四场外，晒六

场……全凭日色暴晒成盐。"可见，元代至顺年（1330年）前，福建盐民已创造海盐淋卤滩晒技术，至明代形成比较完整的坎（结晶池）晒工艺，清代福建沿海已普遍建立滩晒盐田，海盐生产规模化发展。从"煮海为盐"到"日晒法制盐"，解放了生产力，为盐业生产技艺的改进做出了巨大的贡献。至今，福建海盐制作工艺独具特色，承载了福建优良的生态环境和千年生产工艺，坚持采用传统古法生产，遵循"纳潮、制卤、结晶、旋盐、扒盐、淋卤、归坨"七大步骤。其中，"七步走水"确保盐分逐步浓缩，"人工旋盐"使盐粒结晶纯净，"小坨淋卤"保证盐品质量。古法制盐工艺的传承不仅塑造了福建海盐独特的风味与产品品质，也形成了与国内其他盐区的显著区别。

历史推动制盐业的演进。到清乾隆六十年（1795年）时，今泉港区域开始大规模围海建造盐田，制盐业向规模化、产业化发展。自那时起，山腰盐场便在结晶池用砺片垫底，用杉木板隔离盐坎，保证了原盐的质量。清嘉庆年间，山腰六乡村成为重要的产盐区；光绪十八年（1892年），山腰盐场增设厘卡以加强管理；1915年，民国政府在山腰设立盐税局。20世纪30年代初，南京国民政府在福建设盐运使署，专门负责盐业产销管理，后增设盐务稽核分所，主管盐税稽征。1935年，署、所合并为福建省盐务管理局，归属财政部。1937年后，政府加强了对盐业产销各环节的控制，在销区交通枢纽设盐务运销所（后改称盐务分局、支局），并组织零售商在城乡各地遍设盐店，实行计口销盐。1946~1947年，福建生产的海盐不仅供应省内，还支援广东、上海、湖北、江西及出口日本。新中国成立后，山腰盐场先后经历了互助组、公社化改革，盐农统一管理；1959年，山腰盐场转为国营盐场，直至今日。目前，除山腰盐场外，福建盐场还有莆田盐场、漳浦盐场等。

三 迎来发展新纪元的福建省盐业集团

1949年9月,福建省盐务局成立,负责全省盐业的生产、销售及盐税管理,下设福州、南平、山腰、莲浔、莆田五个分局,形成较为完整的管理体系。1950年,福建省盐务局改称福建省盐务管理局。1957年5月,福建省盐务管理局改为福建省工业厅盐务管理局,这一变更标志着盐业管理职能进一步融入工业体系,体现了政府对盐业生产现代化的重视。新中国成立之初,福建的盐业生产仍沿袭传统制盐方式,全省仅宁德南埕盐场采用刮泥淋卤技术,其余地区仍依赖平面蒸发制卤,生产效率较低。1951年,各大盐区相继实施土地改革,盐业管理体制迎来变革。政府核发制盐许可证,提升原盐收购价格,实行产、销、税统一管理,极大地刺激了盐业生产,使全省盐业迅速恢复并焕发生机。

1958~1978年,全省大力发展集体盐场,积极建设国营盐场并开展技术革新,改进生产技术,提高产品质量和产量。全省各大盐场不断完善制盐工艺,优化产销体系,并加强集运和中转设施建设,拓展省外市场,推动福建盐业多元化经营。"闽盐"以细白闻名省内外,销区由福建省内扩大到南方六省一市,成为中国南方重要的海盐生产基地。1975年,中共福建省委批转省委组织部、省编委会《关于核定省级机关内部机构、编制的报告》(闽委〔1975〕48号),明确了在省轻工业局内部设立制盐局,省制盐局与省盐业公司合署办公。1978年,福建省将各地、市、县盐业管理机构收归省管,经费列入盐业专款开支,确保产业资金稳定。1983年12月,福建省人民政府决定进一步强化管理,在盐业管理机构编制已收归省管的基础上,又将各市县盐业公司一并收归省管,形成全省盐务局、盐业公司人财物、产供销、内外贸一体化管理体制,极大地提升了福建盐业的生产效率和市场竞争力。

　　福建省盐务局重建以后，在全省盐区大力发展小盐田建设，提高制盐效率，并在各大盐场推广全面质量管理，实行计件工资制，以提高工人生产积极性。推广各种生产新技术，盐产品种类也日益丰富，由原来单一的细白盐发展到中粗粒盐、大颗粒工业盐、滩晒精盐等多个品种，以满足不同市场的需求。同时，为了满足日益增长的运输需求，在原有高崎专用铁路的基础上，投资建设了秀屿盐业专用码头，并增设平潭、惠安、同安、东山等出口盐起运点。此外，福建省还组建了盐业海运公司，形成了稳定的内外调运网络，确保福建海盐的市场供应和流通效率。福建的盐业生产在经营模式上也进行了调整，各个盐场贯彻"以盐为主，多种经营，综合利用，全面发展"的方针，改变单一的经济结构和产业结构。各盐区充分利用滩涂、水域面积、边角荒地资源，开展以海产养殖为主的多元经营，提高企业经济效益。1989年底，福建省盐产品生产能力达100万吨，每年产销量均在90万吨以上，"闽盐"产品市场遍布华东六省一市，并出口至东南亚一带，年度出口量最高达10万多吨，一时间福建成为我国南方的主要产盐区。"闽盐"成为我国东南地区和东南亚地区经济生活中不可缺少的重要物资，为福建省和国家建设做出了应有的贡献。

　　1990年，《盐业管理条例》颁布实施，成为我国第一部盐业法规。2001年，福建省盐务局（盐业公司）内部全面实行省、市（地）、县（市）三级管理，完善了行业管理体系，提高盐业管理水平。2011年12月，福建省盐业公司更名为福建省盐业有限责任公司，2014年6月福建省盐业有限责任公司更名为福建省盐业集团有限责任公司。福建盐业从传统手工晒盐到现代化制盐，从单一产品到多元化经营，从地方管理到全国布局，不仅满足了福建省及周边地区的食盐需求，还成为中国南方重要的盐业基地，为国家经济建设和人民生活福祉做出了重要贡献。为保护福建珍贵的盐田资源，2013年，福建省人民政府出台《关于进一步加强盐田保护　促进盐业健康发展六条措施的通知》，要求对现有盐田实行最严格的保护制度，取得了显著成效。为了进一步加强盐田保护，确保有法可依，2023年12月26日，福建省人民政府第22次常务会议审议通过了《福建省盐田保护管理办法（草案）》（以下简称《办法》），该《办法》于2024年2月1日起施行。《办法》的出台，使福建的盐田成为全国唯一由政府立法保护的传统人工天然海盐产区。如今，福建是全国传统人工日晒海盐的最大产地，其盐田资源极为珍贵，建设时间最短的盐田也已经历50余年的沉淀，新的盐田几乎难以再建。福建盐场的珍稀性，使得"闽盐"生产技艺更具历史价值和市场竞争力。

四　盐业体制改革赋能"闽盐"品牌发展

我国的食盐行业在过去的几十年中发生了深刻变化。盐业在我国属于传统产业，已有数千年的历史，自古以来便是国家财政收入的重要来源之一。早在唐宋时期，国家便设立专门的盐务机构，对食盐的生产、销售和税收进行严格管理，形成了食盐专卖制度。而改革开放以来，随着社会经济的发展，食盐行业的管理体制也不断调整，从国家专营到市场化竞争，经历了深刻的转型和变革。

2017年前，我国对食盐的销售严格执行国家专营制度。各省、自治区、直辖市的食盐生产由国家食盐定点生产企业生产，食盐的年度生产计划则由国家相关部门下达，实行严格的计划经济管理模式。这一时期，食盐的生产、运输和销售均受到国家的严格管控，目的在于保障市场稳定和食盐供应安全。之后虽然国家对食盐的管理进行了优化，《国务院关于取消非行政许可审批事项的决定》（国发〔2015〕27号）取消了省级盐业主管部门的食盐年度生产计划审批权力，但由于《食盐专营办法》并未废除，加之缺乏国家相关部门出台的相

关实施细则，所以在我国食盐的实际生产经营中，食盐年度生产计划仍旧被保留，改由中国盐业协会、中国盐业总公司通过组织召开全国食盐产销衔接会议的方式议定并执行。食盐作为一种生活必需品，其市场需求相对稳定，主要受到当地人口因素的影响，需求弹性较小。由于严格的专营制度限制了市场竞争，各区域市场内并不存在直接的产品竞争，市场运行较为平稳。然而，严格的管控在一定程度上也制约了我国食盐行业的发展，导致生产效率较低，产品创新能力不足，难以满足消费者对多样化、高品质食盐产品的需求。

随着国家实施产业结构调整、化解产能过剩、设定节能减排目标等宏观政策，作为供给侧结构性改革的重要部分，全国盐业改革于2017年正式落地，食盐市场的经营环境及监管体制均发生了巨大变化。根据国务院2016年4月22日印发的《盐业体制改革方案》，我国在坚持食盐专营体制的基础上，从2017年开始推进供给侧结构性改革，设定了为期两年的改革过渡期。放开所有盐产品价格，取消食盐准运证，允许现有食盐定点生产企业进入流通领域，食盐批发企业可开展跨区域经营。放开食盐出厂、批发和零售价格，由企业根据生产经营成本、食盐品质、市场供求状况等因素自主确定。各级价格管理部门要加强对食盐零售价格的市场监测，配合盐业主管机构采取措施，保持价格基本稳定，特殊情况下可依法采取价格干预或其他紧急措施，防止普通食盐价格发生异常波动。通过加快建设食盐电子追溯体系，实现食盐来源可追溯、流向可查询、风险可防范、责任可追究。

福建省盐业集团是福建省内依法从事食盐专营的国有大型企业，旗下拥有"晶华""福盐""闽盐"三大品牌。"晶华"牌商标1994年注册成功，2009年获得福建省著名商标认证。"福盐"牌于2014年启用商标，"闽盐"牌于2018年注册商标，"闽盐"品牌是福建省盐业集团的主品牌，"晶华""福盐"是集团的子品牌。2025年3

月，福建省盐业集团的"闽盐"商标获得福建老字号认定。福建省盐业集团"闽盐"品牌小包装产品，在福建省内市场占据绝对主导地位。福建省盐业集团在其上级单位省轻纺（控股）公司的正确领导下，紧紧围绕"坚定信心，努力转型，深化改革，加强合作"的总体发展思路，积极实施创新驱动发展战略，立足省内资源，在产品开发与宣传、拓展省内外市场、做强主业、盘活资产、延伸产业链等方面下功夫。采取各种有效措施，克服改革过渡期中的种种困难，增强集团质量效益和核心竞争力。在盐业体制改革中，切实履行政治责任担当、社会责任担当、经济责任担当、发展责任担当。

为稳定食盐生产原材料的供应，福建省盐业集团积极推进省内盐场合作模式创新，加快形成产销一体化。推进与莆田、山腰和漳浦三大盐场的合作模式创新，与三大盐场签订了为期10年的框架合作协议，稳定原料供应，确保省内市场供给，共同打造福建海盐高端品牌。产销双方的合作稳定了盐场生产经营，提升了行业的竞争力。食盐储备方面，2013年，福建省政府斥资1.4亿元在福州、漳州、龙岩和南平设立总面积3万平方米、最大库容量6万吨的4个省级食盐储备库，并引进高层存储货架及穿梭轨道设计，充分提高食盐储运的效率及仓库利用率。严格落实省级政府食盐储备管理工作，科学运转提高食盐储备组织化程度，日常全省省级食盐储备量3.5万吨，企业储备量3.5万吨，有效地保障了福建省的日常食盐安全供应和应急供应需求。

为了加强产品开发、品牌宣传创新，全力打造高端海盐的"闽盐"品牌，2017年福建省盐业集团加大了产品研发力度，专门成立了新品推广工作小组，开发设计形成了以"福建贡盐"为代表的"闽盐"品牌中高端系列产品、以"福建原盐"为代表的民生系列产品和以"低钠海盐"为代表的功能系列"闽盐"品牌产品，产品的定位、梯度进一步清晰。"福建贡盐"、"天然海晶盐"、"福建原盐"

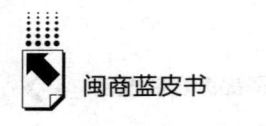

和"研磨盐"被选定为金砖五国会议专用盐，进一步提升了福建海盐的品牌价值。

2020年，经中国盐业协会生态海盐评审管理技术委员会审定，福建省盐业集团旗下的福建省莆田市晶秀轻化有限公司和福建省泉州晶海轻化有限公司生产的食盐产品成为首家通过《生态海盐评价技术规范》评审的产品，并获得生态海盐认证证书，这标志着福建海盐在质量管理和绿色发展方面迈出了重要的一步。福建省盐业集团始终坚持"以质量求生存，以品牌促发展"的经营理念，在保护传统制盐技艺的同时，不断融入现代化管理方式，推动品牌升级，积极参与全国乃至国际市场竞争，为广大消费者提供优质海盐产品，推动福建海盐产业的高质量发展。2022年，福建省盐业集团带着全新的"闽盐"牌海盐产品参加第二十届"中国·海峡创新项目成果交易会"，荣获"创意设计奖""最佳宣传推广奖"。

五 "闽盐"加碘盐守护人民健康

碘缺乏病是严重危害人民身体健康的一种地方病，是由于自然环境碘缺乏造成机体碘营养不良所表现的一组疾病和危害的总称。包括地方性甲状腺肿、地方性克汀病、地方性亚临床克汀病，以及碘缺乏导致的流产、早产、死产、先天畸形等。地方性甲状腺肿是最常见的表现形式，而地方性克汀病是最严重的表现形式。主要发生于碘缺乏的特定地理环境，具有明显的地方性，在我国被列为地方病之一。福建省也曾经是碘缺乏病病情较重的省份，全省84个县（市、区）有54个县（市、区）为碘缺乏病区。

食盐加碘是消除碘缺乏病的主导措施。1991年3月，李鹏总理代表中国政府在《儿童生存、保护和发展世界宣言》和《执行90年代儿童生存、保护和发展世界宣言行动计划》上签字，向国际社会庄严承诺到 2000 年中国基本实现消除碘缺乏病的目标。随后，我国于 1994 年和 1996 年相继发布了《食盐加碘消除碘缺乏危害管理条例》和《食盐专营办法》。福建省也于 1993 年和 1996 年相继发布了《福建省盐业管理办法》和《福建省碘盐管理办法》，全面推进食盐加碘工程。

为了加强宣传和对全民进行健康教育，从 1994 年起，我国政府把每年的 5 月 5 日作为全国碘缺乏病防治日，后经过我国卫生部与碘缺乏病防治相关部门协调，全国碘缺乏病防治日自 2000 年起改为 5 月 15 日。向全社会普遍宣传碘缺乏病的危害性及食用碘盐对消除碘缺乏病的作用，使全社会提高了自我保护意识。各级盐业公司积极参加由卫生部门牵头组织的开展消除碘缺乏病的宣传活动，通过发放科普宣传单、刷写标语，开展"送盐、送法、送宣传"活动等方式，向消费者传播食用碘盐、消除碘缺乏病的知识，收到了很好的效果。

1997 年以来，在福建省政府的高度重视下，福建的盐业生产陆续实行了产能结构调整、建立食盐生产基地、建设现代流通企业等改革措施。通过实施"定点生产、集中包装；直达送货、减少环节；建全网络、保障供给"的经营策略，有效提高了产销效率，使盐业产销企业逐步走出困境，同时逐年提高了福建省的合格碘盐食用率。福建省食盐加碘主导措施的落实，得到了省内各有关部门的大力支持，通力协作，取得良好的社会效益。福建省盐业集团时刻在"闽盐"产品的生产中把保护人民身体健康为己任，认真贯彻落实国家消除碘缺乏病的方针、政策，把构筑碘盐销售网络、实施碘盐项目工程、实行盐业结构调整、扩大碘盐覆盖率、普及碘盐供应作为造福子孙后代的宏伟工程来落实。

福建省盐业集团注重抓碘盐产品质量和包装物质量，保证合格碘盐供应。2000 年初，率先全面推行采用碘盐复合膜小包装，既增强盐产品的防伪功能，又有效地防止碘挥发。近几年来，福建省盐业集团不断加大生产线技改，在福建省委、省政府的扶持下，按高等级食品企业的要求对三家食盐定点加工厂进行改造升级，从原料的投入到成品包装均实行全封闭生产。从原料投入到选别、加碘、包装、装箱、扫码、堆垛全程实现自动化生产，提高生产车间加碘设备自动化程度，确保加碘过程的均匀性，确保碘盐产品合格率。2001年，为表彰福建省盐务局在提高碘盐覆盖率工作中做出的突出成就，联合国儿童基金会授予福建省盐务局"儿童之友"奖。2008年，全省碘盐销量达19.64万吨，比1996年碘盐销量9.4万吨增加10.24万吨。居民户碘盐覆盖率从1995年的50.5%提升至2008年的97%，居民户碘盐合格率从1995年的48%上升到2008年的98.1%，合格碘盐食用率由1995年的90.5%上升到2008年的95.2%，标志着福建省已基本实现消除碘缺乏病的阶段目标，保障了人民健康。2022年，福建省盐业集团经公开遴选成为福建省内未加碘小包装食盐唯一供应商，供应期限截至2027年底，为期5年。2023年，日本核污染水排海事件发生，福建省盐业集团启动应急预案，实行全省统一调配资源、组织运力配送，单日最大投放量达正常时期25倍，及时平息省内食盐市场波动。

六 福建省盐业集团未来发展展望

未来，福建省盐业集团将"闽盐"品牌贯穿于集团现有食盐、食品等主业板块，加强品牌建设，提升产品档次，根据集团战略目标，合理开发并利用现有品牌资源，创建并培育符合福建省盐业集团战略定位的新品牌，构筑以"闽盐"为主品牌的品牌矩阵，提升产品市场占有率。

（一）明确"盐+食品"双主业驱动

福建省盐业集团将以"建设省级食物供给与保障平台"为目标，

将目光投向更广阔的"大食物观"领域。一方面，稳固盐业主业基本盘。推动食盐营销"线上+线下"渠道建设，通过丰富产品供给、优化品种结构和强化终端渠道管控，提升市场竞争力，加快低钠盐等产品推广。推动品牌重定位、重规划，构建清晰品牌矩阵与产品体系。另一方面，拓展食品产业多元化布局。围绕"政府需要、企业方向"，打造"闽厨晶华"牌大豆油、大米，"盐小福"矿泉水等自有品牌，构建集开发、委托加工、品质管理、销售运营于一体的全链条管理模式。

（二）夯实"三链"基础

一是强化"产业链"上游资源补链。未来集团将与泉州市泉港区山腰盐场达成经营合作，破解"产销割裂"难题，推动产销一体化进程。对合作经营盐田工区进行技术改造，有效提升原盐品质和供应保障能力，为提升福建海盐核心竞争力奠定坚实基础。二是筑牢"供应链"保障体系。集团将依托覆盖全省的仓储物流网络和储备能力，强化主渠道保供能力，持续提升4个省级食盐储备库和储备点的运营能力，完善应急保供体系，在保障民生和服务国家战略需求中彰显国企担当。三是优化"人才链"支撑作用。集团将深入实施人才强企战略，优化人才结构比例。针对市场运营管理需求，重点培养和引进市场营销、产品研发、品牌管理等专业人才。完善干部选拔任用机制，推进干部轮岗交流与"师带徒"培养，构建梯次化干部队伍，为改革发展注入人才动能。

（三）科技引领，"新质"注入动能迸发盐产业"创新力"

福建省盐业集团将推动产业升级智慧转型，制定盐业产业化"三步走"战略，明确产业科研小试、中试方案和产业化项目目标。集团将大力推进产学研用深度融合，组建工作专班，推动开展"滩

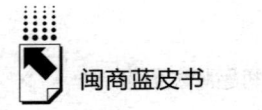

晒海盐新工艺技术研究及应用项目"等。加速数字化转型步伐,大力推进"智改数转",持续迭代优化"福盐云商""闽盐心选"等数字化平台,提升全链条智能化管理水平。

(四)推动变革,激发内生动力焕活盐产业"生命力"

围绕改革发展目标,集团将推行"一平台两区域三中心"的管理架构,推动资源集约化和管理扁平化,有效提升集团管控能力和资源配置效率。集团将深化劳动、人事、分配"三项制度"改革,完善以 KPI 为核心的绩效考核体系,推行经理层任期制契约化管理,建立"管理+技术"序列的 H 型晋升通道。

立足新起点,福建省盐业集团将继续坚持改革创新,在服务国家战略、保障民生需求、推动高质量发展的道路上笃行不怠、行稳致远。

附 录
2024年闽商大事记

王佳宁*

一 企业上市

1. 1月19日,安井食品发布公告,拟在境外发行股份并在香港联交所上市。安井食品成立于2001年,是一家从事速冻火锅料制品和速冻面米制品等速冻食品的研发、生产和销售的企业。2017年安井食品在A股成功上市。

2. 2月1日,亚玛芬体育(Amer Sports)正式登陆纽交所。安踏集团为该公司的控股股东,这是安踏集团第二家在国际资本市场挂牌交易的上市公司。

3. 2月28日,福建省铁拓机械股份有限公司成功登陆北交所开始申购,这是福建省首家在北交所上市的民营企业。铁拓机械股份有限公司成立于2004年,总部位于泉州,是一家集研发、生产、销售和服务为一体的沥青混合料搅拌设备及其配套设备的生产商。

4. 3月28日,星宸科技股份有限公司在深交所创业板上市。星宸科技股份有限公司成立于2017年,总部位于厦门,为全球领先的

---

* 王佳宁,福州大学闽商文化研究院研究助理、《闽商文化研究》编辑,主要研究领域为闽商文化、海洋文化。

视频监控芯片企业，产品主要应用于智能安防、视频对讲、智能车载等领域。

5. 4月2日，福兴集团旗下的控股公司Fuxing China Group Limited在美国证监会更新了招股书，计划在美国纳斯达克上市。福兴集团成立于1993年，总部位于福建晋江，是一家以拉链产业为主，涉足漂染、五金电镀和纱线染织等领域的现代大型综合性企业集团，曾于2007年在新加坡主板挂牌上市。

6. 4月12日，喜马拉雅正式向港交所递交招股说明书，继续推进港交所主板上市进程。喜马拉雅是国内最大的音频平台，创始人兼CEO余建军为福建浦城籍闽商。此前喜马拉雅曾两次向港交所递交过招股书，但均因超过时间而失效。

7. 5月10日，舒宝国际集团有限公司在港交所递交招股书，拟在香港主板挂牌上市。舒宝国际成立于2010年，总部位于泉州晋江，是一家专注于个人一次性使用卫生用品开发、生产及销售的公司，三大主要产品类别为婴童护理用品、女性护理用品、成人失禁用品。

8. 5月17日，上交所官网更新，因中乔体育股份有限公司及其保荐人中银国际证券撤回发行上市申请，终止其发行上市审核。中乔体育成立于2000年，总部位于福建晋江，主要从事运动鞋、运动服装及运动配饰的设计、研发、生产和销售。

9. 5月21日，厦门一品威客网络科技股份有限公司的实质控股股东EPWK HOLDINGS LTD.在美国证监会更新招股书，拟在美国纳斯达克IPO上市。一品威客成立于2011年，总部位于福建厦门，公司创始人黄国华，旗下拥有综合性众包平台EPWKVIE。

10. 5月21日，INLIF LIMITED因立夫有限公司在美国证监会公开披露招股书，计划在美国纳斯达克上市，该公司为伊瓦特机器人设备制造有限公司的实质控股股东。伊瓦特机器人于2016年成立，总部设立于泉州南安，主要产品及服务包括机械手及配套方案、注塑机辅机设备、注塑自动化供料及水电气系统四大系列。

11. 6月6日，Fly-E Group在美国纳斯达克成功进行了首次公开发行，公司创始人为长乐籍闽商欧周（Andy Zhou Ou）。Fly-E成立于2018年，总部位于美国纽约，主要业务包括设计、安装和销售智能电动摩托车、电动自行车、电动滑板车以及相关配件。

12. 6月8日，此前中国证监会对福建侨龙应急装备有限公司下发的予以注册决定书到期失效，意味着该公司已经确定无法上市。侨龙应急成立于2000年，总部位于福建龙岩，是一家专注于供排水应急装备的设计、研发、生产、销售及应急救援服务的企业。

13. 6月18日，印象大红袍股份有限公司在临时股东大会上审议并通过了《关于全面启动公司在香港联交所上市工作的议案》，正式决定启动赴港上市计划。印象大红袍股份有限公司成立于2009年，是福建省武夷山市的一家国有企业，主营业务为《印象大红袍》大型实景山水剧。

14. 6月20日，厦门企业中仑新材料股份有限公司正式登陆深交所创业板。中仑新材成立于2018年，总部位于厦门，是一家专注于功能性薄膜材料研发与生产的创新型企业。其生产的高性能膜材料产品在新能源锂电领域有重要作用。

15. 6月25日，美达股份发布公告称，自2024年6月26日起，"美达股份"证券简称正式变更为"恒申新材"。此前，恒申集团创始人陈建龙以5.94亿元认购美达股份23.36%的股权，成为新实控人。

16. 7月24日，江苏正力新能电池技术股份有限公司向香港联交所递交了招股书，拟登陆港股市场。正力新能成立于2019年，由曹芳、陈继程、江苏塔菲尔共同创立，主要专注于用于电动汽车的电池产品的销售。

17. 7月26日，绿联科技在深交所创业板正式敲钟上市。绿联科技成立于2012年，总部位于深圳，创始人张清森是莆田籍闽商。公司主要从事3C消费电子产品的研发、设计、生产及销售。

18. 9月11日，慧翰微电子股份有限公司在深交所创业板上市。慧翰股份成立于2008年，注册地址位于福建省福州市，控股股东为福建国脉集团有限公司，主要从事车联网智能终端、物联网智能模组的研发、生产和销售，同时为客户提供软件和技术服务。

19. 10月11日，厦门星际时尚文化传媒有限公司的实质控股公司——星际时尚文化控股有限公司（Star Fashion Culture Holdings Limited）成功在美国纳斯达克上市。星际时尚自2015年开始运营，为一家专注于内容营销与精准营销的服务商。

20. 10月17日，闽东红集团有限公司（Oriental Rise Holdings Limited）成功在美国纳斯达克上市。闽东红成立于2013年，位于福建柘荣县，公司专注于茶叶的种植、加工、销售及科研。2021年曾向港交所递交过上市申请。

21. 12月26日，宁德时代公告称，拟发行境外上市外资股股票，并申请在港交所主板挂牌上市。

二 企业投融资、合作

1. 1月3日，在福清市静馨嘉园，福建省建州康养集团、建州教育科技公司与福建省中富康养公司分别签订战略合作协议，共建养老服务体系。

2. 1月9日，福耀集团与福清市政府举行年产400万套智能车用安全玻璃生产项目签约活动。该项目总投资达32.5亿元，建成投产后将成为全球最大的汽车玻璃出口基地。

3. 1月17日，美年健康集团与华为云计算技术有限公司、上海润达医疗科技股份有限公司在贵州省贵安新区华为云数据中心签署全面合作协议。三方宣布将基于华为云平台打造国内首款健康管理 AI 机器人——"健康小美"数智健管师。

4. 1月19日，福建友谊胶粘带集团 BOPP 薄膜及胶带项目签约广东鹤山市。该项目选址鹤山工业城，计划总投资40亿元，用地约600亩，拟在鹤山投资建设以电子类、汽车类为主的 BOPP 薄膜及胶带项目。

5. 1月25日，福耀玻璃公告称，公司拟于安徽省合肥市设立三家全资子公司：福耀玻璃（合肥）有限公司、福耀玻璃（合肥）配件有限公司和合肥福耀浮法玻璃有限公司（暂定名）。

6. 1月26日，滴滴与宁德时代在福建省宁德市宣布正式成立换电合资公司。

7. 1月31日，四川省人民政府与宁德时代新能源科技公司在成都签署全面深化战略合作协议。

8. 2月3日，美图公司发布公告，宣布该公司全资子公司 Meitu Investment Ltd. 收购站酷网全部股本，旨在升级美图的影像与设计产品业务，为自研 AI 大模型 MiracleVision 的生态带来协同效应。

9. 2月16日消息，福建时代星云智慧储能产业园制造车间投用，成为福州市新型储能代表性产业园区。项目总投资约5.15亿元，用地面积87亩，总建筑面积约13万平方米。

10. 3月7日，燕之屋已接获中国证券监督管理委员会发出的备案通知，公司已完成向中国证监会所提交将公司7名股东持有的1.37亿股未上市股份转换为于联交所上市的 H 股的备案。

11. 3月8日消息，宁德时代、北汽海蓝芯、京能科技、小米汽车四方将设立合资公司，在北京投资建设电芯工厂。公司拟命名为北京时代新能源科技有限公司，注册资本10亿元，经营范围主要包括动力电池、储能电池的开发、生产和销售。宁德时代此前已在国内布局11座生产基地。

12. 3月11日消息,福州青口控股有限公司变更为奇瑞汽车股份有限公司,意味着奇瑞顺利完成了对东南(福建)汽车工业股份有限公司的收购。

13. 4月8日,福耀集团安徽生产基地新投资57.5亿元的汽车玻璃全产业链项目正式开工。项目位于肥西县,计划总投资57.5亿元,年产汽车配套玻璃400万套及配件玻璃400万片。

14. 5月9日,国家市场监管总局发布的无条件批准经营者集中案件名单显示,宁德时代新能源科技股份有限公司收购北京中汽院科技有限公司股权案已经通过审批。

15. 5月9日,特步国际宣布,集团董事局主席兼CEO丁水波及其家族将以1.51亿美元作价私有化盖世威和帕拉丁品牌,使公司能够集中资源发展其高利润的品牌——特步主品牌、索康尼及迈乐。

16. 5月12日,福建中景石化有限公司的全球最大单套年产100万吨丙烷脱氢(PDH)项目正式投产,在行业内首次实现设备及配件国产化率超99.5%,创造了10个全球、全国首台套设备。

17. 5月20日,宁德时代宣布与小米汽车联合成立北京时代动力电池有限公司,专注于电池制造并计划建设电芯工厂。

18. 5月24日,紫金矿业与华为在第七届数字中国峰会期间举行战略合作框架协议签署仪式。双方将在人工智能、智慧矿山、智慧冶炼、无人驾驶、数据治理等方面深化合作。

19. 5月27日,永辉超市首次发布门店调改公告。公告显示,与胖东来建立合作关系之后,此次调改的门店包括永辉超市郑州信万广场店、永辉超市新乡宝龙广场店两家门店。

20. 5月31日,象屿股份与辽宁港口股份有限公司在厦门签署"总对总"全面合作协议,将助推双方进一步发挥各自优势,持续探索大宗商品内外贸、物流运输、航线搭建、信息化建设等发展机遇。

21. 6月5日,中百集团公告与永辉超市股份有限公司签订了

《湖北省参股股权转让产权交易合同》，本次交易完成后，公司将不再持有永辉中百股权。

22. 6月13日，金牌厨柜家居科技股份有限公司发布公告称，公司证券简称将于2024年6月18日起由"金牌厨柜"变更为"金牌家居"。金牌橱柜于1999年成立于厦门，专业从事整体厨柜及定制家居的研发、设计、生产、销售、安装及售后整体服务。

23. 7月10日，冠城大通发布公告称，公司拟将持有的房地产开发业务相关资产及负债转让至公司控股股东（或实控人指定的关联公司）。交易完成之后，公司将不再从事房地产开发业务，经营上聚焦电磁线的研发、生产与销售主业。

24. 7月14日，宁德时代与新希望集团旗下鲜生活冷链物流有限公司签署战略合作协议。根据协议，双方将深化产研合作，加强市场联动，联合打造绿色低碳冷链物流产业链。

25. 7月22日，绿康生化股份有限公司宣布定增募资不超过8000万元（含本数），拟用于光伏胶膜项目等。绿康生化总部位于南平浦城，为一家专注于兽药研发、生产和销售的高新技术企业。2023年收购江西纬科新材料科技有限公司，进入光伏胶膜行业。

26. 8月3日，上海峰飞航空科技有限公司宣布，与宁德时代签署战略投资与合作协议，宁德时代独家投资数亿美元，双方将致力于eVTOL（电动垂直起降飞行器）航空电池的研发。

27. 8月10日，漳州片仔癀药业股份有限公司发布公告，宣布其全资子公司漳州片仔癀投资管理有限公司拟收购漳州市明源香料有限公司100%股权。明源香料成立于1980年，主营业务包括传统香料制品经营、香料作物种植等。此外，明源香料拥有水仙药业的30%股权，后者拥有水仙牌风油精、金利油、无极膏等多款知名产品。

28. 9月8日，中仑新材与厦门市海沧区政府签署投资协议，预计投资25亿元，用于建设新能源膜材项目。项目占地约13.44万平方米，包括科创大楼和数条世界先进的新能源膜材生产线，用于超薄电容膜和复合集流体基膜的研发与生产。

29. 9月23日，永辉超市发布股份转让公告，公司第一大股东变更为骏才国际的实控方"名创优品"。

30. 10月8日消息，见福便利店与挪瓦（NOWWA）咖啡宣布战略合作。双方将就"咖啡+便利店"的模式开展门店联营。

31. 12月13日，琏升科技发布公告，公司收到12月5日厦门产权交易中心成交通知书，成都瑜与聆互联网科技有限公司竞得厦门三五互联信息有限公司100%股权及部分商标。本次交易完成后，公司将从传统业务向光伏异质结（HJT）电池项目进一步转型。

32. 12月19日，圣农发展股份有限公司发布公告，公司拟收购安徽太阳谷食品科技（集团）有限公司合计54%的股权。本次交易完成后，公司将持有标的公司100%的股权。太阳谷成立于2023年，三家子公司地处长江三角洲区域，具备成熟、稳定的白羽肉鸡经营能力。

三　跨国动向

1. 1月11日，紫金矿业旗下全资子公司JINLONG（SINGAPORE）MINING PTE. LTD.（金龙矿业）与加拿大初级矿业公司Solaris Resources签署股份认购协议。紫金矿业将通过金龙矿业持有该公司15%的股份，成为其第二大股东。

2. 1月17日，金牌厨柜发布公告称，公司拟投资建设金牌泰国（罗勇府）生产基地项目，预计总投资金额不超过人民币7亿元。

3. 1月26日，广生堂在互动平台表示，公司已设立出口业务控股子公司广福来，专注于拓展公司药品特别是抗新冠病毒药泰中定的国际化业务领域。

4. 1月31日，印尼科技巨头GoTo发布声明称TikTok已正式完成

2023年12月宣布的交易，斥资8.4亿美元收购GoTo电商子公司Tokopedia的75.01%股份。TikTok正式控股印尼本地电商平台Tokopedia，TikTokShop印尼业务与Tokopedia合并为PTTokopedia。

5. 2月5日，厦门金达威集团发布公告，持有96.11%股权的美国子公司Doctor's Best Inc.购买美国Activ Nutritional，LLC的100%股份权益。Activ于2016年在美国特拉华州注册成立，是美国钙咀嚼片补充剂品类的知名品牌。

6. 2月14日，361°与世界游泳联合会（World Aquatics）正式签约合作。在签约期内，361°将作为官方体育服饰供应商，为世界泳联旗下赛事的顺利举办与发展提供支持。

7. 2月16日，网龙网络控股有限公司公告有关合并的主要交易、主要出售事项及拟议分拆Elmtree及实物分派等，完成海外教育业务分拆上市，从教育硬件供应商向"课堂即服务"转型。

8. 2月28日，美国旧金山地区法官玛克辛·切斯尼经过非陪审团审判后，就美国司法部对福建晋华诉讼案裁定福建晋华无罪。此前，美光科技与福建晋华已达成全球和解协议。

9. 4月8日，海能达通信股份有限公司发布公告称，公司收到美国法院的判令，判令认定公司未能完全遵守其禁诉令。因此临时禁止公司在全球范围内销售双向无线电技术的产品，并处以每天100万美元的罚款，直至公司完全遵守禁诉令之时止。海能达成立于1993年，是全球第二大无线电终端生产商，创始人为泉州南安籍闽商陈清州。

10. 4月23日（当地时间），TikTok表示已就应用程序TikTok Lite向欧盟委员会提交了逾期风险评估文件。此前一天，欧盟监管机构威胁或处以罚款并部分禁止该服务，同时调查该服务对未成年人造成的潜在危险。

11. 4月29日，特步集团有限公司与华为云计算技术有限公司在深圳签订全面合作协议。基于特步深耕多年的运动鞋服全产业链的行

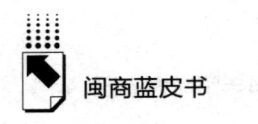

业数据、研发制造能力和生态伙伴资源，特步希望能够借助华为在数字化方面的解决方案，成为中国运动鞋服的数字化标杆。

12. 5月7日（当地时间），TikTok与字节跳动向美国哥伦比亚特区联邦巡回上诉法院提起诉讼，寻求阻止美国总统拜登签署的涉TikTok法案。

13. 5月9日消息，宁德时代与法国达飞海运集团签署合作协议，双方将充分发挥各自领域的优势，专注于建设全面、完整的温室气体减排解决方案。

14. 5月24日，3500套"圣泽901"父母代种鸡雏漂洋过海，来到非洲坦桑尼亚给巴尔岛养殖场，这是"圣泽901"首次走出国门，进军海外种鸡市场。近年来，圣农发展全资子公司福建圣泽生物科技发展有限公司积极拓展国际市场。

15. 5月26日，紫金矿业称卡莫阿铜矿三期选厂较计划提前6个月正式投料运行，达产后卡莫阿铜矿年产铜量将提升至60万吨以上，成为非洲最大、全球第四大铜矿。

16. 6月7日，马来西亚贸易与工业部部长扎夫鲁在社交媒体X发文称，字节跳动计划在马来西亚投资100亿林吉特（约合21亿美元）以建立一个区域人工智能中心，还计划扩建其在马来西亚柔佛州的现有数据中心设施。

17. 6月18日，紫金矿业发布公告，面向海外投资者完成港股市场再融资25亿美元，其中可转债20亿美元、配售5亿美元。此次资金将主要用于偿还集团境外债务和海外市场的业务营运及发展。

18. 7月16日消息，海辰储能与土耳其可再生能源领域工程公司Kontek Energy的全资子公司Maxxen宣布达成战略合作协议，Maxxen公司将作为海辰储能在土耳其的独家战略伙伴。

19. 7月22日，九牧越南总部举行揭牌仪式，标志着九牧集团进军越南卫浴市场。

20. 7月26日，包括美国国土安全部在内的多家美国执法机构对俄亥俄州福耀玻璃工厂在内的28个地点进行调查。

21. 8月4日，福建坤彩材料科技股份有限公司发布公告，公司与漳州市商务局、国际资源有限公司拟成立合资公司开采南非马坡斯矿场资源。

22. 10月9日，紫金矿业发布公告，公司拟出资10亿美元收购纽蒙特持有的加纳Akyem金矿项目100%权益。Akyem金矿是加纳最大金矿之一。

23. 11月7日，紫金矿业公告，境外全资子公司金誉（新加坡）矿业有限公司拟收购Pan American Silver Corp.（泛美白银）旗下秘鲁La Arena金矿和二期项目100%权益。

四 财富、品牌榜单

1. 1月2日消息，东方财富网统计发布2023年中国上市公司100强榜单。上榜闽商闽企有宁德时代、美团、兴业银行、紫金矿业、安踏体育5家。

2. 1月9日，由中国董事局网、中国数据研究中心共同主办的"2023第九届中国市场最具影响力体育品牌100强"揭晓，安踏、斐乐、鸿星尔克等品牌入选。

3. 1月31日，胡润研究院发布"2023胡润世界500强"，列出了世界500强非国有企业。字节跳动、宁德时代、美团、安踏体育等闽商闽企上榜。

4. 2月22日，2023福建省精制茶加工业企业竞争力指数前100名榜单发布会在厦门举行，天福茶业、福建日春、大自然茶业、品品香茶业、崇德茶业等企业入选。

5. 2月22日消息，赛迪工业和信息化研究院（集团）四川有限公司正式发布《2023~2024中国算力服务企业综合竞争力50强研究报告》，总部位于厦门的科华数据入选。

6. 3月15日，胡润研究院携手中国国际（佛山）预制菜产业大会组委会联合发布"预制菜生产企业百强"。安井食品、绿进食品、圣农集团、海欣食品、如意三宝、三餐有料、三都港、永辉超市、亚明食品9家福建企业上榜。

7. 3月23日，《2024中国民营经济产业集群研究报告》在2024中国民营经济发展（泉州）论坛上发布，晋江纺织鞋服产业集群、泉州机械装备产业集群、泉州建材家居产业集群、宁德动力电池产业集群、福州纺织产业集群、厦门电子信息产业集群入选。

8. 3月25日，胡润研究院发布"2024胡润全球富豪榜"。字节跳动的张一鸣、宁德时代的曾毓群等闽商上榜。

9. 4月17日，福布斯中国与彬果咨询联合推出"2024福布斯中国品牌价值系列评选"结果。安踏、福耀玻璃、瑞幸咖啡、九牧入选百强。

10. 5月13日，《财富》（中文版）发布了2024年中国ESG（环境、社会和公司治理）影响力榜。4家福建企业上榜，分别为宁德时代、兴业银行、安踏体育、厦门国贸。

11. 5月30日，英国著名的品牌估值与咨询机构"品牌金融"（Brand Finance）发布了2024年全球十大最具价值涂料品牌榜单，三棵树入选。三棵树成立于2002年，总部位于福建莆田。

12. 6月12日，新财富正式揭晓"2024新财富500创富榜"。上榜闽商有张一鸣、曾毓群、黄世霖、丁世忠/丁世家、王兴等。

13. 6月19日，世界品牌实验室（World Brand Lab）发布了2024年《中国500最具价值品牌》分析报告。国贸控股、金龙、安踏、翔业、金旅、银鹭、361°、正新轮胎、瑞幸、达利、惠泉、东南卫视、九牧、永辉、三棵树、劲霸、柒牌、金龙鱼、小牧卫浴等21个

附　录　2024年闽商大事记

福建品牌入选。

14. 6月23日，《美国汽车新闻》（Automotive News）对外公布了"2024年全球汽车零部件供应商百强榜"，宁德时代入选。

15. 7月23日，胡润研究院发布"2024深圳市盐田区·胡润国潮品牌百强榜"，榜单分为2000年后成立的新兴国潮品牌TOP 80和2000年前成立的经典国潮品牌TOP 20。福建企业中，瑞幸咖啡、特步、361°、鸿星尔克、塔斯汀、安踏入选。

16. 7月25日，"2024年《财富》中国500强排行榜"正式揭晓。福建上榜企业包括厦门建发、厦门国贸、厦门象屿、兴业银行、宁德时代、紫金矿业、永辉超市、安踏体育、福建三钢、厦门钨业、福耀玻璃。闽商创办企业美团、中升集团、富邦金融、华勤技术、旭辉集团、正荣地产、金辉集团、山鹰国际。

17. 7月26日，胡润研究院发布"2024胡润中国新材料企业百强榜"。福建企业中，三棵树、德尔科技、火炬电子、三祥新材4家入选。

18. 8月5日，财富中文网发布了最新的"《财富》世界500强排行榜"。福建6家企业上榜，分别为厦门建发、厦门国贸、象屿集团、兴业银行、宁德时代、紫金矿业。

19. 8月8日，"TopBrand 2024世界品牌500强"榜单正式揭晓。上榜的福建企业有厦门建发、宁德时代、紫金矿业、兴业银行。

20. 8月8日，2024中国品牌500强榜单在广州举办的第十八届中国品牌节上公布。福建12家企业品牌上榜，分别是厦门建发、宁德时代、紫金矿业、兴业银行、安踏、福耀玻璃、永辉超市、片仔癀、恒安集团、特步、木林森、吉比特。

21. 8月13日，胡润研究院发布"2023胡润中国500强"，列出了中国500强非国有企业。上榜的福建企业有宁德时代、安踏体育、福耀玻璃、三安光电、亿联网络、安井食品、华厦眼科、三棵树、宏

241

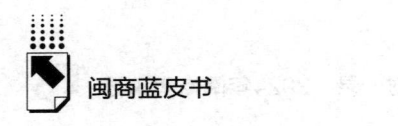

发股份、恒安国际、永辉超市、瑞芯微。

22. 8月14日，赛迪顾问发布了《2024年中国园区经济高质量发展研究报告》并揭晓园区高质量发展百强（2024）榜单。厦门火炬高新技术产业开发区、厦门海沧台商投资区、宁德东侨经济技术开发区、福州高新技术产业开发区上榜。

23. 8月21日，《财富》首度推出"中国科技50强"榜单。福建企业宁德时代与永荣集团入选。

24. 8月26日，美国权威媒体《Tire Business》公布了"2024年度世界轮胎75强排行榜"。闽商企业中，中策橡胶、正新橡胶、佳通轮胎上榜。

25. 8月30日，工信部网站发布了2024年度中小企业特色产业集群名单。福建省福清市化工复合材料产业集群、福建省泉州市洛江区施工装备产业集群、福建省漳州市长泰区新型电子元器件产业集群、福建省安溪县半导体照明产业集群、厦门市湖里区集成电路设计产业集群入选。

26. 8月，中国制造企业协会对外发布"2024中国制造业综合实力200强暨中国装备制造业百强"榜单。宁德时代、紫金矿业、安踏集团、恒申控股、金纶高纤、福海创石油化工、百宏聚纤7家福建企业上榜。

27. 9月9日，国际品牌价值评估权威机构Brand Finance发布了2024"全球最具价值服饰品牌50强"（Apparel 50 2024）榜单，安踏体育连续第九年上榜。

28. 9月10日，由《中国能源报》与中国能源经济研究院共同推出的"2024全球新能源企业500强"榜单正式发布。福建有7家企业入选，分别为宁德时代、厦钨新能、盛屯矿业、海辰储能、科华数能、厦门新能安、安泰新能。

29. 9月10日，国际市场咨询机构Kantar凯度发布了"2024年凯度 BrandZ 最具价值中国品牌 100 强"榜单及完整报告。福建企业安踏体育和瑞幸咖啡上榜。

30. 9 月 11 日，中国企业联合会、中国企业家协会发布"中国企业 500 强"榜单。福建有 21 家企业入围，包括厦门建发、厦门国贸、厦门象屿、兴业银行、宁德时代、紫金矿业等。

31. 9 月 20 日，在安徽合肥举办的 2024 世界制造业大会上，中国企业联合会、中国企业家协会发布了"2024 中国制造业企业 500 强"榜单，福建共有 22 家企业上榜。

32. 9 月 23 日，福布斯中国揭晓了"企业跨国经营 30 强"榜单。福建企业中，安踏体育、宁德时代、紫金矿业上榜。

33. 9 月 26 日，由福建省品牌建设促进会、福建省企业与企业家联合会主办的 2024 福建品牌价值评价信息发布暨推动福建品牌高质量发展活动在邵武盛大举行。

34. 10 月 12 日，全国工商联发布了"2024 中国民营企业 500 强"榜单和《2024 中国民营企业 500 强调研分析报告》。福建 14 家企业入选，分别为宁德时代、大东海实业、恒申集团、永荣集团、中景石化、永辉超市、三宝集团、安踏体育、金纶高纤、名城集团、一柏集团、圣农集团、百宏聚纤、福耀玻璃。

35. 10 月 17 日，中国互联网协会在厦门举办中国互联网企业综合实力指数（2024）发布会。美图、网龙、四三九九、吉比特、博思软件、游龙网络、众联世纪 7 家福建企业入围百强。

五 闽商荣誉、奖项

1. 1 月 12 日消息，福建省"万企兴万村"行动领导小组办公室公布，确定福建春伦集团有限公司等 116 家企业为福建省 2023 年度全省"万企兴万村"行动典型项目（企业），福州市莆田商会等 41

家商会为典型商会。

2. 1月13日，"2023微博之夜"在北京落下帷幕，恒安集团获评"微博榜样公益合作伙伴"称号。

3. 1月22日，福布斯中国首次发布了"福布斯中国最具影响力商会50强""福布斯中国商会创新10强""福布斯中国商会社会担当10强"榜单。北京福建企业总商会、北京厦门企业商会、江苏省福建商会、广东省福建商会、江西省福建总商会、深圳市福建商会、福建省江西商会、福建省浙江商会、厦门市泉州商会、上海市福建商会入选。

4. 1月26日，全国工商联发布了《关于认定2023年全国"四好"商会的通报》。河北省福建商会、河南省福建商会、山东省福建总商会、山西省福建商会、陕西省闽商商会、湖南省福建总商会、江西省福建总商会、黑龙江省福建总商会、辽宁省福建商会、吉林省闽商总商会、甘肃省福建商会、广西福建总商会、重庆市福建商会等112家省外闽籍商会及74家福建省内商会入选。

5. 2月1日，商务部等5部门公布第三批中华老字号名单。方家铺子、尚干餐饮、星鲨制药、福州安泰楼、三圈电池、春伦集团、惠泽龙酒业、采善堂制药、沉缸酒业、鼓浪屿食品厂、古龙食品、美玉堂连史纸、庄臣酿酒、厦门中药厂、张源美茶庄15家企业入选。

6. 4月1日消息，第八批国家级制造业单项冠军名单公示，福建共有11家企业上榜，分别是优迅高速芯片、厦钨新能源材料、艾德生物医药、致善生物、龙合智能装备、阿石创新材料、冠捷电子、海斯福化工、南孚电池、浔兴拉链、华清电子材料。

7. 4月25日，界面新闻发布"2024年中国慈善企业家榜"，上榜门槛为1000万元。字节跳动张一鸣、安踏集团丁世忠、宁德时代曾毓群、柒牌集团洪肇设、信义集团李贤义、金龙置业许文帛、天守集团蔡天守、源昌集团侯昌财、劲霸男装洪忠信等闽商上榜。

8. 5月21日，由《经济观察报》与北京国际人力资本集团联合发起，清华大学积极心理学研究中心作为学术指导单位评选的"2024中国幸福企业百强榜"正式发布。安踏、特步、厦门信达、鸿星尔克入选。

9. 5月23日，光明日报社和经济日报社联合发布"2024·全国文化企业30强""2024·全国成长性文化企业30强"名单，福建广电和宝宝巴士入选。

10. 6月13日，福建省数据管理局公示了2024年度全省数字经济核心产业创新企业征集遴选结果名单。全省共有331家企业入选。

11. 6月26日消息，农业农村部、国家发展改革委等6部委联合印发《关于公布第八批农业产业化国家重点龙头企业名单的通知》。福建有11家企业入选，分别是长德蛋白科技、胜田食品、日兴水产、铭兴食品、港昌工贸、正源水产、中闽华源茶叶、永生茶叶、好日子食品、广福茶业、奇古枝茶叶。

12. 6月26日，2024年慈善大典在北京国际饭店会议中心紫金大厅隆重举办。曹德旺荣获"年度慈善楷模"，丁和木荣获"年度慈善家"，黄如论、黄涛家族获得表彰。

13. 7月1日，香港特区政府公布了2024年授勋及委任太平绅士名单，南益集团董事长林树哲、联泰集团创始人陈守仁等闽商获嘉奖。

14. 7月5日，工信部、国家发展改革委、市场监管总局3部门联合公布了2023年度重点行业能效"领跑者"企业名单。福建联合石化、万晖洁具、恒安纸业、福田纺织、通亿轻工、宏港纺织、凤竹纺织7家企业入选。

15. 7月6日，福建省企业与企业家联合会在福州召开"大力弘扬企业家精神，激发全面深化改革新活力"主题座谈会。第二十届"福建省优秀企业家"榜单同步揭晓，共有138位企业家入选。

16. 7月19日，第六届中国卓越管理公司颁奖盛典在广州举办。福建企业中，达利食品、圣农集团、安踏集团、福耀集团、永辉超市入选；恒安集团连续6年获奖，荣登金奖榜单。

17. 7月22日，"2024福布斯中国最佳CEO"榜单公布。拼多多联席CEO陈磊、宁德时代CEO曾毓群、安踏集团联席CEO赖世贤、福耀玻璃CEO叶舒、紫金矿业CEO邹来昌等闽籍企业家上榜。

18. 8月20日，由港澳台湾慈善基金会主办的第19届"爱心奖Compassion Award"公布了2024年的获奖名单。安踏集团创始人丁和木获表彰。

六 企业公益慈善

1. 1月3日，福建省豪川投资集团有限公司、福建豪新食品市场股份有限公司董事长苏国川向晋江市慈善总会捐赠2000万元。

2. 1月3日，苏世钦向晋江市磁灶教育基金会捐赠300万元。

3. 1月5日，吉林省闽商总商会二届四次会员代表大会"吉闽携手·共创未来"——招商引资推介会暨百万捐赠仪式举行，向共青团吉林省委、吉林省青年联合会捐赠价值242.7万元物资。

4. 1月6日，舒华体育1000万元慈善资金捐赠仪式在泉州举行。

5. 1月6日，北京福建企业总商会向福建省光彩事业促进会捐赠1000万元。

6. 1月20日，福建省光彩事业促进会五届六次理事会议在福州召开。2023年，省光彩会荣获首届"福建慈善奖"优秀慈善组织奖，全年累计捐赠支出2639.55万元，实施光彩公益项目26个，引导全省商会参与"万企兴万村"公益捐赠共计2.16亿元。

7. 1月20日消息，圣农发展股份有限公司、福建林业职业技术学院与光泽县政府在光泽县举行校、地、企三方合作协议签约暨福建林业职业技术学院圣农产业学院揭牌仪式。光泽县将划转157.5亩教学用地建设圣农产业学院，圣农计划投入不少于500万元。

8. 1月28日，在晋江普达·雅艺产业园招商推介会暨捐赠仪式上，普达·雅艺公司向晋江磁灶慈善公益事业捐赠200万元。

9. 2月15日，福建三叶集团董事局主席叶维新向南安儿童福利院捐赠100万元。

10. 2月27日，福建医科大学附属第二医院举办"利郎慈善基金"捐赠仪式。利郎（中国）有限公司总裁王良星代表利郎慈善基金会向福医二院捐赠800万元。

11. 3月29日，利郎集团董事局主席王冬星代表利郎慈善基金会向晋江市医院（上海市第六人民医院福建医院）捐赠500万元。

12. 4月7日，福建盼盼食品有限公司向晋江市慈善总会泉州市（晋江）关爱孤独症基金捐赠500万元。

13. 4月28日，广东省福建商会李贤义、李圣泼、许明金、朱东炫等向福建省慈善总会捐赠1300万元。

14. 5月30日，安踏茁壮成长公益计划携手和敏基金会走进宁夏回族自治区吴忠市同心县。安踏同时宣布，安踏茁壮成长公益计划向中国欠发达地区再捐7亿元的现金及物资。

15. 5月31日，晋江市英林心公益慈善基金会收到菲律宾侨领、森源国贸股份有限公司董事长柯维汉的定向捐赠100万元。

16. 6月16日，龙岩市上杭县、武平县遭遇持续性特大暴雨，紫金矿业向上杭、武平两县分别捐赠1000万元、100万元，广东省福建上杭商会捐赠100万元支援上杭县灾区建设。

17. 6月23日，厦门宏发电声股份有限公司举行40周年庆典，向厦门理工学院教育发展基金会捐赠500万元。

18. 7月4日，泉港一中"林辉明综合楼"、泉港二中"肖秀妹教学楼"捐建仪式举行。两栋楼由华源电力有限公司董事长林森、黄

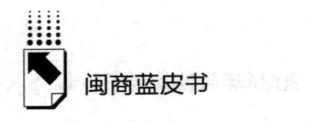

爱清伉俪出资1亿元捐建。

19. 7月5日，南安一中昌财体育馆建设及校园景观绿化改造项目竣工。项目总投资4000万元，由源昌集团全资捐建。

20. 8月8日，由宁德时代新能源科技股份有限公司捐赠成立的宁德市毓捷教育基金会揭牌。基金会原始基金数额为人民币1000万元，业务范围包括资助经济困难的教师、学生；资助各类教学、科研等活动；支持改善教育基础设施和条件；资助优秀教师、学生的培养项目。

21. 8月9日，第十四届惠安县亮亮教育基金奖教奖学金颁奖仪式举办。达利集团副总裁、惠安县亮亮教育基金会会长许阳阳捐款1000万元，用于惠安县的奖教奖学助学事业。

22. 8月21日，南开大学宣布，南开大学2001级校友、字节跳动创始人张一鸣与CEO梁汝波共同捐赠人民币2亿元。

23. 10月11日，"昌铁·同心养老院"揭牌仪式在仙游举行。天守集团捐赠200万元，主要用于养老院的主体建设。

24. 10月25日，安踏体育用品集团有限公司向中国儿童少年基金会捐赠款物4000万元，启动实施"春蕾茁壮公益计划"。

25. 11月13日，"情系桑梓·善行天下"施恭旗家族公益捐赠仪式在晋江举行。菲律宾著名企业家、上好佳集团创始人施恭旗携其家族向晋江龙湖镇捐赠950万元，助力家乡公益事业。

26. 11月14日，2024年"同心·光彩助学"活动启动仪式暨闽商好故事宣讲活动在福州大学举行。

27. 11月28日，晋江市"大先生"公益基金成立暨首批项目发布仪式在利郎创意园举行。王冬星、陈莉莉伉俪宣布捐赠1亿元，发起晋江"大先生"公益基金。

28. 11月28日，恒安集团许书典家族向晋江市慈善总会捐赠6666.6666万元，许书典家族慈善基金向福建省慈善总会捐赠1亿元，用于安海医院建设发展事业。

29. 12月1日，在厦门恒兴集团成立30周年庆祝晚会上，恒兴集团向福建省慈善总会捐赠1000万元，用于厦门、泉州等地的慈善公益事业。

七　商会动态

1. 1月6日，北京福建企业总商会主办的"奋进新征程　建功新时代"北京福建企业总商会第五届理监事会任职大会暨京华公益慈善"乾成之夜"活动在北京举办。鑫桥联合租赁有限公司总裁施锦珊为会长，陈春玖为党委书记，林英钊为监事长，廖鸿程为常务副会长兼秘书长。

2. 1月6日，山东省福建总商会第四届理（监）事会就职典礼在山东济南举行，加州集团董事长陈能豪连任会长。山东省现有26家闽籍商会、8000多家闽籍企业。

3. 1月7日，辽宁省福建商会、辽宁省闽商公益基金会、辽宁省妈祖文化交流协会联合举办的"辽宁省福建商会第五届理监事会换届庆典暨闽商·公益慈善晚会"在沈阳举行，保利（沈阳）房地产开发有限公司董事长倪新财连任会长。

4. 1月10日，河南省福建总商会举办第三次会员代表大会，第三届理（监）事会正式就职。中管世纪企业管理集团有限公司董事长吴文辉任会长，张国汉为执行会长兼党支部书记，苏俊雄为执行会长兼监事长，陈平华为执行会长兼秘书长。

5. 1月12日，由吉林省福建青年商会主办的"东北青年闽商发展大会"在长春市举行。同时举办吉林省福建青年商会第二届理事会就职典礼，陈安源任会长。

6. 1月21日，四川省福建商会举办"数智赋能·共享未

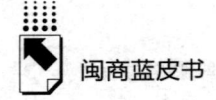

来"——四川省福建商会第五届理监事会就职典礼。四川门里盛荣企业管理有限公司董事长陈冬任会长兼党委书记，刘义腾任监事长，吴良才为秘书长。

7. 3月20日，福州市民营企业家协会第七届理（监）事会就职典礼暨36周年庆典活动成功举办。福建金源纺织有限公司董事长郑洪当选会长，傅天龙当选监事长，林常青、陈加成、陈文3人当选执行会长，刘伟当选常务副会长兼秘书长。

8. 4月20日，河北省福建商会第三届第一次会员大会暨理（监）事会就职典礼在河北石家庄举行。河北环城国际集团、华北汽车小镇董事长叶少华当选理事会会长，黄种志当选监事会监事长，黄金发当选执行会长兼秘书长，陈清潭当选理事长。

9. 4月20日，闽睿·向海图强——大连福建商会第四届就职典礼暨环渤海经济合作大会在大连召开。会上，成立"三联六合环渤海闽商战略联盟"，由世界各地26家福建商会组成。

10. 4月28日，"闽商齐奋进，逐梦再起航——广东省福建商会第四届理监事就职典礼"在广州举行。许明金连任商会会长，王诗增当选理事长，陈荣华当选监事长，朱东炫当选秘书长。

11. 6月30日，云南省福建总商会第六届理监事就职典礼暨千名闽商助力云南高质量发展大会在云南海埂会堂隆重举行。谢国华当选会长，庄培金任党委书记，陈志贤任监事长。

12. 6月30日，北京泉州商会第四届理监事会就职典礼暨2024年泉州市文旅产业（京津冀专场）招商推介会在北京举行。陈水波当选为会长，吴良友当选为监事长，黄锦辉当选为党支部书记。

13. 7月6日，常州市福建商会青商会成功召开了第三届一次理事会会议。李逸当选新一届会长，颜志汉、蒋昊当选执行会长。

14. 7月8日，泰州市福建商会举行换届庆典大会，傅雪琦当选新任会长。

15. 7月13日，浙江省闽侯商会（闽侯县在浙企业家联谊会）第一届第一次会员大会暨成立庆典隆重举行。

16. 10月23日，福建省中小企业商会换届盛典暨第三届第一次会员代表大会召开。连丽珍连任第三届会长。

17. 10月26日，菲律宾南安同乡总会庆祝成立三十四周年暨第十八届理事会、第十五届青年组暨菲律宾南安商会第六届理事会就职典礼在马尼拉举行。戴宏博当选菲律宾南安同乡总会新一届理事长、菲律宾南安商会新任会长。

18. 10月30日，以"四海同聚话乡音，携手同行共圆梦"为主题的第七届世界兴安同乡恳亲大会暨第八届世界莆商大会召开。

19. 11月9日，第十一届世界福建同乡恳亲大会开幕典礼在马来西亚首都吉隆坡隆重举行。大会由马来西亚福建社团联合会主办，来自六大洲100多个国家和地区的3300余名闽籍侨领及嘉宾参会。开幕典礼还举行了东盟福建社团联合总会成立仪式。

20. 11月10日，"泉"新发展"商"赢未来——泉港区第十二届异地商会会长联席会议在三亚成功召开。

21. 11月29日，昆明市福建漳州商会第一届理监事就职典礼隆重举行。昆明普罗太克电子有限公司林火文当选会长，林建国任秘书长，吴水福任监事长。

22. 12月7日，深圳市漳州商会第五届理监事会就职典礼隆重举行。深圳华捷运国际货运代理有限公司董事长吴志民连任第五届会长，林炜坚任理事长，陈文辉任监事长，陈建文任秘书长。

23. 12月7日，北京晋江企业商会第三届理监事会暨北京纺织服饰企业商会第四届理监事会就职典礼举行。北京鼎盛时代投资有限公司董事长吴明生任北京晋江企业商会会长，苏伟卿当选理事长，吴介当选监事长，谢松江当选执行会长兼秘书长。卡尔美体育用品有限公司董事长柯永祥任北京纺织服饰企业商会会长。

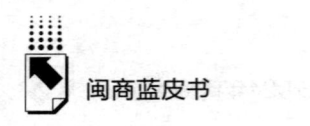

24. 12月22日,"海内外闽商共创中国—东盟新机遇"暨广西福建总商会二十周年庆典在广西南宁圆满举办。

25. 12月28日,"川闽二十载 同心创未来"——四川省福建商会成立二十周年系列活动盛大举行。

八 经营不善、退市

1. 1月11日,位于厦门市海沧区的厦门金达威维生素有限公司厂内污水处理池空间发生一起闪爆事件。事故造成现场施工人员3人死亡,3人受伤送医救治。

2. 1月23日,位于上海市闵行区吴泾镇的一处工业用地土地使用权及不动产、办公设备等在阿里司法拍卖平台公开拍卖,该项资产原为拉夏贝尔总部基地。

3. 3月11日,ST贵人发布公告,由于2月1日至3月7日公司股票连续20个交易日的每日股票收盘价均低于1元,公司股票已经触及终止上市条件,上交所对公司股票做出终止上市决定。

4. 4月7日消息,陆正耀及其合作人李浣被北京市第四中级人民法院列为被执行人,执行标的高达18.9亿余元。库迪咖啡回应,此事对公司没有影响。

5. 4月8日,世茂集团发布公告称,中国建设银行(亚洲)股份有限公司于4月5日向香港特别行政区高等法院提出对公司的清盘呈请,涉及公司的财务义务金额约为15.795亿港元。

6. 4月9日,浔兴股份公告,公司因涉嫌信息披露违法违规,目前正在被中国证券监督管理委员会立案调查,如果公司存在重大违法强制退市情形,公司股票可能被终止上市。

7. 4月10日,平安信托发布声明称,近期平安信托福宁615号信托计划宣布延期,目前平安信托正在对回购义务人正荣方提起诉讼，诉请正荣方支付股权回购价款，同时对正荣（厦门）置业有限公司持有的相关资产予以查封，目前案件正在诉讼程序中。

8. 4月17日消息，紫金矿业位于刚果（金）的COMMUS SAS（穆索诺伊）铜钴矿所生产的部分产品被查出辐射含量超标，导致该矿已被关停。紫金矿业相关人士确认了这一事实，并表示问题不大。

9. 4月19日，2024北京半程马拉松组委会发布调查处理决定，就此前特步签约运动员何杰被"保送"男子组冠军一事，取消何杰等4人比赛成绩，收回奖杯、奖牌和奖金，取消特步的赛事合作伙伴资格，责成其向社会公开道歉等等。同日下午，特步发表致歉声明。

10. 5月6日，ST三盛发布公告称，深交所决定终止公司股票上市。三盛智慧教育科技有限公司成立于2003年，于2011年在深圳证券交易所创业板上市，实际控制人为知名闽系房企三盛集团。

11. 6月7日，＊ST世茂发布公告，收到上交所出具的《关于上海世茂股份有限公司股票终止上市的决定》，终止公司股票上市。世贸成为继泰禾、阳光城之后第三家退市的闽系房企。

12. 6月14日，拉夏贝尔发布公告称，公司已进入破产重整程序，公司及相关各方积极配合管理人有序推进破产重整工作。

13. 7月18日，宝龙地产控股有限公司发布公告，披露了境外债重组整体解决方案的进展及相关交易的详细信息。方案已获得绝大多数参与债权人的支持。

14. 7月30日，盛屯矿业发布公告称，其因涉嫌信息披露违法违规收到《行政处罚事先告知书》，同时将被处以300万元罚款；即日起公司股票简称将由"盛屯矿业"变更为"ST盛屯"。盛屯矿业于1996年上市，总部位于厦门，主要业务为有色金属资源的开发利用。

15. 8月28日，庚星股份发布公告，宣布解聘原总经理汤永庐等3位高管。此外，公司原经营管理层有关人员尚未将公司印章、证照资料移交给公司现任经营管理层有关人员，对公司正常运营造成持续不利影响。此前，庚星股份已经罢免8名原董事。

16. 9月13日，傲农生物发布公告称，确认泉发外贸联合体为傲农集团（傲农生物、傲农投资2家公司的合称）的重整中选投资人。联合体成员包括泉州发展集团有限公司、湖北省粮食有限公司以及中国对外经济贸易信托有限公司等。

17. 9月17日，禹洲集团发布了境外债务重组计划会议结果公告，其境外债务重组计划已获得所需法定大多数计划债权人的支持和批准。

18. 9月18日，雷霆股份提交退市申请并获得批准。雷霆股份于2014年成立，2019年在新三板挂牌上市，主营业务为网游游戏运营服务。雷霆股份由厦门雷霆互动网络有限公司控股60%，后者为厦门上市公司吉比特全资子公司。

19. 11月18日，福州台江公安发布情况通报，依法对福建可观珠宝有限公司涉嫌违法犯罪立案侦查，请投资人前往与该公司签约的门店所在地派出所登记相关信息。此前，可观珠宝已经出现黄金产品无法正常兑付的情况。

九　其他动态

1. 1月3日消息，福建省委编办批复省发改委调整设立民营经济发展处，承担统筹协调、组织拟订促进民营经济高质量发展的政策措施等职责。

2. 1月17日，由福建省委统战部、省工商联主办，福建省青年闽商联合会承办的以"弘扬闽商精神　凝聚奋进力量"为主题的新生代闽商沙龙活动在福州举行。活动中，对"新时代闽商精神"社会征集活动获奖代表作进行了点评。

3. 2月21日，2024全球闽商企业领袖年会暨2023闽商新锐人物颁奖盛典在福州举行。年会还发布了《2023闽商年度报告》《2023

闽商十大新闻》，并举办了"闽商商会志"丛书启动仪式及"数字闽商"上线入驻仪式。

4. 3月20日消息，阳光城集团股份有限公司发生工商变更，林腾蛟卸任法定代表人、董事长，朱荣斌卸任总经理，由施志敏担任法定代表人、董事长、总经理，同时公司董事监事均发生变更。

5. 3月24日，福建省纪念"松绑"放权40周年暨全省企业家大会在福州召开。

6. 4月7日消息，经平潭综合实验区人大工委会议暨县十八届人大常委会第十四次会议审议，决定自2024年起将每年的11月1日设立为"平潭企业家日"。

7. 8月29日，世茂集团宣布，9月1日起许荣茂将退休并卸任公司董事会主席兼执行董事职务。董事会主席将由许世坛接任。

8. 10月10日，司法部、国家发展改革委在门户网站公布《中华人民共和国民营经济促进法（草案征求意见稿）》。

9. 11月1日，由中共福州市委统战部指导，福州市工商业联合会（总商会）、福州市企业与企业家联合会主办，福州市民营企业家协会承办的"行致远·见未来——2024年福州企业家日"主题活动成功举办。活动中举办了《闽商蓝皮书·闽商发展报告2024》首发仪式。

社会科学文献出版社

皮 书

智库成果出版与传播平台

❖ 皮书定义 ❖

皮书是对中国与世界发展状况和热点问题进行年度监测，以专业的角度、专家的视野和实证研究方法，针对某一领域或区域现状与发展态势展开分析和预测，具备前沿性、原创性、实证性、连续性、时效性等特点的公开出版物，由一系列权威研究报告组成。

❖ 皮书作者 ❖

皮书系列报告作者以国内外一流研究机构、知名高校等重点智库的研究人员为主，多为相关领域一流专家学者，他们的观点代表了当下学界对中国与世界的现实和未来最高水平的解读与分析。

❖ 皮书荣誉 ❖

皮书作为中国社会科学院基础理论研究与应用对策研究融合发展的代表性成果，不仅是哲学社会科学工作者服务中国特色社会主义现代化建设的重要成果，更是助力中国特色新型智库建设、构建中国特色哲学社会科学"三大体系"的重要平台。皮书系列先后被列入"十二五""十三五""十四五"时期国家重点出版物出版专项规划项目；自2013年起，重点皮书被列入中国社会科学院国家哲学社会科学创新工程项目。

皮书网

（网址：www.pishu.cn）

发布皮书研创资讯，传播皮书精彩内容
引领皮书出版潮流，打造皮书服务平台

栏目设置

◆ **关于皮书**
何谓皮书、皮书分类、皮书大事记、
皮书荣誉、皮书出版第一人、皮书编辑部

◆ **最新资讯**
通知公告、新闻动态、媒体聚焦、
网站专题、视频直播、下载专区

◆ **皮书研创**
皮书规范、皮书出版、
皮书研究、研创团队

◆ **皮书评奖评价**
指标体系、皮书评价、皮书评奖

所获荣誉

◆ 2008年、2011年、2014年，皮书网均在全国新闻出版业网站荣誉评选中获得"最具商业价值网站"称号；

◆ 2012年，获得"出版业网站百强"称号。

网库合一

2014年，皮书网与皮书数据库端口合一，实现资源共享，搭建智库成果融合创新平台。

皮书网

"皮书说"微信公众号

权威报告·连续出版·独家资源

皮书数据库
ANNUAL REPORT(YEARBOOK) DATABASE

分析解读当下中国发展变迁的高端智库平台

所获荣誉

- 2022年，入选技术赋能"新闻+"推荐案例
- 2020年，入选全国新闻出版深度融合发展创新案例
- 2019年，入选国家新闻出版署数字出版精品遴选推荐计划
- 2016年，入选"十三五"国家重点电子出版物出版规划骨干工程
- 2013年，荣获"中国出版政府奖·网络出版物奖"提名奖

皮书数据库　"社科数托邦"微信公众号

成为用户

登录网址www.pishu.com.cn访问皮书数据库网站或下载皮书数据库APP，通过手机号码验证或邮箱验证即可成为皮书数据库用户。

用户福利

- 已注册用户购书后可免费获赠100元皮书数据库充值卡。刮开充值卡涂层获取充值密码，登录并进入"会员中心"—"在线充值"—"充值卡充值"，充值成功即可购买和查看数据库内容。
- 用户福利最终解释权归社会科学文献出版社所有。

社会科学文献出版社　皮书系列
SOCIAL SCIENCES ACADEMIC PRESS (CHINA)

卡号：559463365854
密码：

数据库服务热线：010-59367265
数据库服务QQ：2475522410
数据库服务邮箱：database@ssap.cn
图书销售热线：010-59367070/7028
图书服务QQ：1265056568
图书服务邮箱：duzhe@ssap.cn

S 基本子库
SUB DATABASE

中国社会发展数据库（下设 12 个专题子库）

紧扣人口、政治、外交、法律、教育、医疗卫生、资源环境等 12 个社会发展领域的前沿和热点，全面整合专业著作、智库报告、学术资讯、调研数据等类型资源，帮助用户追踪中国社会发展动态、研究社会发展战略与政策、了解社会热点问题、分析社会发展趋势。

中国经济发展数据库（下设 12 专题子库）

内容涵盖宏观经济、产业经济、工业经济、农业经济、财政金融、房地产经济、城市经济、商业贸易等 12 个重点经济领域，为把握经济运行态势、洞察经济发展规律、研判经济发展趋势、进行经济调控决策提供参考和依据。

中国行业发展数据库（下设 17 个专题子库）

以中国国民经济行业分类为依据，覆盖金融业、旅游业、交通运输业、能源矿产业、制造业等 100 多个行业，跟踪分析国民经济相关行业市场运行状况和政策导向，汇集行业发展前沿资讯，为投资、从业及各种经济决策提供理论支撑和实践指导。

中国区域发展数据库（下设 4 个专题子库）

对中国特定区域内的经济、社会、文化等领域现状与发展情况进行深度分析和预测，涉及省级行政区、城市群、城市、农村等不同维度，研究层级至县及县以下行政区，为学者研究地方经济社会宏观态势、经验模式、发展案例提供支撑，为地方政府决策提供参考。

中国文化传媒数据库（下设 18 个专题子库）

内容覆盖文化产业、新闻传播、电影娱乐、文学艺术、群众文化、图书情报等 18 个重点研究领域，聚焦文化传媒领域发展前沿、热点话题、行业实践，服务用户的教学科研、文化投资、企业规划等需要。

世界经济与国际关系数据库（下设 6 个专题子库）

整合世界经济、国际政治、世界文化与科技、全球性问题、国际组织与国际法、区域研究 6 大领域研究成果，对世界经济形势、国际形势进行连续性深度分析，对年度热点问题进行专题解读，为研判全球发展趋势提供事实和数据支持。

法律声明

"皮书系列"（含蓝皮书、绿皮书、黄皮书）之品牌由社会科学文献出版社最早使用并持续至今，现已被中国图书行业所熟知。"皮书系列"的相关商标已在国家商标管理部门商标局注册，包括但不限于LOGO（ ）、皮书、Pishu、经济蓝皮书、社会蓝皮书等。"皮书系列"图书的注册商标专用权及封面设计、版式设计的著作权均为社会科学文献出版社所有。未经社会科学文献出版社书面授权许可，任何使用与"皮书系列"图书注册商标、封面设计、版式设计相同或者近似的文字、图形或其组合的行为均系侵权行为。

经作者授权，本书的专有出版权及信息网络传播权等为社会科学文献出版社享有。未经社会科学文献出版社书面授权许可，任何就本书内容的复制、发行或以数字形式进行网络传播的行为均系侵权行为。

社会科学文献出版社将通过法律途径追究上述侵权行为的法律责任，维护自身合法权益。

欢迎社会各界人士对侵犯社会科学文献出版社上述权利的侵权行为进行举报。电话：010-59367121，电子邮箱：fawubu@ssap.cn。

社会科学文献出版社